dtv

Drei norddeutsche Werftarbeiter werden 1913 von Kaiser Wilhelm II. beauftragt, ein Dampfschiff in seine Einzelteile zu zerlegen und am Tanganikasee südlich des Kilimandscharo wieder zusammenzusetzen. Der Monarch will damit seine imperialen Ansprüche unterstreichen. Die drei Männer fahren nach Deutsch-Ostafrika mit der Aussicht auf guten Verdienst, geraten aber rasch in das gewalttätige Räderwerk des Kolonialismus, aus dem es kein Entrinnen gibt.

Alex Capus, 1961 in Frankreich geboren, studierte Geschichte und Philosophie in Basel. Als Journalist schrieb er für verschiedene Schweizer Tageszeitungen. Seiner ersten Romanveröffentlichung ›Munzinger Pascha‹ (1994) folgten zahlreiche weitere, unter anderem der internationale Bestseller ›Léon und Louise‹ (2011), der für den Deutschen Buchpreis nominiert wurde. Zuletzt erschienen eine Neuausgabe von ›Reisen im Licht der Sterne‹ (2015) und der Roman ›Das Leben ist gut‹ (2016).

Alex Capus

Eine Frage der Zeit

Roman

dtv

Von Alex Capus
sind bei dtv großdruck außerdem erschienen:
Léon und Louise
Das Leben ist gut

Dieses Buch ist bei dtv auch im Normaldruck lieferbar.

MIX
Papier aus verantwortungsvollen Quellen
FSC® C019821

Ungekürzte Ausgabe 2020
2. Auflage 2021
dtv Verlagsgesellschaft mbH & Co. KG, München
Lizenzausgabe mit Genehmigung des Carl Hanser Verlags

Umschlaggestaltung: dtv unter Verwendung eines
Fotos von akg-images
Satz: C.H.Beck.Media.Solutions, Nördlingen
Gesetzt aus der DTL Documenta
Druck und Bindung: Druckerei C.H.Beck, Nördlingen
Printed in Germany · ISBN 978-3-423-25427-4

Nachspiel

Blind und irr vor Erschöpfung kletterte Anton Rüter den Bahndamm hinauf, dem er seit der Morgendämmerung entgegengelaufen war. Zwischen den Büscheln harten Buschgrases raschelten Schlangen und Echsen, hoch über ihm brannte die Sonne, und hinter ihm lag das Hochland Ostafrikas, das nun, zu Beginn der Regenzeit, über Hunderte von Kilometern überschwemmt war. Zehn Tage lang hatte er allein die geflutete Steppe durchwandert. Nachts hatte er sich an Bäume gelehnt und knietief im Wasser stehend stundenweise geschlafen; manchmal war er auch, umschwärmt von Wolken von Stechmücken, auf die Spitze eines Termitenhügels geklettert und hatte sich wie ein Hund zusammengerollt. Gegessen hatte er die rohen Kadaver ertrunkener Tiere, die sich in den Ästen gestürzter Bäume verfangen hatten, und getrunken das brackige Wasser, durch das er gewatet war. Sein Haar war filzig, der Bart lang, die nackten Beine waren übersät mit Dschungelgeschwüren. Seine Uniform, die in Fetzen an ihm herunterhing, war ein phantastisches Sammelsurium aus den Schlachtfeldern, über die er geflohen war. Die Jacke hatte er einem toten belgischen Askari abgenommen, die kurze Hose einem rhodesischen Sergeanten, den Tropenhelm einem südafrikanischen Offizier. Die Sandalen hatte er selbst geschustert aus den Überresten seiner eigenen Stiefel.

Nun lag er bäuchlings zwischen den Gleisen und presste das Gesicht auf den rostroten Schotter, horchte ins ohrenbetäubende Gekreisch der Zikaden und wagte es nicht, auf die andere Seite des Damms hinunterzuspähen. Anton Rüter wusste nicht, worauf er hoffen sollte. Falls sich, was er befürchtete, auch hinter dem Gleis bis zum Horizont das wüste, überschwemmte Grasland hinzog, würde er an Hunger und Entkräftung sterben. Wenn dort aber ein Eingeborenendorf lag, würde man ihn totschlagen wie einen Hund. Und falls er auf Soldaten stieß, würde man ihn erschießen, hängen oder bestenfalls in Ketten legen.

Da stach ihm ein Geruch in die Nase – der Duft von heißem Haferbrei. Anton Rüter schnupperte, ungläubig erst noch, dann voller Gier. Kein Zweifel, seine von langem Hunger geschärften Sinne täuschten ihn nicht. Das war Haferbrei, vermutlich ohne Zucker und Salz zwar, wie ihn die Briten mochten, und höchstwahrscheinlich mit Wasser statt mit Milch zubereitet – aber unbestreitbar Haferbrei. Er hob den Kopf, fasste mit beiden Händen die glühend heiße Schiene und zog sich vorwärts – und als er am Rand des Bahndamms anlangte, hatte er keinen Blick für den Trupp »King's African Rifles«, der einen Steinwurf entfernt am Rande eines Wäldchens ihr Lager aufgeschlagen hatte. Er nahm keine Notiz von den fünf Panzerautos, den Minenwerfern, Maschinengewehren und den Bergen von Munitionskisten, er ignorierte die dreißig sauber gekämmten Männer in ihren tadellosen Uniformen, die ihre Zelte aufschlugen, Proviant ausluden, im Schatten der Bäume ruhten. Nur für eines hatte Anton Rüter Augen – das war der duftende Kupferkessel, der fahrlässig unbewacht abseits der Zelte am Waldrand über einem Feuer hing. Er rappelte sich auf und stürzte hinunter, griff sich den Kessel und torkelte dem Wäldchen entgegen, hörte nicht die überraschten Ausrufe der Engländer, auch nicht das Bellen der Hunde und das Pfeifen der Pistolenschüsse, verschwand im schützenden Dunkel zwischen den Bäumen und fiel nach wenigen Schritten samt Kessel und Haferbrei in eine Bachschlucht hinunter, die er im dichten Unterholz nicht hatte sehen können. Als er zerschunden, zerschlagen und verbrüht vom heißen Haferbrei am Grund der Schlucht wieder zu sich kam, verkroch er sich unter dem Wurzelstock eines umgestürzten Baumes, lauschte dem Hundegebell und den Stimmen der Männer, und da sie nicht näher zu kommen schienen, leckte er sich den Haferbrei vom Leib in der Gewissheit, dass man ihn über kurz oder lang finden würde. Dann schlief er ein und vergaß den Kessel und die Pistolenschüsse, die Hunde und den Bahndamm und das endlose Wasser und überhaupt alles, was er in den letzten vier Jahren erlebt, erduldet und getan hatte.

1
Nachts kamen die Flusspferde

Es ist ja nicht so, dass der Mensch sich in jedem Augenblick seines Lebens darüber Rechenschaft gibt, wie wichtig oder belanglos die Dinge sind, die er so treibt, während die Zeit vergeht. Jeder rührt seinen Teig, schleppt seinen Stein, striegelt sein Pferd. Man hat Zahnschmerzen und macht Pläne, isst Suppe und geht sonntags spazieren; und ehe man es sich versieht, ist eine Pyramide gebaut, eine Millionenstadt mit Brot versorgt, ein Zarenreich gestürzt. Große Taten, unsterbliche Werke – die vollbringt man nicht im Vollgefühl ihrer Bedeutsamkeit; man mag sich nicht unablässig selbst befragen. Sonntags vielleicht, und an Silvester. Aber doch nicht bei der Arbeit.

Schiffbaumeister Anton Rüter zerbrach sich gewiss nicht den Kopf über die historische Bedeutsamkeit des Augenblicks, als ihn die Fabriksirene der Papenburger Meyer Werft am 20. November 1913 kurz nach halb elf Uhr zur Schiffstaufe rief.

Eine Pause war eine Pause. Es würde Ansprachen und Branntwein für alle geben, und dann Tabak in jenen langen, holländischen Tonpfeifen, die die Werft für solche Anlässe kistenweise auf Lager hielt. Er durchmaß mit sparsamen Schritten den Maschinenraum des nagelneuen Schiffes, schob vorsichtig am Dampfregler und lauschte dem Gleiten der Kolben, dem Summen der Räder und dem Zischen der Ventile. Während draußen die Kapelle des Papenburger Turnvereins »Heil dir im Siegerkranz« spielte, kontrollierte er die Spannung des Stromgenerators, warf einen Blick in die Feuerluken und vergewisserte sich, dass der Frischwasserhahn offen war. Er war stolz auf das Schiff. Die *Götzen* war *sein* Schiff – das größte und schönste Schiff, das je in Papenburg gebaut worden war. Rüter hatte sich das Schiff ausgedacht, er hatte die ersten Pläne gezeichnet und zehn Monate lang den Bau geleitet, und die wichtigsten und heikelsten Arbeiten hatte er eigenhändig ausgeführt. Seit der Kiellegung hatte er seine Tage im Gerippe des Schiffsrumpfs verbracht, und oft auch die Nächte; wenn er wach war, hatten seine Gedanken um das Schiff gekreist, und wenn er schlief, hatte er von ihm geträumt. Und jetzt war es fertig. Die Maschinen liefen rund, der

Dampfdruck war stabil. Darüber, dass er das Schiff gleich nach der Taufe wieder in seine kleinsten Einzelteile zerlegen würde, grübelte Anton Rüter nicht nach. Das war nun mal seine Aufgabe, und technisch würde es keine Schwierigkeiten geben. Er wischte sich mit einem Lappen die Hände ab und stieg hinauf aufs Hauptdeck.

Die *Götzen* lag schwarzweißrot über die Toppen geflaggt, mit zischenden Dampfmaschinen, rauchendem Schornstein und frei in der Luft drehenden Schiffsschrauben auf der Helling und schien klar zum Stapellauf. Man hätte nur die Haltetrossen durchschlagen müssen, dann wäre sie über die Backbordseite von den Pallen heruntergerutscht, auf den ölgetränkten Holzbohlen der Ablauframpe in den Turmkanal geglitten und hätte – wie bei seitlichen Stapelläufen üblich – auf der ganzen Länge ihres Rumpfes eine mannshohe Flutwelle ausgelöst, die am gegenüberliegenden Ufer auf die Wiese geschwappt wäre unter Mitnahme des gesamten Fischbestandes, weshalb die Kinder des Städtchens mit großen Weidenkörben bereitgestanden wären, um die im Gras zappelnden Fische einzusammeln. Dann wäre das Schiff durch den Sielkanal in die nordwärts fließende Ems geglitten, über den Dollart an den ostfriesischen Inseln vorbei und hinaus auf die Nordsee, seiner Bestimmung entgegen.

Aber diesmal standen die Kinder nicht auf der Wiese, denn sie wussten seit Monaten, dass man die *Götzen* nicht zu Wasser lassen würde. Im ganzen Städtchen war bekannt, dass das Reichskolonialamt ein Schiff bestellt hatte, das sich auseinandernehmen und andernorts wieder zusammensetzen ließ, sozusagen im Baukastensystem; jedermann wusste, dass Anton Rüter die *Götzen* in fünftausend Holzkisten verpacken und tief im Innern Afrikas, südlich des Kilimandscharo und nahe bei den Nilquellen im sagenumwobenen Mondgebirge, wieder zusammenbauen würde. Während der ganzen Bauzeit war den Werftarbeitern klar gewesen, dass sie sich gleich nach der Taufe wieder über das Schiff hermachen würden wie die Termiten, und dass sie jede Schraube, die sie anzogen, bald wieder lösen, und jede Planke, die sie verlegten, wieder entfernen würden. Trotzdem hatte Rüter unzählige Male dazwischengehen müssen, weil einer aus handwerklichem Pflichtgefühl Fugen kalfaterte oder aus Gewohnheit die Platten dauerhaft nietete, statt sie provisorisch zu verschrauben.

Rüter warf einen letzten prüfenden Blick über

die hölzernen Planken des Hauptdecks und hinauf zum rauchenden Schornstein, an dem fahl das messingne Steamrohr und die Dampfpfeife glänzten. Gleich würde der alte Meyer in Begleitung von drei Berliner Herren im Automobil vorfahren; das Kolonialamt hatte verlangt, das Schiff unter Dampf stehend inspizieren zu können, bevor es in seine Einzelteile zerlegt wurde. Unter dem Dröhnen der Fabriksirene strömten die Angestellten aus den rußgeschwärzten Backsteinbauten heraus zur Helling, aus der Gießerei, der Maschinenfabrik, der Kesselschmiede, der Kupferschmiede und der Tischlerei. Sogar die Buchhalter und die Sekretärinnen vom Bürogebäude eilten herbei und die Fuhrleute und die Pferdeknechte aus den Stallungen. Manche suchten zu viert oder fünft hinter einem Bretterstapel Schutz vor der eisigen Nordseebrise, andere lehnten an verwitterten Scheunenwänden oder machten es sich auf behelfsmäßigen Sitzbänken oder auf Holzkisten bequem. Sie schlugen die Kragen hoch und steckten sich Zigaretten an, bohrten die Fäuste in die Hosentaschen und beobachteten die Möwen, die unter niedrig grauem Himmel im Wind spielten.

Rüter stieg übers Fallreep hinunter auf das Kopfsteinpflaster. Er vergewisserte sich, dass alle Pallen sauber verkeilt und die Trossen gespannt waren, und in letzter Sekunde versteckte er noch rasch einen Besen, der am Rumpf der *Götzen* lehnte, hinter einem Bretterstapel. Pünktlich um halb elf Uhr beschrieb Meyers schwarze Benz-Limousine einen weiten Bogen über den Platz, bahnte sich einen Weg durch die versammelte Belegschaft und kam neben dem Fallreep zum Stillstand. Rüter erwog einen Augenblick, hinzuzueilen und die Beifahrertür aufzureißen, hinter der er seinen Dienstherrn ausgemacht hatte, beschloss dann aber, das Türenaufreißen dem Chauffeur zu überlassen und die Berliner Beamten, die in Zylinder, Frack und mit Gehstock aus dem Fonds des Wagens stiegen, in respektvollem, aber selbstbewusstem Abstand zu erwarten. Er beobachtete, wie die Herren die *Götzen* einer ersten Musterung unterzogen, und schloss aus ihren haltlos schweifenden Blicken, dass sie von Schiffbau keine Ahnung hatten. Er straffte die Schultern in der Erwartung, ihnen gleich vorgestellt zu werden; aber dann schritten sie an ihm vorbei, als wäre er ein Sägebock oder eine Zimmerpalme, und der Chef nickte ihm nur zu und tätschelte ihm im Vorbeigehen leichthin die Schulter.

Rüter atmete aus, trat einen Schritt beiseite und beobachtete, wie die Männer das Fallreep hinaufstiegen. Kaum waren sie hinter der Reling verschwunden, gab die *Götzen* Laut. Erst dröhnte das Signalhorn zum Beweis, dass es funktionierte. Dann rasselten die Ankerketten, erhöhten die Dampfmaschinen fauchend und zischend den Dampfdruck, dass Rüter besorgt die Brauen hob. Die Lichter gingen an und aus, dann drehten sich die zwei Dampfladewinden und gehorchte das Ruderblatt am Heck den Befehlen der Dampfrudermaschine. Die Herren tauchten am Bug auf und warfen prüfende Blicke nach links und rechts, dann erschienen sie am Brückendeck, betätigten hier einen Hebel, kippten da einen Schalter und fuhren dort mit dem Finger über messingblitzende Armaturen, und dann beugten sie sich übers Heck, um einen Blick auf die sachte rotierenden, golden glänzenden Schiffsschrauben zu werfen.

Anton Rüter bewunderte die vornehme Gelassenheit, mit der Werfteigner Joseph Lambert Meyer seine Gäste dirigierte, und die aristokratisch zurückhaltende Vertraulichkeit, mit der er ihnen technische Auskünfte erteilte. Es war dieselbe befehlsgewohnte Sanftheit, mit der er auch seine Arbeiter führte, und gegen die sie alle wehrlos waren. Rüter kannte den alten Meyer länger als irgendeinen Menschen sonst auf der Welt. Im ersten Drittel seines Lebens war er Kind gewesen, die übrige Zeit Arbeiter in der Meyer Werft. Aufgewachsen als Waise bei einem Onkel, der draußen im Moor Torf stach, hatte er schon als Zehnjähriger während der Schulferien Geld verdient in der Meyerschen Tischlerei, in der Schmiede und in der Gießerei. Seither waren zwanzig Jahre vergangen, und Rüter hatte bei Meyer jedes Handwerk, das im Schiffbau zur Anwendung kam, gründlich gelernt. Zwar hatte er nur sechs Jahre die Grundschule besucht, und ein Ingenieurstudium war nie in Frage gekommen; aber wenn es hätte sein müssen und man ihm genügend Zeit gelassen hätte, wäre er imstande gewesen, ein Schiff wie die *Götzen* ganz allein zu bauen. Er konnte Pläne lesen und zeichnen, er konnte den Zeitaufwand für diese oder jene Arbeit schätzen, Kosten berechnen, effiziente Abläufe festlegen und Risiken abwägen – und die Meyer Werft kannte er besser als der alte Meyer selbst. Er wusste, welchen Lüftungsschieber er ziehen musste, wenn der Gießereiofen zu bullern anfing, und bei welcher Last der Drehkran zu kreischen begann, und mit welchem Büromädchen der Prokurist eine Romanze unterhielt, und welcher Pferdeknecht jeden Samstag einen halben Sack Hafer stahl. Die Werkzeuge der Schlosserei waren ihm derart vertraut, dass sie sich seinen Händen angepasst hatten, oder vielleicht war es umgekehrt – jedenfalls waren alle Werkzeuge *seine* Werkzeuge, und im Grunde genommen war die ganze Schlosserei *seine* Schlosserei. Auch die Gießerei war *seine* Gießerei, und die Tischlerei war *seine* Tischlerei, und die Lehrlinge waren *seine* Lehrlinge, und überhaupt war die ganze Meyer Werft *seine* Werft, und der alte Meyer war *sein* alter Meyer. Gegenüber dem Chef hegte er ein Gefühl loyaler Zugehörigkeit, das nicht eigentlich Zuneigung, sondern eher kannibalischer Einverleibungsgier entsprang; am liebsten hätte er den vornehmen grauen Spitzbart des alten Meyer für sich gehabt, ebenso dessen sanfte Stimme und die hohe Stirn und den schwermütigen Blick; er hätte wie jener einer Dynastie von Werfteignern angehören wollen, die seit Jahrhunderten in Papenburg Schiffe baute, und er hätte ebenfalls die königliche Schiffbauschule in Grabow besucht haben wollen, und er hätte gern auf dem Werftgelände in einer Villa gewohnt. Da er aber jener Welt nie angehören würde, legte er großen Wert darauf, sich nicht zu ihrem Affen zu machen; er wollte keine weißen, gestärkten Stehkragen tragen und kein Grammophon mit Wagner-Schallplatten besitzen, und er wollte auch nicht, dass seine Töchter, die zwei, drei und fünf Jahre alt waren, jemals Chopin spielten und Französisch lernten. Er wollte, dass sein blaues Arbeitskleid morgens sauber war und abends schmutzig, und er war Vorturner im Arbeiterturnverein, und seine Töchter waren zuständig für die Kaninchen im Stall hinter dem Haus, und seine Frau puderte sich höchstens an hohen Feiertagen, und wenn ihre Cousine aus Hamburg zu Besuch kam. Vor ein paar Jahren, als er Anfang zwanzig gewesen war, hatte er zuweilen davon geträumt, eine von Meyers Töchtern zu heiraten und Einlass in die Familie zu finden. Einen Sommer lang hatte er den Hals nach weißen Sonnenschirmchen, rosa Taftkleidern und zarten, geschnürten Bottinen verdreht, und als Meyers jüngste Tochter im Herbst zurück ins Internat nach England fuhr, hatte er ihr zwei oder drei Briefe geschrieben. Jetzt war er froh, dass er die Briefe nie abgeschickt, sondern im folgenden Frühjahr die Kapitänstochter Susanne Meinders geheiratet hatte, mit der ihn seit der Kindheit eine tiefe, unverbrüchliche Kameradschaft verband. Zwar hatte Susanne deutlich breitere Fesseln und keine plötzlichen Ohnmachtsanfälle, und es war ihr auch nicht gegeben, auf interessante Art an der Welt zu leiden. Aber sie hatte ihre ersten Lebensjahre mit den Eltern auf See verbracht, und sie konnte anhand der Sterne navigieren und wusste, wie es in den Hafenvierteln von Portsmouth, Sankt Petersburg und Valparaiso aussah.

Auf einem Gruppenbild, das am Tag der Schiffstaufe entstand, posiert Rüter vor einer Bretterwand – ein kräftiger Handwerker mit wilhelminischem Schnurrbart, der mit verschränkten Armen und weit aufgerissenen Augen darauf wartet, dass der Fotograf unter seinem schwarzen Tuch hervorkommt und Entwarnung gibt. Betrachtet man sein jugendlich rundes Gesicht unter der bereits gelichteten, mit zwei langen Querfalten gefurchten Stirn, so glaubt man eine ahnungsvolle Schicksalsergebenheit zu erkennen. Gut möglich, dass er am Vorabend seiner Afrikareise um die Gefahren einer langen Schiffsreise, um die Unerbittlichkeit des äquatorialen Klimas und die Brutalität des kolonialen Alltags weiß; vielleicht hat er sogar schon vom geradezu lächerlich sadistischen Erfindungsreichtum gehört, den Gott bei der Schaffung der Tropenkrankheiten unter Beweis gestellt hat. Trotzdem wird er die Reise tun, weil er sie tun muss. Die *Götzen* ist sein Schiff, und Joseph L. Meyer zählt auf ihn. Rüter ist von allen tüchtigen Schiffbaumeistern der jüngste, von allen zuverlässigen der kräftigste, von allen erfahrenen der klügste. Wenn er die *Götzen* nicht nach Afrika bringt, wer dann?

Eines Abends, als die Kleinen im Bett waren, wollte er die Angelegenheit mit seiner Frau Susanne besprechen. Sie ist ein großes, starkes und kluges Weib, und er hält große Stücke auf ihre Meinung. Susanne ließ die Zeitung sinken, die sie gerade las, und musterte ihn aufmerksam. Dann nahm sie ihr kurzes Tabakpfeifchen aus dem Mund, das sie sich jeden Abend gönnte, sagte laut und deutlich: »Mach das!« und vertiefte sich wieder in die Zeitung. Anton Rüter verstand, was sie ihm damit sagte. Sie sagte ihm erstens, dass er die Reise nach Afrika nicht scheuen solle, weil ihm sonst das Leben fad werde; zweitens, dass er sich um sie keine Sorgen zu machen brauche, weil sie in der Zwischenzeit ein Dach über dem Kopf, ausreichend Kohle im Schuppen und Geld auf der Sparkasse haben werde; drittens, dass die Kinder die Abwesenheit ihres Vaters, den sie wochentags sowieso kaum zu Gesicht bekamen, leicht verschmerzen würden; viertens, dass sie mit dem Geld, das er übers Jahr verdiente, das Haus abzahlen und zwei Fahrräder kaufen könnten. Und dass es dann fünftens vielleicht sogar für zwei Wochen Ferien auf Borkum reichte. Er verstand das alles und war ihr dankbar.

Nach einer halben Stunde war die Inspektion des Schiffes beendet, die vier Herren gingen wieder von Bord. Dann folgten die Ansprachen. Joseph Meyer stieg als Erster auf die improvisierte, mit schwarzweißrotem Krepp geschmückte Redekanzel. Er dankte den Berliner Herren mit viel zu leiser Stimme für ihr Vertrauen, dankte den Arbeitern für ihren Einsatz, wünschte der *Götzen* auf ihrer ungewöhnlichen Reise nach dem dunklen Erdteil gute Fahrt und übergab das Wort dem Inspektor des Reichskolonialamts. Dieser überbrachte Grüße Seiner Kaiserlichen Majestät und ließ den Kaiser hochleben, und während die vierhundert Werftarbeiter pflichtschuldig »Hoch! Hoch! Hoch!« riefen, stieg mit gerafften Röcken Joseph Meyers Gattin aufs Podest, nahm die angeritzte Sektflasche zur Hand, die mit einer Schnur am Ladebaum des Schiffes befestigt war, und schleuderte sie gegen den

Bug, wo sie auf Anhieb ordnungsgemäß glücksbringend zerschellte.

Der Photograph unten auf dem Kopfsteinpflaster drückte den Auslöser in genau jenem Augenblick, da der Schaumwein wie Feuerwerk vor dem schwarzen Schiffsrumpf zersprühte. Während der Flaschenhals an der Schnur auspendelte und die Ehrengäste vom Podium hinunterstiegen, sah er sich nach einem nächsten Bildmotiv um, entdeckte am Fallreep Anton Rüter und nötigte diesen, zusammen mit den zwei Arbeitern, die ihn nach Afrika begleiten würden, vor einer Bretterwand zu posieren, worauf das bereits erwähnte Gruppenbild entstand.

Zu Rüters Linken ist der Handwerksbursche Hermann Wendt zu sehen, mit dreiundzwanzig Jahren der Jüngste der Gruppe. Er bietet der Kamera die Stirn mit der selbstbewussten Gelassenheit des Mechanikers, für den es keine unlösbaren Probleme gibt. Er ist es gewohnt, dass die Dinge rundlaufen. Wenn eine Schwierigkeit auftaucht, ist das kein Grund zur Aufregung, sondern Anlass zum Nachdenken. Man sucht nach dem Fehler, behebt ihn und kontrolliert anschließend, ob alles wieder rundläuft. Und wenn etwas endgültig kaputt und nicht mehr zu gebrauchen ist, macht man deswegen keinen Aufstand, sondern legt's eben beiseite. Nach dieser Methode verfährt er nicht nur in mechanischen Dingen, sondern in sämtlichen Bereichen des menschlichen Lebens. Mit seinem Vater, unter dessen Dach er noch immer wohnt, versteht er sich gut; er weiß, worüber sie miteinander reden können, und worüber sie schweigen müssen. Seine Finanzen hat er im Griff; hundert Mark im Monat verdient er, ein bisschen weniger gibt er aus. Mit den Mädchen kommt er bestens klar; Nein ist Nein, und Ja ist Ja, und wenn's nicht mehr geht, geht's eben nicht mehr. Er hat im Arbeiterkulturverein Marx und Engels gelesen und sich für deren uhrwerkhafte Geschichtstheorie, für das Ticktack von These, Antithese und Synthese begeistert. Der Gewerkschaft beitreten will er deswegen aber nicht gerade, denn wenn es um seinen Lohn geht, bespricht er das doch lieber selbst mit dem alten Meyer, der ihn bisher immer sehr anständig behandelt hat; und wenn die proletarische Revolution sowieso historisch unausweichlich bevorsteht, sieht Hermann Wendt nicht ein, weshalb er zu deren Herbeiführung seine spärliche Freizeit opfern soll. Die Afrikareise schreckt ihn nicht. Er wird dort runterfahren, ein Jahr für dreifachen Lohn arbeiten und fast nichts ausgeben, und dann heimkehren. Falls es in Afrika heiß ist, wird er eben schwitzen. Wenn's keine anständigen Betten gibt, wird er sich eines zimmern. Und wenn das Essen komisch schmeckt, wird er's trotzdem essen. Natürlich kann es passieren, dass man krank wird, oder dass einen eine Schlange beißt, so was ist lästig. Aber machen kann man nicht sehr viel dagegen, also lohnt es sich nicht, darüber nachzudenken. Wenn er heimkommt, wird er mit dem Geld ein Haus bauen, heiraten und Kinder haben. Das Grundstück hat er schon ausgewählt. Es liegt weitab vom Städtchen im Wilden Moor. Ziemlich weitab am Splittigkanal, das stimmt schon, Elektrizität gibt es dort draußen noch keine. Dafür ist es billig. Der Strom wird dann schon kommen, die Stadt wächst rasch. Welche Frau er heiraten wird, weiß er noch nicht.

Am rechten Bildrand steht Nieter Rudolf Tellmann, mit vierundvierzig Jahren beinahe doppelt so alt wie der junge Wendt, verheiratet und Vater von vier halbwüchsigen Kindern. Sein Haar ist schütter, die Wangen sind hohl, der Blick geht skeptisch zur Seite. Er ist einer, der sonntags gern zur Jagd geht, in aller Frühe mit dem Gewehr allein hinaus ins Moor. Dass er viel geschossen hätte über die Jahre, kann man nicht sagen. Alle paar Monate der Form halber ein Moorhuhn vielleicht, oder ein Karnickel. Meist sitzt er nur einfach so an diesem oder jenem verschwiegenen Plätzchen auf einem Baumstrunk, das Gewehr, das womöglich nicht mal geladen ist, quer über den Schoß gelegt. Dann raucht er Zigaretten, kratzt sich gedankenvoll am Hals und betrachtet den Wandel der Jahreszeiten. Er hat sich nun wirklich nicht vorgedrängt, als der Chef einen Nieter für die Expedition suchte. Da gab's sieben oder acht Kollegen, die wollten unbedingt fahren, wegen des Geldes. Gedrängelt haben sie wie die Schulbuben auf der Kirmes und großmäulige Reden gehalten, sind mit geschwollenem Kamm heimstolziert und haben vor ihren versammelten Familien den Anbruch herrlicher Zeiten verkündet; aber dann strömte ihnen über Nacht das Blut in den Gehirnkasten zurück und kam ihnen dieser oder jener Gedanke, und am folgenden Morgen haben sie sich kleinlaut in der Kesselschmiede verkrochen, sich an ihren Glühöfen und elektrischen Laufkränen zu schaffen gemacht und von Afrika nichts mehr hören wollen. Als dann der Chef in seiner Not den Tellmann ins Büro rief und ihm die Dienstreise händeringend antrug, brachte der es nicht über sich, rundheraus Nein zu sagen. Also rechnete er abends mit der Frau alles nochmal durch. Die Hypothek fürs Haus wäre man auf einen Schlag los. Die Aussteuer für die Älteste, die Schulbücher für die Kleinen, das Lehrjahr für den Großen in Bremen. Hinten raus in den Garten könnte man ein Zimmer anbauen für die Schwiegermutter, die ist in letzter Zeit ein bisschen alt und wunderlich geworden in ihrem windschiefen Fachwerkhäuschen draußen im Obermoor; das wird allmählich gefährlich. Kürzlich hat sie sich auf dem Heimweg nach dem Einkaufen verirrt, man musste sie suchen und fand sie lang nach Einbruch der Nacht an einer Böschung im Krummen Meer, weinend wie ein Kind, mit schmutzigen Röcken und zerrissenen Strümpfen. Entweder man baut ein Zimmer an, oder sie muss ins Altenheim. Geld kostet beides. Und was ist schon so ein Jährchen, das geht rasch vorbei. Je älter man wird, desto rascher. Und was die Jagd betrifft, soll Afrika nicht übel sein.

Als zum Abschluss der Zeremonie der Pfarrer das Schiff einsegnete und sämtliche anwesenden Papenburger niederknieten und die Hände zum Gebet falteten, warfen Wendt, Rüter und Tellmann einander ironische Blicke unter gerunzelten Stirnen zu, wackelten unschlüssig mit den Köpfen und scharrten mit den Füßen. Alle drei neigten nämlich, wie das unter Katholiken üblich ist, mehr oder weniger offen zum Atheismus im Vertrauen darauf, dass ihr milder und verzeihender Gott, falls es ihn letztlich eben doch geben sollte, ihnen am Jüngsten Tag die Leugnerei schon nachsehen werde; und falls Er wider Erwarten seine Barmherzigkeit verweigern sollte, würde es eben die Jungfrau Maria voll der Gnade richten.

Wenn Rüter, Tellmann und Wendt trotzdem niederknieten, geschah dies aus Höflichkeit gegenüber dem Pfarrer sowie aus Rücksichtnahme auf die religiösen Gefühle des Nebenmannes; konnte man denn wissen, ob der nicht vielleicht heimlich doch fromm war, trotz seiner ketzerischen Reden? Freilich war allen dreien bewusst, dass sie beim Niederknien streng genommen falsches Zeugnis ablegten. Aber auch diese Sünde würde Gott, wenn es ihn denn gab, ihnen nicht ewig krummnehmen. Und sowieso war das alles im Augenblick egal. Wichtig war jetzt die Schiffstaufe. Wichtig war nicht, ob Rüter, Wendt und Tellmann an Gott glaubten. Wichtig war auch nicht, ob Gott an Rüter, Wendt und Tellmann glaubte. Wichtig war, dass Gott an das Schiff glaubte, und dass er ihm seinen Segen gewährte. Die drei Männer warfen sich auf die Knie, zerknüllten ihre Mützen in den Fäusten und warteten ergeben darauf, dass der Pfarrer zu einem Ende käme.

* * *

Zur gleichen Zeit lebte am anderen Ende Afrikas, im äußersten Westen des Kontinents, jener Mann, der schon bald den Auftrag erhalten sollte, nach Deutsch-Ostafrika zu fahren und mit einer Dreipfund-Kanone ein deutsches Dampfschiff zu versenken. In jenem November 1913 aber hatte er davon noch keine Ahnung, sondern steuerte ein kleines, verrußtes Dampfboot über den Gambia-Fluss. Er hielt sich immer dicht am Ufer, an der schweigenden Wand ineinander verschlungener Mangroven entlang, hinein ins Herz der Finsternis. Das Wasser floss zäh und war brackig braun, das Land menschenleer und derart flach, dass das Salzwasser des Atlantischen Ozeans zweihundert Kilometer tief in den Flusslauf eindrang. Bei Flut standen die Mangroven metertief unter Wasser, bei

Ebbe rieselten unzählige Rinnsale und krochen Scharen von Taschenkrebsen und anderen phantastischen Geschöpfen durch den faulig riechenden Schlamm. Die Männer an Bord des Dampfbootes hielten scharf Ausschau nach Sandbänken, verborgenen Felsen und gefallenen Bäumen, die braun in braun und messerscharf in den Strom ragten und den Bootsrumpf der Länge nach aufschlitzen konnten. Weiter flussaufwärts wurde das Land trocken, der Mangrovenwald lichtete sich. Die ersten Ölpalmen tauchten auf, dann Affenbrot-, Mahagoni- und Kalebassenbäume, hin und wieder Drachenblut-, Ebenholz- und Wollbäume. Gelegentlich zeigte sich ein Buschbock am Ufer, manchmal turnten Schimpansen in den Bäumen. Löwen, Giraffen und Elefanten gab es seit ein paar Jahren – seit britische Großwildjäger die Gegend entdeckt hatten – keine mehr. Das Boot kam nur langsam voran, denn die Dampfrohre waren undicht, die Antriebswelle war verbogen und die Schraube schrundig. Aber das war egal, denn Eile hatte keiner, und die Reise hatte wohl einen Zweck, aber kein Ziel und kein Ende. Seit bald drei Jahren quälte sich das Dampferchen über den Gambia-Fluss, und die Männer an Bord wussten, dass es nie wieder anderes Wasser unter dem Kiel haben würde. Während der Mittagshitze gingen sie stundenlang vor Anker. Dann dösten die vier schwarzen Matrosen in ihren Hängematten, die zwei Offiziere schossen Krokodile oder spielten Schach unter dem Schattendach, und der Kommandant übertrug seine Daten vom Notizbuch auf die Karte. Nachmittags um vier tranken sie Tee, denn sie waren Briten. Dann kroch das Boot nochmal zwei Stunden den mäandernden Fluss hinauf, den Stromschnellen hinter Fatoto entgegen, manchmal auch flussabwärts ins Mündungsdelta, wo der ewige Modergeruch des Dschungels einer frischen atlantischen Brise wich. Am Abend, wenn sich Milliarden Insekten aller Größen über dem Wasser sammelten, ging das Boot in einer ruhigen Flussbiegung vor Anker. Nachts kamen die Flusspferde, um sich an seinem Rumpf zu scheuern. Dann geriet das Boot ins Schaukeln, unter dem Sonnendach trudelten die Petroleumlampen, der Brandy in den Gläsern schwappte über, und die Männer fluchten, griffen zu den Gewehren und schossen den walfischartig breiten Rücken hinterher, die grunzend und prustend in die Nacht abtauchten.

So hat sich Leutnant Geoffrey Spicer Simson

seine Karriere nicht vorgestellt. Wenn die Welt ein gerechter Ort wäre, würde er jetzt nicht an seiner Ruderpinne sitzen, sondern hoch oben auf der Kommandobrücke eines Schlachtschiffs stehen; er würde über drei- oder vierhundert tadellose Navy-Matrosen gebieten, und er würde seine Befehle von Churchill persönlich empfangen, und sein Schiff wäre blitzblank und würde mit fünfundzwanzig Knoten auf den Ozeanen dieser Welt kreuzen. Stattdessen befehligt er ein Dampfboot mit einer kleinen Messingpfeife oben dran, das vorne und hinten leckt und vielleicht mal seetüchtig war, und das irgendwann im letzten Jahrhundert auf den Namen *Rose* getauft wurde. Spicer kennt die *Rose* gut, denn er hat sie 1911 eigenhändig von England nach Afrika gebracht. Schon auf jener Fahrt hat ihm das Boot eine erste Demütigung angetan, weil er die freie Atlantikfahrt nicht wagen durfte und stattdessen durch die Kanäle Frankreichs nach Marseille kriechen musste, von dort immer brav die Küste entlang über Gibraltar und Dakar bis nach Bathurst in Gambia, wo er seine Ehefrau Amy in einem Pavillon im Gouvernementsviertel unterbrachte und sich dann aufmachte, im Auftrag der britischen Handels- und Kriegsmarine den Lauf des Gambia-

Flusses zu kartographieren. Seither sind fast tausend Tage vergangen, und Spicer dümpelt noch immer über den brackigen Fluss, und seine Truppe besteht nicht aus dreihundert Navy-Soldaten, sondern aus vier schlaksigen, in Lumpen gehüllten Negerjungs, die ständig albern lachen und in unverständlichem Wolof palavern, und aus zwei unrasierten, fiebergeschüttelten Iren, denen längst alles egal ist.

Geoffrey Spicer Simson war ein kräftiger Mann mit breiten, runden Schultern, hellgrauen Augen und kurzgeschorenem Haar. Am Kinn ließ er sich ein militärisch knappes Bärtchen stehen, um Nase und Mund hatten sich tiefe Falten tapfer verheimlichter Bitterkeit eingegraben. Es ist wahr, dass seine berufliche Laufbahn unglücklich verlaufen war, und dass er, der mit seinen bald achtunddreißig Jahren vielleicht der älteste Leutnant der königlichen Marine war, schon sehr lange auf eine Beförderung wartete. In den bald drei Jahren, die er nun in Gambia aushielt, war er nicht müde geworden, auf dem Korrespondenzweg in London Empfehlungen einzuholen und diese umgehend zurück nach London an diese oder jene Stabsstelle zu schicken. Wenn bedeutende Persönlichkeiten die Kolonie besuchten, so bemühte er sich um eine Audienz, verbrachte ganze Tage im Offiziersklub und die Abende bei allen möglichen gesellschaftlichen Anlässen, soweit er zu ihnen Zugang hatte. Dabei bemühte er sich um würdiges Auftreten – im Umgang mit Ranghöheren sowieso, und gegenüber Rangniedrigeren erst recht. Während der Konversation beim Essen zwang er sich, nicht mit den Händen zu fuchteln, sondern alle zehn Fingerspitzen – nicht aber die Handteller – sorgsam auf die Tischplatte zu legen. Unablässig ermahnte er sich, beim Reden nicht die Augen aufzureißen, denn das taten nur Unteroffiziere. Ein richtiger Kommandant betrachtete die Welt und seine Untergebenen gelassen unter halbgeschlossenen Lidern hervor, und er wendete den Kopf nicht ruckartig wie ein Huhn, sondern langsam, ganz langsam. Von gewissen Marotten aber, die bei einem Offizier der britischen Krone als sehr originell erscheinen mussten, konnte er nicht lassen. So war er dafür berüchtigt, bei allen möglichen und unmöglichen Gelegenheiten seinen Oberkörper zu entblößen, der reich tätowiert war mit Abbildungen von Schlangen, Schmetterlingen und vorchristlichen Bauwerken. Bedauerlicherweise hatte er sich auch eine näselnde

Sprechweise angewöhnt, die er für vornehm hielt, und wenn er in Gesellschaft auftrat, prahlte er mit seinen Abenteuern in fernen Ländern, erzählte absonderliche Witze und ließ sich selten davon abhalten, mit schwankender Stimme Seemannslieder vorzutragen. Er war Fachmann auf allen Gebieten und stets gern bereit, auch ausgewiesene Experten an seinem Wissen teilhaben zu lassen. Er hatte das Mündungsdelta des Yangtse im Alleingang kartographiert, als erster Seemann überhaupt dessen berüchtigte Stromschnellen bezwungen und dabei ein paar chinesische Dschunken ins Schlepptau genommen, die es ohne seine Hilfe nie geschafft hätten. Bei der Gelegenheit hatte er nebenbei fließend Chinesisch gelernt und auch noch allerlei Schlachten gegen chinesische Piraten bestanden. Er hatte in Kanada eine riesige Goldmine gefunden und in Melanesien Menschenfressern die englische Nationalhymne beigebracht, er hatte Roald Amundsen zum Südpol begleitet und war schon öfters zum Nachmittagstee im Buckingham Palace gewesen.

In seinem ganzen Wesen ließ Spicer eine ausgeprägte Wertschätzung der eigenen Person erkennen, verbunden mit regelmäßig wiederkehrenden, quälenden Selbstzweifeln. Er lebte, wenn nicht im

Bewusstsein, so doch in der Hoffnung, dass er irgendwann etwas Großartiges vollbringen werde, das ihn zuhanden der Nachwelt auszeichnen würde vor allen übrigen Sterblichen. Wenn ihm im gesellschaftlichen Verkehr bei aller Prahlerei eine gewisse Schüchternheit anhaftete, so deshalb, weil er ahnte, dass nicht die ganze Welt über seine außergewöhnlichen Qualitäten auf dem Laufenden war. Gelegentlich kam es vor, dass die Idee von einem schöneren, saubereren Dasein in ihm nach Worten drängte, aber er fand sie nicht. Diese Hilflosigkeit machte ihn wütend, und diese Wut ließ er dann aus an wehrlosen Kellnern und Dienstboten und empfand böse Freude dabei, gefolgt von bitterer Reue und umso stärkerer Sehnsucht nach der großen, erhabenen Tat.

Aber davon wussten seine Vorgesetzten nichts. Sie sahen nur den tätowierten Prahlhans, und so verliefen Spicers Bemühungen alle im Sande und wurde er bei jeder Beförderungsrunde immer wieder aufs Neue übergangen. Spicer erklärte sich diese anhaltenden Misserfolge mit Willkür und Vetternwirtschaft seiner Vorgesetzten, ließ dabei aber außer acht, dass ihm in seiner bald zwanzigjährigen Marinelaufbahn tatsächlich einige ziemlich schlimme Missgeschicke unterlaufen waren. Während der Kanalmanöver 1905 beispielsweise hatte er die Idee zur Ausführung gebracht, zwischen zwei Zerstörern ein Stahlseil zu spannen und so nach U-Booten zu fischen, worauf sich tatsächlich ein Periskop im Seil verfing und das dazugehörende U-Boot – ein britisches, kein feindliches – beinahe gesunken wäre. Ein anderes Mal wollte er während eines Manövers die Wehrhaftigkeit der Verteidigungsanlagen im Hafen von Portsmouth testen und lief mit seinem Schiff am Strand auf. Dafür musste er sich ein erstes Mal vor dem Militärgericht verantworten; ein zweites Mal wurde er gemaßregelt, als er mit seinem Zerstörer ein Landungsboot rammte und mehrere Matrosen ums Leben kamen. Es glich deshalb eher einer Verbannung als einer Beförderung, als er 1911 mit dem Titel eines *Director of Hydrographic Survey* nach Gambia geschickt wurde. Dies umso mehr, als von Anfang an klar war, dass seine kartographischen Messungen niemals von wirtschaftlichem oder militärischem Nutzen sein würden; der Gambia-Fluss führte vom Atlantischen Ozean durch die Mangrovensümpfe direkt in die unwirtlichen Wüsten des Sahel, in die sich kaum je ein Europäer verirrte. Auf dem Fluss verkehrten außer den Eingeborenen lediglich ein paar Kautschukdampfer, und auch die blieben seit der Kautschukkrise aus. Spicer ertrug die Sinnlosigkeit seiner Arbeit mit soldatischer Disziplin, tuckerte jeweils zwanzig oder dreißig Tage über den Fluss und ruhte sich dann eine Woche lang in Bathurst im Bungalow seiner Frau aus, immer in der Hoffnung, dass irgendwann die dienstliche Abberufung nach London eintreffen möge.

2
Bitterer Honig

Als Anton Rüter in Daressalam eintraf, machte ihm von allen Naturerscheinungen Deutsch-Ostafrikas nur eine einzige wirklich Eindruck: Das war die Frau des Gouverneurs. Er versuchte seine Enttäuschung zu verbergen, aber es ließ sich nicht leugnen: Bisher war die Reise unspektakulär, um nicht zu sagen langweilig verlaufen. Die Eisenbahnfahrt von Papenburg nach Marseille in überheizten Zügen mit beschlagenen Fenstern war eine Qual gewesen, ebenso die Durchquerung des winterlich trüben Mittelmeers mit dem Reichspostdampfer *Feldmarschall*, in dessen Laderaum sich die ersten neunhundertachtzig Seekisten mit Bauteilen der *Götzen* stapelten. Es waren nur wenige Passagiere an Bord, und weil es ohne Unterlass regnete und das Schiff heftig stampfte und schlingerte, verkrochen sich alle in ihre Kabinen. In Port Said legte die *Feldmarschall* einen Kohlestopp ein, und mitten im Suezkanal wich von einer Stunde auf die andere die winterliche Kälte tropischer Hitze. Im Roten Meer leisteten Delphine dem Schiff Gesellschaft und sorgten mit ihren Kapriolen für Unterhaltung, und gelegentlich ahnte man den schwarzen Schatten einer Meeresschildkröte, die pfeilschnell vor den Schiffsmotoren floh. Hin und wieder setzte der Regen aus. Dann lagen die Papenburger auf dem Sonnendeck in ihren Liegestühlen und betrachteten das ölige, träge Meer und die gleichförmige Düsternis der afrikanischen Küste.

Als das Schiff am 10. Januar 1914 die Gewürzinsel Sansibar hinter sich ließ und endlich westwärts Kurs auf das Festland nahm, vorbei an Bagamoyo, der alten arabischen Hafenstadt, dem Ziel zahlloser Sklaven- und Elfenbeinkarawanen aus den tiefsten Tiefen Afrikas, auf deren Marktplatz sich in früheren Zeiten Massai-, Suaheli- und Bantukönige mit arabischen Kaufleuten aus Dschidda, Schiffbauern aus Kuwait, Stoff- und Gewürzhändlern aus Bombay und Piraten aus Schanghai getroffen hatten – als die *Feldmarschall* also fünfhundert Seemeilen südlich des Äquators glücklich die Lücke im Riff fand und in die Bucht von Daressalam einfuhr –, da war auch das eine Enttäuschung. Was Anton Rüter sah, war ein schmaler Streifen nassen Sandstrandes, der sich in weitem Bogen um die Bucht erstreckte, gesäumt von einer langen Reihe grauer Kokospalmenstämme, hinter denen eine Handvoll Kolonialbauten hervorlugten – aber dazwischen ästen keine Drachen, dahinter standen keine feuerspuckenden Vulkane, und am Himmel stand nicht plötzlich eine zweite Sonne, die die Schwerkraft der Erde aufgehoben hätte. Am Ankerplatz lagen keine chinesischen Dschunken und keine arabischen Dhaus, sondern der britische Handelsschoner *Sheffield* neben dem deutschen Kreuzer *Königsberg*, leuchtend weiß-gelb und nass, die Geschütztürme sorgfältig verpackt zum Schutz vor dem ewigen Regen. Man konnte die Baracken der Zollanlagen mit ihren rostigen Wellblechdächern sehen, auf die ohrenbetäubend der Regen trommelte, und die Gehwege waren schlammig schwarz von der vielen Kohle, die unterwegs zu den Kohlebunkern Tag für Tag verloren ging.

Als die *Feldmarschall* an der Landungsbrücke anlegte und die Matrosen die Festmacherleinen warfen, stand Anton Rüter an der Reling, verfolgte das Geschehen und wunderte sich, wie vertraut ihm alles war. Neu und ungewohnt waren nur die brüllende Hitze und die atemberaubende Luftfeuchtigkeit, und dass alles, was er anfasste, heiß war: Die Reling war heiß. Wenn er einen Schritt zurücktrat und sich an die stählerne Schiffswand lehnte, war auch die heiß. In seiner Kabine war erst recht alles heiß. Die Zahnpaste war heiß. Das Wasser des Kaltwasserhahns war heiß. Auch die Bettlaken und das Kopfkissen waren heiß und ewig feucht von seinem Schweiß. Die Atemluft war heiß. Das Meerwasser, mit dem die Schiffsjungen das Deck schrubbten, war heiß. Sogar der Regen war heiß. Rüter ahnte, dass es für ihn eine ganze Weile nichts Kühles auf der Welt mehr geben würde; bald würde er die Erfahrung machen, dass in den Tropen noch nicht mal die Toten erkalten konnten, bevor ihnen das Fleisch von den Knochen fiel. Neu und ungewohnt war weiter, dass ihm rund um die Uhr der Schweiß in wahren Bächen von der Stirn in die Augen, über die Wangen in die Mundwinkel, übers Kinn und auf die Brust rann, sich in der Bauchfalte sammelte und über die Schenkel bis hinunter in die Schuhe troff, und dass jeder kleine Deckspaziergang ihn an den Rand der Erschöpfung brachte, und dass ihm schon das Ausbreiten und Zusammenfalten seiner Baupläne eine körperliche Anstrengung war. Aber exotischen Zauber hatte das keinen. Das war nicht romantisch, sondern nur unangenehm.

Die Hafenarbeiter legten die Trossen um die Poller, richteten das Fallreep und nahmen erste Gepäckstücke entgegen. Plötzlich brüllte jemand einen militärischen Befehl, dann gab es Stiefelgetrappel und klackende Koppel und noch einen Befehl, und dann präsentierten beidseits der Landungsbrücke zwölf Askari, also Negersoldaten, und zwei weiße Unteroffiziere im strömenden Regen ihre Gewehre. Sie waren triefend nass und trugen sandfarbene Uniformen mit blauen Wadenbändern und rote Mützen mit weißen, aufgenähten Reichsadlern. Rüter war fasziniert. Die einzigen Neger, die er bis dahin zu Gesicht bekommen hatte, waren jene auf den Kakaodosen und auf der Sammelbüchse der katholischen Afrikamission gewesen. Einmal hätte er beinahe welche aus Fleisch und Blut gesehen, auf der Landesausstellung in Oldenburg im Sommer 1905, bei der Somalikrieger mit Tanz und Gesang aufgetreten waren; aber dann war der Alterspräsident des Papenburger Arbeiterturnvereins in den japanischen Weiher mit den Koi-Fischen gefallen und die halbe Jugendriege hatte verdorbenes Erdbeereis erbrochen, weshalb man auf die Somalikrieger verzichtet und vorzeitig die Heimreise angetreten hatte.

Es vergingen fünf Minuten, in denen der Arzt, die Hafenbeamten und die Hotelboten zur *Feldmarschall* heraufeilten; und als Anton Rüter seine Aufmerksamkeit wieder den Schwarzen auf der Landungsbrücke zuwandte, stellte er fest, dass diese gar nicht schwarz waren, sondern vielmehr braun, und zwar noch nicht mal sonderlich dunkelbraun, und dass ihr Anblick, hatte man sich erst an die Hautfarbe gewöhnt, nichts Exotisches mehr hatte, sondern ein ganz alltäglicher war. Denn die Hafenarbeiter nahmen keine wunderlich fremdländischen Verrichtungen vor, sondern hantierten mit den Tampen und schleppten Kisten und Säcke, wie das Hafenarbeiter in jedem Hafen überall auf der Welt nun mal tun. Und die Soldaten trommelten sich nicht mit den Fäusten auf die Brust, rollten nicht mit den Augen und streckten keine tätowierten Zungen heraus, sondern standen brav im Regen stramm, machten nach Soldatenart unwirsche Gesichter und wurden scharf beobachtet von ihren zwei rotgesichtigen Korporalen, die wahrscheinlich Hochstetter oder Wörns oder Finkelhuber hießen.

Das alles war also nichts Ungewöhnliches. Fünf Schritte vor den Soldaten aber stand im strömenden Regen – die Frau des Gouverneurs. Mit der linken Hand ließ sie ihren weißen Schirm wirbeln, dass die Regentropfen tangential vom Schirmrand wegspritzten, und mit der rechten, hoch erhobenen Hand winkte sie zum Brückendeck hinauf. Ein derartiges Wesen, eine solche Erscheinung von geradezu außerirdischer Weißheit hatte Rüter noch nie gesehen. Unter dem wagenradgroßen, blütenweißen Hut, in dessen rosa Hutband ein hübscher kleiner Strauß weißer Blüten steckte, strahlten ihm zwei hellblaue Augen aus einem rundlich weichen, milchweißen Gesicht entgegen; die lächelnden, zartrosa Lippen gaben eine Perlenreihe köstlicher kleiner Zähne frei, und als sie den Neuankömmlingen durch den Regen etwas zurief, was auf die Entfernung nicht zu verstehen war, bildete sich über dem Hals ein frauliches kleines Doppelkinn, und zwischen den Zähnen konnte man das helle Rot ihrer Zungenspitze ahnen. Anton Rüter kam auf den Gedanken, dass man höflicherweise zurückwinken müsste, und hob grüßend die Hand, worauf Wendt und Tellmann, die unterdessen ebenfalls an die Reling getreten waren, es ihm nachtaten. Als Rüter die beiden fragte, ob sie verstanden hätten, was die Frau gerufen hatte, gaben sie keine Antwort, sondern starrten weiter hinunter. Und als er die Frage ein erstes und ein zweites Mal wiederholte, knurrte der junge Wendt aus dem Mundwinkel, das sei doch nun wirklich egal, Mensch. Die Frau trug ein weißes Leinenkleid, das über ihre fülligen Hüften wogte und leuchtete, als verstecke sich unter dem Rock eine geheimnisvolle Lichtquelle. Am oberen Rand des Kleids blendete ein schneeweißes, fülliges Dekolleté, unterhalb des Saums schimmerten weiße Seidenstrümpfe, und ihre Füße steckten in weißen Seidenschuhen, die im schwarzen Schlamm wundersamerweise makellos sauber geblieben waren. Die drei Schiffbauer standen da wie vom Donner gerührt. Ein solches Wesen – so eine Frau, falls es wirklich eine war – hatten sie noch nie gesehen. So etwas gab es nicht in Papenburg.

Und dann hieß die Frau auch noch Schnee. Ada Schnee, geborene Burlington, aufgewachsen in Neuseeland als Tochter irisch-britischer Schafzüchter.

Übrigens stand neben ihr, zwei Schirmradien entfernt unter einem schwarzen Regenschirm, ihr Gatte Heinrich Schnee, Doktor der Jurisprudenz, seit zwei Jahren Gouverneur Deutsch-Ostafrikas und oberster ziviler und militärischer Befehlshaber der Kolonie; ein hageres Männchen mit schwarzer, goldbetresster Uniformweste, weißer Hose mit roten Streifen und einem viel zu langen Offizierssäbel an der Seite, dessen Spitze beinahe den Zementboden der Landungsbrücke berührte. Er war ungefähr gleich groß wie seine Frau, vielleicht auch etwas kleiner oder größer, das war schwer zu sagen, weil er einen mit Baumwollstoff bespannten Tropenhelm aus Kork trug; als Zeichen seiner Amtswürde war der Helm goldgelb gefärbt und zuoberst mit einer vergoldeten Metallspitze versehen. Schnee war erst dreiundvierzig Jahre alt und schien von Weitem jugendlich drahtig und flink auf den Beinen. Im Näherkommen aber wurde deutlich, dass er, wie es Europäern in den Tropen oft geschieht, vor der Zeit gealtert war. Seine Gesichtszüge waren starr und förmlich, der Mund ein schmaler Strich, der Schnurrbart schien ihm wie zum Scherz angeklebt, und der Hals war ledern und faltig. Als er seiner Gattin den Arm bot, um an ihrer Seite den Passagieren der *Feldmarschall* entgegenzugehen, tat er das mit der steifen Grazie eines gut erhaltenen Pensionisten; und als er die drei Papenburger Schiffbauer am Ende der Landungsbrücke willkommen hieß, klang seine Ansprache angestrengt schneidig und dabei scheu und zaghaft, als fürchte er, die jungen Leute könnten sich über seine altväterliche Ausdrucksweise lustig machen. Die drei Papenburger ihrerseits, die sich erstens nicht für junge Leute hielten und zweitens nicht im Traum auf den Gedanken verfallen wären, sich über den Herrn Gouverneur lustig zu machen, antworteten abwechselnd mit Gehüstel, ungelenkem Dank und zerbröselnden Bemerkungen über die problemlos verlaufene Schiffsreise – und dann machte sich im prasselnden Regen zwischen den vier Männern ein zähes, peinigendes Schweigen breit, aus dem sie nie wieder herausgefunden hätten, wäre ihnen nicht die Gouverneursgattin zu Hilfe geeilt. Sie tat das, indem sie ihr perlendes Lachen hören ließ und den Herren empfahl, ihre Unterhaltung doch besser im Salon des Gouverneurspalasts weiterzuführen, wo es angenehm trocken sei und ein kleiner Imbiss bereitstehe. Mit einem Wimpernschlag setzte sie ihren Mann in Bewegung, mit einer leichten Berührung am Ellbogen brachte sie Tellmann dazu, dem Gouverneur zu folgen. Dann schenkte sie Rüter ein bezauberndes Lächeln und bedachte den jungen Wendt mit einem Blick, der um eine wohlberechnete und nicht nachweisbare Sekunde zu lang war, worauf auch diese beiden die weiß zementierte Treppe hinauf zur Hafenstraße unter die Füße nahmen. Die Negersoldaten und ihre Korporale folgten in einigem Abstand, während draußen in der Bucht die erste von neunhundertachtzig Kisten am Ladebaum der *Feldmarschall* übers Wasser schwebte. Unterwegs erzählte die Gouverneurin ihren Gästen mit einem reizenden britischen Akzent, der einen an zartes Teegeschirr und Picknicks auf saftig grünen Wiesen denken ließ, etwas Wissenswertes über das neue Schwimmdock draußen beim Ankerplatz. Am oberen Ende der Treppe angelangt, streckte sie mit der Grazie einer Balletttänzerin den linken Arm aus, deutete auf einen langgezogenen Schuppen neben dem Bahnhof und sagte:

»In diesem Lagerhaus werden wir Ihre Schiffsteile unterbringen, bis Sie an den Tanganikasee weiterfahren. Ihnen ist doch bekannt, dass Sie uns eine Weile Gesellschaft leisten müssen?«

»Verzeihung?«, sagte Rüter.

»Sie müssen ein paar Tage in Daressalam bleiben. Sie wohnen im Hotel Kaiserhof, gleich neben der Gouverneursresidenz.«

»Sie sind zu freundlich, Exzellenz«, sagte Rüter, »aber unsere Mission duldet keinen …«

»Sie wollen vor mir davonlaufen?« Die Gouverneurin ließ ihr perlendes Lachen hören. »Das wird Ihnen nicht gelingen! Die Bahnstrecke ist leider noch nicht fertig, zehn Kilometer bis zum Ufer fehlen noch. Zwei bis drei Wochen werden Sie wohl oder übel mit unserer Gesellschaft vorliebnehmen müssen.«

In diesem Augenblick brach, als hätte jemand einen Hahn zugedreht, der Regen ab. In der Wolkendecke zeigte sich ein blauer Fleck, der rasch größer wurde, und im senkrecht einfallenden Sonnenlicht erstrahlten die roten Blüten der Akazien in hübschem Kontrast zu den leuchtend weißen Fassaden der Verwaltungs- und Ökonomiebauten. Es war früher Nachmittag, die schläfrigste Zeit des Tages. Ein Ochsenkarren fuhr Steine stadteinwärts, eine nahezu nackte alte Frau trug Reisig stadtauswärts, ein weiß verhüllter Araber gab seinem Esel die Peitsche.

Eine Lücke in der Häuserzeile gab linker Hand den Blick frei auf eine breite, palmengesäumte Seitenstraße. So konnten Rüter, Wendt und Tellmann sehen, dass sich hinter den weißen Fassaden der

Verwaltungsbauten ein Meer von einstöckigen Lehmhäusern, fensterlosen Bretterbuden und geflochtenen Palmenblatthütten erstreckte. Nackte Kinder liefen auf der dampfenden Straße umher, Frauen kauerten in Gruppen am Boden, Männer gingen Hand in Hand. Man konnte leises Singen und lautes Lachen hören, und der Wind wehte interessante Gerüche herbei.

»Das Eingeborenenviertel«, sagte der Gouverneur lächelnd. »Ein buntes Völkchen, hier in Daressalam übrigens gegenüber den Weißen zehnfach in der Überzahl. Sie müssen vor der Weiterreise unbedingt eine Besichtigung vornehmen, mittlerweile ist das ganz ungefährlich.«

Am Rand des Eingeborenenviertels lag die Hinrichtungsstätte, auf der fünf Galgen in einer Reihe standen, und dann führte die Allee durch einen malerischen Kokospalmenhain, der das Hafenviertel vom Gouvernementsdistrikt trennte. Da der Gouverneur aufs Neue in Schweigen verfallen war und die drei Neuankömmlinge sich darauf beschränkten, vorsichtig interessierte Gesichter zu machen, setzte wiederum Ada Schnee die Unterhaltung fort. Sie wies die Männer auf die üppigen Blumenrabatten beidseits der Straße hin, die von ihren schwarzen Mädchen mit großer Begeisterung gepflegt würden, und deutete hinüber zum Strand, an dem sie jeden Morgen mit ihrem Pferd ausreite. Dann erstattete sie Bericht über die Krankenschwesternschule, die sie selbst ins Leben gerufen hatte, rühmte die Tüchtigkeit der schwarzen Schülerinnen, die man als Pflegerinnen für erkrankte Plantagenarbeiter und verletzte Negersoldaten dringend benötige, und machte scherzhaft Reklame für die deutsch-ostafrikanischen Zahnbürsten, die ein Missionar in Dodoma aus Maultierhaaren von seinen Schwarzen anfertigen ließ.

»Die Zahnbürsten sind hygienisch ganz einwandfrei, nur ein wenig zu stark – wie so vieles in Afrika, Sie werden sehen. Das Mangomus der katholischen Schwestern in Tabora beispielsweise schmeckt genauso wie deutsches Pflaumenmus – nur ein wenig stärker. Auch das Malzbier, das unser Brauer Schulze gleich hier hinter dem Palmenhain nach deutschem Reinheitsgebot herstellt, schmeckt ganz wie echtes deutsches Bier – nur ein wenig stärker. Falls es Ihnen zu stark ist, versuchen Sie doch das Honigbier, das fast jeder Wirt im Land auf eigene Faust in seiner Küche braut. Den wilden Honig, den sie dafür brauchen, gibt es in Hülle und

Fülle überall im Busch. Nur in der Nähe von Gummiplantagen schmeckt der Honig bitter und ist fürs Bierbrauen nicht geeignet.«

So redete die Gouverneurin in einem fort. Anton Rüter war bezaubert von der Leichtigkeit ihres Plaudertons und von ihrer anhaltend mühelosen, beherrschten Munterkeit, die ihm typisch britisch schien. Als Norddeutscher war er nur selten zu Munterkeit fähig, und wenn sie ihn einmal überkam, verlor er immer gleich die Beherrschung; dann lachte er zu laut, machte unkontrollierte Bewegungen und geriet vor Begeisterung ins Stottern, was ihm hinterher stets peinlich war.

Auch der junge Wendt studierte die Gouverneurin mit wissenschaftlicher Neugier, während sie lachend zum Besten gab, dass manche Bierbrauer die Rettungsgürtel von den Schiffen stahlen, um daraus Korken für ihre Flaschen zu stanzen. Ihr Gang war entspannt und aufrecht, ihre Gestik fraulich gemäßigt, ihr Mienenspiel von perfekter Symmetrie. Sie konnte belustigt die Augen rollen und machte doch nie den Clown; sie konnte besorgt die Stirn in Falten legen, ohne ihr Gegenüber ernsthaft in Sorge zu versetzen; und ihr Lächeln war nicht anders als bezaubernd zu nennen. Hermann Wendt fragte sich, ob in diesem Gesicht jemals ein unkontrolliertes Muskelzucken möglich sei, und was man tun müsste, damit diese Frau unbeherrschte Laute von sich gab.

Auch Rudolf Tellmann hörte der Gouverneurin aufmerksam zu und merkte sich alles, was sie sagte. Allerdings wunderte er sich, dass die Frau mit so großer Ausdauer über Mangomus, Honigbier und Zahnbürsten sprechen konnte, aber kein Wort über ihre Kinder verlor. Seiner Erfahrung nach war es gewöhnlich nur eine Frage der Zeit, bis eine verheiratete Frau die Rede auf ihre Kinder brachte. Wenn die Gouverneurin das nicht tat, so bedeutete es wohl, dass sie keine Kinder hatte. Tellmann fragte sich, was der Grund ihrer Kinderlosigkeit sein mochte, und musterte das Ehepaar, das traulich Arm in Arm ging, unauffällig. Vielleicht war einfach die Biologie schuld, möglicherweise aber auch die Psychologie. Wer konnte das wissen. Tellmann hielt es immerhin für möglich, dass die beiden auch bei Nacht nicht Mann und Weib, sondern immer nur Gouverneur und Gouverneurin waren.

Östlich des Palmenhains schloss sich zum Meer hin das Gouvernementsviertel an. Helle Villen waren umgeben von blühenden Gärten und breiten, schattenspendenden Alleen. Die katholische und die evangelische Kirche spiegelten sich im stillen Wasser der Bucht. Dann folgten die Post, das Gouvernementshospital und ein palmengesäumter Platz mit einer Büste Kaiser Wilhelms. Der Gouverneur erläuterte den Gästen, dass hier sonntags eine Askari-Kapelle den Deutschen Marsch spiele, und zwar ziemlich gut, und zu Kaisers Geburtstag und am Sedanstag halte man hier jeweils eine Truppenparade ab. Am Ende einer weiteren Palmenallee stand auf einem hohen Sockel eine überlebensgroße Büste Fürst Otto von Bismarcks, und dahinter erstreckte sich ein herrlich grüner Park, in dessen Mitte sich in orientalischer Pracht der Gouverneurspalast erhob. Unter maurischen Bogen führte ein hoher Laubengang rings ums Haus, darüber befand sich eine breite, schattige Veranda, und hoch über dem ausladenden Dach flatterte die schwarzweißrote Fahne mit dem Reichsadler. Vom Haupteingang führte ein blumengesäumter, mit weißem Muschelkies bestreuter Weg zum Strand, auf dem sich mit leisem Klirren in Einerkolonne sieben Frauen näherten. Sie waren in braune Tücher gehüllt, auf den Köpfen balancierten sie große Weidenkörbe voller Muschelkies, und um den Hals trugen sie geschmiedete Eisen, die untereinander mit rhythmisch schwingenden Ketten verbunden waren und den Frauen die Haut auf den Schlüsselbeinen blutig scheuerten. Ihre Gesichter waren steinern, ihr Blick von totenähnlicher Gleichgültigkeit, auf ihren Wunden saßen schwarze Fliegen. Sie schütteten ihre Körbe an einer Stelle aus, an der der Regen den Muschelkies weggespült hatte, dann kehrten sie zurück zum Strand.

Gouverneur Schnee sah, dass seine Gäste das sahen. »Verbrecherinnen«, sagte er und legte bedauernd die Stirn in Falten. »Rechtskräftig verurteilte Diebinnen, Brandstifterinnen, Schmugglerinnen. Scheußliche Sache. Man würde sich wünschen, es wäre nicht nötig.« Er führte die Herren die Freitreppe hinauf und bat sie mit einer Armbewegung, die eher wie eine Geste der Entschuldigung als der Einladung wirkte, ins Haus. Und während seine Gäste vom wohltuenden Dämmerlicht verschluckt wurden, erklärte er ihnen, dass die Kettenstrafe leider unverzichtbar sei, weil die Eingeborenen sich als unempfindlich erwiesen hätten gegen alle zivilisierten Formen der Bestrafung. Geldbußen seien unnütz, da die meisten Schwarzen komplett mittellos seien. Einsperren aber könne man sie nicht, da sie das Gefängnis nicht als Strafe, sondern als kostenlose Unterkunft empfänden. Was die Nilpferdpeitsche betreffe, so habe er sie bei den Frauen aus humanitären Gründen abgeschafft. Und den Strang befehle er nur, wenn das Gesetz keine andere Möglichkeit zulasse. So bleibe in den meisten Fällen nur die Kette, um Achtung vor dem Gesetz zu erzwingen, wozu er als oberster Richter der Kolonie verpflichtet sei. Furchtbar anzuschauen, eine schändliche Reminiszenz an längst überwunden geglaubte Zeiten der Sklaverei, ein Skandal für jeden ideal gesinnten Menschen – aber leider die einzig wirksame Strafe. Unter der Tür blieb er stehen und wandte sich nach den sieben Frauen um, die wieder am Strand angelangt waren und mit bloßen Händen ihre Körbe füllten.

»Das ist das Einzige, was ich den Schwarzen wirklich übelnehme«, sagte er mit unerwarteter Leidenschaft, während er seinen goldenen Helm einem Diener reichte, »dass sie mich zwingen, Dinge zu tun, die ich selbst für böse halte, und dass ich als Mensch nicht die Wahl habe zwischen dem Guten und dem Bösen. Täglich stehe ich vor dem Zwang zur bösen Tat, solange ich den Untergang vermeiden will, meinen eigenen und jenen der

Kolonie, die mir der Kaiser anvertraut hat, und mit jeder weiteren bösen Tat verschmelze ich ein bisschen mehr mit der Rolle, die mir zugedacht ist. Das, meine Herren, ist das Schicksal des kolonialen Menschen: sich zeitlebens immer wieder für die Selbstverachtung und gegen den Tod entscheiden zu müssen.«

3
Kaisers Geburtstag

Anton Rüter, Hermann Wendt und Rudolf Tellmann blieben siebzehn Tage in Daressalam. Am frühen Morgen des achtzehnten Tages marschierten die zwölf Askari und die zwei rotgesichtigen Korporale, die sie auf der Landungsbrücke empfangen hatten, vor dem Hotel Kaiserhof auf. Dann fuhr eine vierspännige, geschlossene Kutsche vor, der die Gouverneurin und der Gouverneur entstiegen. Sie schritten Arm in Arm die Treppe zur Veranda hinauf, wo Rüter, Wendt und Tellmann reisefertig warteten. Das Gepäck hatten die Hoteldiener schon zum Bahnhof gebracht. Ada Schnee belebte die Veranda mit Veilchenduft und ihrer gewohnten Munterkeit, erkundigte sich bei den Papenburgern nach der Qualität der Nachtruhe, des Frühstücks, des Personals sowie der Hotelbetten und äußerte sich zuversichtlich über das Wetter, das in den nächsten Tagen wohl heiß, aber nicht allzu feucht zu werden verspreche. Dann mahnte sie zu raschem Aufbruch, da die Lokomotive unter Dampf stehe und die Bauteile der *Götzen* fest vertäut in den Güterwagen lägen. Zwar sei nicht zu befürchten, dass der Zug ohne seine einzigen Fahrgäste losfahre, aber je früher die Reise, desto angenehmer der Tag.

Obwohl die Sonne noch tief über dem Ozean stand, strahlte sie schon mit alles versengender Hitze wie eine offene Feuerluke. Die Pferde hatten sich auf der kurzen Strecke von der Gouverneursresidenz zum Hotel nass geschwitzt, und der Schaum stand ihnen in dicken Flocken an den Nüstern. Der Gouverneur wischte sich, als er hinter seinen Gästen in die Kutsche stieg, mit dem Taschentuch über Nacken und Gesicht. Die Gouverneurin vergewisserte sich reihum, dass alle bequem saßen, und als die Kutsche anfuhr, steckte sie den Kopf aus dem Fenster, musterte munter lächelnd den vorbeiziehenden Palmenhain und gab damit zu verstehen, dass sie diesmal aus freien Stücken auf gepflegte Konversation verzichte und die Herren, da sie ja offensichtlich leidend seien, schonungsvoll ihrem Schweigen überlasse. Diese dankten es ihr stumm.

Am Abend zuvor war es spät geworden. Man hatte Kaisers Geburtstag gefeiert, das wichtigste gesellschaftliche Ereignis des Jahres. Aus allen Ecken Deutsch-Ostafrikas waren die Kolonisten angereist: thüringische Baumwollpflanzer aus Usambara, bayrische Gummiplantagenbesitzer aus Ukami, holsteinische Sisalbauern aus Mahenge, schwäbische Zollbeamte aus Udjidji und sächsische Offiziere aus Tanga, preußische Missionare aus Bismarckburg und hannoveranische Großwildjäger aus Wasukuma, rheinländische Elfenbeinhändler aus Kigali und mecklenburgische Goldschürfer aus Sekenke und zwielichtige Abenteurer unbekannter Abstammung und Herkunft – alle hatten sich einträchtig auf dem festlich beflaggten Bismarckplatz versammelt, um der Parade der Schutztruppe beizuwohnen. Die Herren trugen Uniform, soweit sie dazu befugt waren, die Damen seidene Sommerröcke über steifen Fischbeinmiedern. Nach dem Zapfenstreich gab die Askarikapelle ein Platzkonzert unter der Leitung eines fahlen, fiebergeschüttelten Oberleutnants namens Karl Ernst Göring, der mit besorgniserregend roten Lippen den Takt vorgab. Die im Hafen vor Anker liegende *Königsberg* feuerte hundertundeins Salutschüsse ab. Gouverneur Schnee hielt mit kraftvoll über den Platz hallender Stimme eine Rede, erst in

Suaheli, dann auf Deutsch, und sah von weitem überhaupt nicht aus wie ein junger Greis, sondern wie ein Mann in den besten Jahren. Er hob sein Sektglas, worauf alle Anwesenden wie aus einem Munde – die Kolonisten wie die Negersoldaten, die indischen und arabischen Zaungäste und die livrierten Diener – den Kaiser »Hoch! Hoch! Hoch!« leben ließen, dass die schwarzen Palmenblätter am türkis, orange und lila leuchtenden Abendhimmel erschauerten. Nach dem zweimaligen Vorbeimarsch der Askari nahm der Gouverneur die Ergebenheitsbezeugungen des Sultans von Sansibar sowie der arabischen, indischen und eingeborenen Würdenträger entgegen, und dann hatte Ada Schnee ihren alljährlichen, mit Spannung erwarteten Auftritt. Sie führte ein vielleicht siebenjähriges Ngoni-Mädchen in einem weißen Musselinkleid mit rosa Nelkenmuster zum Rednerpult, und dieses gab mit glockenklarer Stimme und in reinstem hannoveranischen Deutsch folgenden Vers zum Besten:

»Der Kaiser ist ein lieber Mann
und wohnet in Berlin,
und wär' es nicht so weit von hier,

so lief' ich heut noch hin,
und was ich bei dem Kaiser wollt',
ich reicht' ihm meine Hand
und reicht' die schönsten Blumen ihm,
die ich im Garten fand,
und sagte dann: ›Aus treuer Lieb
bring ich die Blumen dir‹,
und dann lief' ich geschwind hinfort
und wär' bald wieder hier.«

Als bei Anbruch der Nacht die Moskitos aus den Wiesen stiegen, gingen die Zaungäste nach Hause, und die Soldaten zogen sich in die Kaserne zurück, um schnellstmöglich die zwölf Fässer Honigbier zu leeren, die man ihnen spendiert hatte. Auf dem Bismarckplatz wurden Fackeln und Räucherstäbe entzündet, und die Damen rieben sich Gesicht, Hände und Fesseln mit Nelkenöl ein. Die Kapelle spielte »Heil Dir im Siegerkranz«, dann das Deutschlandlied und »Die Wacht am Rhein«. Es gab Sekt für alle Europäer, und man ließ noch mal den Kaiser hochleben. Während der folgenden Stunde hatten die kleinen Pflanzer und Beamten Gelegenheit, ihre diplomatischen Missionen vorzubringen.

»Herr Oberzolldirektor, nichts für ungut, aber

das Zollformular römischdreistrichvier ist in der Praxis, Sie müssen schon entschuldigen, komplett untauglich.«

»Herr Kommandant, ich flehe Sie an, befehlen Sie der Schutztruppe endlich eine scharfe Strafexpedition gegen die viehräuberischen Massai.«

»Was sagten Sie, wie hoch notierte Ceylon-Kautschuk am Sonnabend?«

»Dreiundvierzig neun. Die Massai, verstehen Sie, hängen seit Urzeiten der Überzeugung an, dass alles Vieh auf der Welt ihr Eigentum sei. Wenn man deren Nachbar ist, stehen die plötzlich vor der Tür und fordern es ein!«

»Die Nordbahn ist wieder unterbrochen, weil die Termiten uns die Schwellen unter den Schienen wegfressen. Sie müssen sich das vorstellen: harte deutsche Eiche aus dem Schwarzwald, und die fressen sie einfach weg. Jetzt haben wir alle rausgenommen, dreihunderttausend Stück, und zum Teeren zurück nach Hamburg geschickt.«

»Wann trifft die *Windhoek* ein?«

»Sonnabend. Aber wissen Sie was? Geteert schmecken die Schwellen den Viechern noch besser. Wir werden auf Eisen und Beton umsteigen müssen, anders geht's nicht.«

»Wenn nicht bald eine wetterfeste Straße nach Kipembawe gebaut wird, muss ich meine Plantage aufgeben.«

»Die Massai haben wirklich nicht alle Tassen im Schrank. Letztes Jahr wollten ein paar von ihnen allen Ernstes nach England aufbrechen, um die britischen Herden wieder in Besitz zu nehmen.«

»Auf dem Landweg?«

»Sagen Sie, ist die Straße nach Dorongo wieder passierbar?«

Während die Herren ihren Geschäften nachgingen, tauschten die Damen neueste Informationen über Geburten, Todesfälle und mutmaßliche Ehebrüche aus, verglichen die Kleider der anwesenden Damen mit ihren eigenen und schimpften hinter vorgehaltener Hand die Gouverneurin, die wie schon im Vorjahr das unbestreitbar schönste Kleid präsentierte, eine unerträglich affektierte Pfauhenne. Kurz vor zwanzig Uhr ging dann die Pfauhenne reihum zu den rangniedrigen Damen, um ihnen aufs Wärmste für ihr Kommen zu danken, was jene richtig dahingehend deuteten, dass es für sie Zeit zu gehen sei. Den derart Gedemütigten blieb nichts weiter übrig, als vor Zorn zischelnd ihre schon ein wenig angetrunkenen Gatten in die

Nacht hinauszutreiben und wenig später im Bett die jüngsten Gerüchte zu verdauen, den Hass gegen die Oberschicht zu nähren und Pläne für einen Aufstieg in dieselbe zu schmieden. Die wichtigen Leute aber – die großen Plantagenbesitzer und ihre Gattinnen, die bessere Kaufmannschaft, die hohen Kolonialbeamten und ihre Gattinnen, die Offiziere der Schutztruppe, die Konsuln der anderen Kolonialmächte sowie die drei Papenburger Schiffbauer – folgten der Einladung Ada Schnees und ließen sich im Garten der Gouverneursvilla an drei hufeisenförmig angeordneten, üppig gedeckten Festtischen nieder. Zwischen Bougainvillea und Hibiskussträuchern gab es helle Sommerkleider, weiße Leinenanzüge, eifriges Stimmengewirr. Von der Veranda aus sah man auf die glitzernden, dunklen Wasser des Indischen Ozeans hinaus. Ein sanfter, kühler Wind milderte die drückende Hitze, und vom weißschimmernden Strand drang das schwere, rhythmische Rauschen der See herauf. Hoch über dem Dach wiegten sich unter blitzenden Gestirnen die schwarzen Wipfel der Palmen. Es schmorten drei Spanferkel am Spieß, im Dunkel leuchteten weiß die Lilien, und im Parkteich nebenan quarrten die Frösche. Bierbrauer Schulze zapfte mit einem mächtigen Holzhammer zwei Fässer Hefeweizen an, die er eigens fürs Fest gebraut hatte.

Anton Rüter, Hermann Wendt und Rudolf Tellmann setzten sich nebeneinander zu Tisch und lauschten dem Gespräch, das sich hauptsächlich um die Schlagzeilen aus der großen Welt drehte. Zwar waren die Zeitungen schon drei oder vier Wochen alt, wenn sie in Daressalam eintrafen; für die Plantagenbesitzer aus den entlegenen Provinzen aber, die sich an einen Rückstand von mehreren Monaten auf die Ereignisse gewöhnt hatten, war es trotzdem wie ein Blick in die Zukunft – ein Blick, den sie nach der Rückkehr auf ihre Plantage monatelang würden büßen müssen, da ihnen alle Nachrichten schal und veraltet erschienen. Im Garten des Gouverneurs erfuhren die Papenburger also, dass sich seit ihrer Abreise allerhand ereignet hatte. In Japan war ein Vulkan ausgebrochen und hatte siebentausend Menschen getötet sowie dreizehntausend Häuser zerstört. In Russland war Maxim Gorki begnadigt worden und durfte nach achtjährigem Exil aus Capri heimkehren. In Australien hatten drei Benz-Automobile die Tausend-Kilometer-Zuverlässigkeitsfahrt von Sidney nach Melbourne gewonnen. In Florenz war ein Dekorationsmaler namens Vincenzo Perugia verhaftet worden, der die Mona Lisa aus dem Louvre gestohlen hatte. Und in London hatte Marineminister Winston Churchill mehr Geld für die Kriegsmarine gefordert, da sonst Preußen die Herrschaft über die Weltmeere erränge.

Das Essen war gut und sehr reichlich. Die Herren sprachen über Politik und Wirtschaft, die Damen hörten ernst zu. Man sprach über die Kautschukkrise, die Depression auf dem europäischen Geldmarkt und das neue Telegraphenkabel nach Nairobi – und als sich der französische, der britische und der belgische Konsul endlich zurückgezogen hatten, kam man zur Sache und sprach über das Erwachen Deutschlands, die Weltgeltung des Reichs und den legitimen Anspruch des deutschen Volkes auf neuen Lebensraum sowie die Arroganz der Briten und die Selbstherrlichkeit der Franzosen. Über die Belgier, die westlichen Nachbarn der Kolonie, sprach man nicht. Einig waren sich die Herren insbesondere darin, dass ein Krieg zwischen den europäischen Mächten kurz bevorstehe.

Mit besonderer Autorität äußerte sich in dieser Sache der Kommandant des Vermessungsschiffs

Möwe, Kapitänleutnant Gustav von Zimmer. Er entstammte verarmtem Adel und hatte sich in die Kolonie versetzen lassen, um rascher befördert zu werden. »Kritisch ist die Lage, sehr kritisch sogar«, sagte er und strich sich über den Schnurrbart. »Dunkle Wolken ziehen am Horizont auf, die Lage ist gespannt. Ein Waffengang scheint mir unausweichlich, sozusagen eine naturgesetzliche Notwendigkeit.«

»Die Naturwissenschaften in Ehren«, erwiderte Gouverneur Schnee. »Aber erlauben Sie mir die Hoffnung, dass der Mensch als Kulturwesen imstande ist, kraft seines Willens gewisse Naturgesetze außer Kraft zu setzen.«

»Nichts gegen die abendländische Kultur«, erwiderte von Zimmer. »Aber es ist doch gerade das restliche Abendland, das neidisch ist auf unser Erstarken. Das wird sich unausweichlich in einem Kräftemessen entladen.«

»Mag sein, Kapitänleutnant. Dann will ich aber hoffen, dass wenigstens wir hier in Afrika vom Krieg verschont bleiben.«

In diesem Augenblick stellte Oberleutnant Göring sein Bierglas ab, dass es knallte. »Sie wollen hoffen, Gouverneur?«, rief er heiser.

»Ich hoffe in der Tat, Oberleutnant«, sagte der Gouverneur. »Sie nicht?«

»Hoffen kann man immer, bloß hilft es selten.« Göring strich sich das fahle Haar aus der Stirn, lehnte sich weit in seinem Klappsessel zurück und schloss die Augen, als merkte er nicht, dass die gesamte Festgemeinde an seinen ungesund roten Lippen hing. Karl Görings Stimme hatte Gewicht, denn seine Familie genoss hohes Ansehen in der kolonialen Oberschicht; sein Vater war erster Reichskommissar in Deutsch-Südwestafrika gewesen, und sein Bruder Wilhelm hatte viele Jahre als Stationschef am Tanganikasee gedient. Zudem galt er bei den Herren als »interessant«, weil er einen jüngeren Bruder namens Hermann hatte, der bei der Fliegertruppe des Heeres Furore machte und ihm angeblich aus Berlin die aufschlussreichsten Briefe schickte. Die Damen hingegen fanden Karl Göring seiner prekären Gesundheit wegen »intensiv« und »existenziell«. Endlich schlug er die schwarz umschatteten Augen wieder auf und schaute dem Gouverneur geradewegs ins Gesicht. »Wenn's losgeht, werden wir als Deutsche dabei sein müssen.«

»Gewiss«, sagte Schnee.

»Wenn das Vaterland in Gefahr ist, müssen wir ihm zu Hilfe eilen. Nicht wahr, Herr Gouverneur?«

»Natürlich, Oberleutnant. Nur bitte ich zu bedenken, dass unser Schutzgebiet im Aufbau begriffen ist und einen Aderlass nur schwer verkraften würde.«

»Ach ja, der Aderlass!« Görings heisere Stimme senkte sich zu einem Flüstern, und je leiser er sprach, desto gebannter hörte ihm die Tischrunde zu. Manche beugten sich vor, andere legten die Hand ans Ohr. »Der Aderlass schwächt natürlich den Volkskörper, da haben Sie recht. Andererseits haben wir da das reinigende Stahlgewitter, in dem der Volkskörper gesunden wird, nicht wahr?«

»Oberleutnant, Ihre Koketterie hängt mir zum Hals raus«, sagte Gouverneur Schnee mit unerwarteter Schärfe. »Wir sind auf drei Seiten von Feinden umstellt, und auf der vierten ist der Ozean, der ebenfalls dem Feind gehört. Wenn es zum Krieg kommt, sind wir verloren.«

»Dann entschuldigen Sie mal bitte meine Koketterie, Herr Gouverneur.« Karl Göring ließ den Kopf in den Nacken fallen, als habe ihn das Gespräch erschöpft. »Sie haben natürlich recht. Unsere paar hundert Mann werden den Weltkrieg nicht im Alleingang entscheiden.«

»Da sind wir Gott sei Dank mal einer Meinung«, sagte der Gouverneur. »Unser Schicksal entscheidet sich in Europa. Gewinnt Deutschland den Krieg, sind die Kolonien gesichert. Verliert es ihn, gehen alle verloren.«

»Richtig.« Göring nahm sein Sektglas zur Hand und sah sich nach einer vollen Flasche um. »Gerade deswegen müssen auch wir hier in Afrika, wenn's losgeht, unseren Beitrag zum Sieg auf den europäischen Schlachtfeldern leisten.«

»Jawohl, Oberleutnant. Erlauben Sie mir trotzdem zu hoffen, dass uns der Weltenbrand erspart bleibt.«

»Wie Sie wünschen, Gouverneur. Gestatten Sie mir umgekehrt die Hoffnung, dass es bald losgeht.«

Je länger der Abend dauerte und je mehr die Bierfässer sich leerten, desto lauter wurden die Stimmen und schlichter die Gesprächsthemen. Man vergaß den Krieg und unterhielt sich übers Wetter, schimpfte übers Negerpersonal und legte dem Gouverneur dar, dass Daressalam sterbenslangweilig sei, und dass man dringend ein Opernhaus, eine Pferderennbahn und ein Filmtheater brauche. Ohne abschließendes Ergebnis blieb die Debatte über die Frage, ob man eigentlich des Kaisers zweiundfünfzigsten, achtundfünfzigsten oder sechzigsten Geburtstag feierte.

Kurz vor Mitternacht erhob sich die erste Dame unter Hinweis auf die späte Stunde und zahlreiche am folgenden Tag anstehende Pflichten, bedankte sich überschwenglich bei der Gastgeberin und wünschte allseits weiterhin einen schönen Abend. Als ihr Gatte pflichtschuldig Anstalten machte, sich ebenfalls auf den Heimweg zu begeben, tätschelte sie ihm in vorausschauender Nachsicht die Schulter, nannte ihn Männe und sagte, er solle ruhig noch bleiben. Zwei Minuten später nahm die zweite Dame Abschied, weitere zwei Minuten später die dritte, und kurz darauf gingen gleich fünf miteinander, und binnen einer halben Stunde waren die Herren unter sich und konnten dem Birnenschnaps zusprechen. Rüter, Wendt und Tellmann tranken mit. Der Birnenschnaps war ausgezeichnet, mit großer Sachkenntnis gebrannt im Klostergarten des katholischen Priesterseminars in Tabora. Der Gouverneur offerierte Virginia-Zigarren. Deutsches Liedgut wurde angestimmt. Man ließ noch mal und noch mal den Kaiser hochleben, hängte die

Vestons über die Stuhllehnen, krempelte die Ärmel hoch und entledigte sich der Schlipse, knöpfte Hemdkragen auf und befreite die geschwollenen Füße aus den dampfend feuchten Reitstiefeln. Man beglückwünschte einander zu bereits vollbrachten und noch anstehenden Taten, schrie »Heil und Sieg! Heil und Sieg!« in die Nacht hinaus, rief nach mehr Bier und Schnaps, veranstaltete unter Gelächter eine Kegelpartie mit Kokosnüssen und leeren Flaschen, aus der Anton Rüter als überlegener Sieger hervorging. Dann ließ man wiederum den Kaiser hochleben und stimmte ein weiteres Mal »Heil Dir im Siegerkranz« an.

Kurz nach halb vier Uhr machte ein heftiger Wolkenbruch der Geburtstagsfeier ein Ende. Im strömenden Regen erloschen die Fackeln, die Herren suchten kichernd unter den Tischen Schutz oder flohen über den schwarzen Rasen; zwei oder drei, die sich auf hölzernen Gartenliegen zur Ruhe gelegt hatten, schliefen einfach weiter. Anton Rüter, Hermann Wendt und Rudolf Tellmann wankten Schulter an Schulter unter peitschend scharfem Donner und taghell irrlichternden Blitzen dem Hotel Kaiserhof entgegen, halfen einander die Freitreppe zum Hoteleingang hinauf und nahmen dort dankbar zur Kenntnis, dass der Nachtportier sie mit trockenen Handtüchern erwartete, worauf sie einstimmig übereinkamen, sich zum Abschluss des Abends noch einen Brandy oder zwei an der Hotelbar zu gönnen.

4
Afrikanischer Kater

Keine drei Stunden später saßen sie mit dem schlimmsten Kater ihres Lebens demütig in der Gouverneurskutsche und machten die interessante Erfahrung, dass ihnen bei jedem Schlag ihres Herzens die Augen aus den Höhlen traten und die längst verwachsenen Fontanellen in der Schädeldecke sich sekundenweise öffneten. Die Kutsche rollte sanft über die Hafenstraße, die noch feucht war vom nächtlichen Regenguss, vorbei an den Gouvernementsbüros und den Beamtenwohnungen, durch den Palmenhain und an den fünf Galgen vorbei, wo übrigens jeweils drei Tage vor und nach Kaisers Geburtstag keine Hinrichtungen vollstreckt wurden. Ada Schnee hielt ihr stummes Versprechen freundlich ein und schwieg während der ganzen Fahrt; einzig als der Gouverneur, der selbst unpässlich war und seine schwarzen Augenringe unter dem goldenen Helm versteckte, den drei Papenburgern mit halblauter Stimme ein opiumhaltiges Kopfschmerzmittel anbot und diese dankbar zugriffen, lachte sie unbarmherzig fröhlich und sagte, der afrikanische Kater verhalte sich nun mal zum europäischen wie *felis leo* zu *felis domestica* – also wie der afrikanische Löwe zur europäischen Hauskatze. Das liege daran, dass die Dehydration des Körpers nach Alkoholgenuss in den Tropen verstärkt werde durch rege Schweißabsonderung, was eine ungewöhnlich heftige Schrumpfung der Körperzellen sowie namentlich der Gehirnzellen und mithin eine Reduktion des gesamten Hirnvolumens zur Folge habe. Diese Schrumpfung wiederum bringe es mit sich, dass sich die Hirnhaut von der Schädeldecke löse, was unvermeidlich jene außergewöhnlich heftigen Kopfschmerzen nach sich ziehe, unter denen die Herren zurzeit ganz augenscheinlich litten. Die vier Herren nickten, dankten murmelnd für die Belehrung und sehnten die betäubende Wirkung des Opiats herbei.

Das weite Rund der Hafenbucht lag still im goldenen Morgenlicht. Der dahinter liegende Bahnhofsplatz aber war dicht bedeckt mit einer vibrierenden, summenden Menschenmenge, Männer, Frauen und Kinder jeden Alters, die alle redeten, lachten, brüllten und im Staub scharrten, mit hoch über den Köpfen erhobenen Händen gestikulierten und dabei hin und her und vor und zurück wogten und doch immer an Ort und Stelle blieben wie das Getreide im Wind. Anton Rüter dachte an Volksaufstand, Generalstreik, Bürgerkrieg und warf der Gouverneurin einen erschrocken fragenden Blick zu.

»Die Leute aus dem Negerdorf!«, erklärte sie vergnügt. »Die haben den Rauch der Lokomotive gesehen und wollen an den Fahrgästen etwas verdienen. Diese Prüfung müssen Sie jetzt schon durchstehen.«

Der Kutscher verteilte ein paar Peitschenhiebe, worauf eine Gasse frei wurde und die Pferde noch mal anzogen; aber dann blieb die Kutsche nach wenigen Metern endgültig stecken, und man musste aussteigen. Kaum hatten Rüter, Wendt und Tellmann festen Boden unter den Füßen, drangen die Menschen auf sie ein. Nackte Kinder zupften an ihren Hosenbeinen und bettelten um Kleingeld, fast nackte Frauen zeigten ihre Zähne und legten einen Finger an die Unterlippe, kräftige Männer mit nackten Oberkörpern balgten sich darum, ihnen die Tür aufzuhalten, einen Koffer tragen zu dürfen, den Weg zur Lokomotive zu weisen. Alle schrien und lachten und schubsten und schwitzten und rochen nach den würzigen Speisen, die sie am Vortag gegessen haben mochten, und alle vermengten sich zu einem einzigen Gewimmel baumelnder Glieder in allen Stadien der Vergänglichkeit: schamlos wippende Brüste, unbefangen strotzende Hintern, scharrende nackte Füße, Falten und Furchen und Runzeln, ölig glänzende Rundungen, schwellende Muskeln, Zitzen und Lippen, schwitzende Stirnen, mit Holzpflöcken durchbohrte Ohren, bebende Nüstern und gebleckte, spitz zugefeilte Zähne, ganz zu schweigen vom Anblick vernarbter Striemen, nässender Augen, eiternder Tropengeschwüre und verkrüppelter Gliedmaßen.

Da der Gouverneur und die Gouverneurin mehr Übung und weniger Skrupel darin hatten, sich eine Gasse durch die Menschenmenge zu bahnen, erreichten sie den Zug mit deutlichem Vorsprung auf die Papenburger. Sie nahmen links und rechts des Treppchens Aufstellung, das hinauf auf die Plattform des Salonwagens führte, und verabschiedeten ihre Gäste. Gouverneur Schnee drückte jedem die Hand, wünschte eine gute Reise und viel Glück. Ada Schnee ließ es sich nicht nehmen, ihren Schützlingen maßgeschneiderte Ratschläge mit auf den

Weg zu geben. Rudolf Tellmann ermahnte sie, kein ungekochtes Wasser zu trinken und nie allein auf die Jagd zu gehen. Anton Rüter schärfte sie ein, dass körperliche Arbeit an der tropischen Sonne für den europäischen Organismus sehr rasch tödlich sein könne und dass man eingeborene Arbeiter stets mit harter, aber gerechter Hand führen müsse. Als aber der junge Wendt an die Reihe kam, hob sie nur die rechte Braue, schaute ihm zwei oder drei Sekunden in die Augen und sagte: »Passen Sie gut auf sich auf.«

Pünktlich mit dem achten Glockenschlag der katholischen Kirche zog die Lokomotive an. Zum Abschied spielte die Askari-Kapelle unter Oberleutnant Göring noch einmal »Heil Dir im Siegerkranz«. Ada Schnee winkte und zeigte ein letztes Mal ihre unvergleichlich weißen Zähne, und der Gouverneur stand daneben und salutierte müde, bis der Zug hinter den Eisenbahnwerkstätten und dem Elektrizitätswerk in einer Kokosplantage verschwand.

Im Innern des Salonwagens war es brütend heiß, aber die Moskitogitter an den Fenstern siebten das grelle Sonnenlicht zu angenehmem Dämmer. Anton Rüter sank auf der linken, schattigeren Seite des

Wagens in einen der Polstersessel, die sich nachts zu komfortablen Liegebetten ausziehen ließen, und wandte seinen vom Opium müden Blick den vorüberziehenden Palmenstämmen zu. Bald wichen die Palmen, wie von Gouverneur Schnee angekündigt, einem fast heimatlich anmutenden Laubwald, den die Kolonisten Sachsenwald getauft hatten, und dann wand sich der Zug hinauf in die küstennahen Puguberge. Ein schwarzer Steward in weißer Uniform betrat den Salonwagen und stellte Rüter, Wendt und Tellmann, die hintereinander auf der Schattenseite Platz genommen hatten, schweigend je eine Wasserkaraffe und ein Glas aufs Fenstertischchen. Die drei bedankten sich und schenkten ein, tranken zwecks Rehydrierung ihrer geschrumpften Hirnzellen Glas um Glas die Karaffen leer, kippten dann ihre Lehnen nach hinten und fielen in den Schlaf, den sie wegen Kaisers Geburtstag verpasst hatten.

Als Schiffbaumeister Anton Rüter wieder aufwacht, sind die Kopfschmerzen weg. Der Zug hat das Küstengebirge durchquert und fährt über die endlose Weite der Mkattasteppe. Rüter betrachtet anerkennend die elegante Linie der Schienen durchs hügelige Terrain. Er schätzt die Kurvenradien auf minimal zweihundert Meter und die durchschnittliche Reisegeschwindigkeit auf beachtliche fünfundzwanzig Kilometer pro Stunde. Er stellt fest, dass die Gleise durchgehend ordentlich beschottert sind und dass es in ausreichender Zahl Kreuzungs-, Wasser- und Lokomotivstationen gibt. Wenn eine Holzbrücke hundert oder zweihundert Meter weit über einen Sumpf oder einen Fluss hinwegführt, überschlägt er Materialkosten und Personalaufwand. Und weil er ein erfahrener Arbeiter ist, kann er es in den eigenen Armen und Beinen fühlen, welch unmenschlich harte Arbeit der Bau dieser Eisenbahn gewesen sein muss. Wenn die Strecke einen Hügel durchschneidet, schätzt er ab, wie viele tausend Arbeiter sich dort wie viele Monate lang mit Schaufeln und Pickeln geschunden haben müssen. Beim Gedanken daran schmerzen ihn Finger, Schultern und Rücken, und Schwermut befällt ihn bei der Ahnung, dass in diesem Klima ohne medizinische Versorgung die Männer wie die Fliegen an Entkräftung, Cholera, Malaria, Tsetse- und Schwarzwasserfieber gestorben sein müssen, und dass in den entvölkerten Dörfern die Äcker brachlagen und die zurückgebliebenen Greise und Kinder verhungerten. Er hört das Peitschenknallen und

Kettenklirren, die deutschen Kommandorufe und das Stöhnen der Geschlagenen, das Ächzen der Ochsen und das Knirschen hölzerner Räder auf steinigem Grund, den Klang der Vorschlaghämmer und das kurze, schleifende Zischen der Schaufeln, die Detonationen der Sprengungen und das Wehklagen der Witwen, und das alles vermischt sich mit dem Stampfen der Lokomotive und dem Zweivierteltakt der vorwärts eilenden Räder auf den Schienen, und Anton Rüter fällt zurück in wohltuend unschuldigen Schlaf.

Während die Lokomotive in einen lichten Steppenwald von Schirmakazien einfuhr, ging über der Ebene zerfließend rot die Sonne unter. Rüter schlief. Wendt hing in seinem Polstersessel und nippte an einer Flasche Daressalamer Hefeweizen, das ihm der Steward gebracht hatte. Rudolf Tellmann stand draußen auf der Plattform, hielt die Nase in den Fahrtwind und schaute hinaus auf das wellige, uferlose Grasmeer, aus dem die scharfkantigen, übermannsgroßen Halme des Buschgrases in vereinzelten Büscheln hervorstachen. Da und dort lagen kalkweiße, zerfallende Tierknochen auf ziegelrot schimmerndem Erdboden, gelegentlich ragte ein mächtiger Affenbrotbaum aus der Ebene auf, dann eine jener himmelhoch wachsenden, unglaublich schlanken Fächerpalmen, und dann wieder eine plumpe Sykomore.

An jenem Tag hat Tellmann viele Tiere gesehen. Darüber wird er seiner Frau einen langen Brief schreiben, gleich als Erstes, wenn er am Tanganikasee ankommt. Er hat auch viele Menschen gesehen, aber über die wird er erst mal nichts schreiben. Er hat bisher einundsechzig Giraffen gesehen und mehr Zebras, als es in Papenburg Möwen gibt. Er hat Kuhantilopen gesehen und Strauße, Schabrackenschakale und Swallahantilopen, und er hat sie alle mit großer Sicherheit bestimmen können mithilfe von ›Petermann's Afrikanischem Tierlexikon‹, das ihm seine Frau zum Abschied geschenkt hat. Er hat Grantsgazellen und Kronenkraniche gesehen, Zwergantilopen und Warzenschweine und zahllose Geier, sogar fünf Marabus und einen Schreiseeadler und dann, kurz vor dem Einnachten, endlich die erste Elefantenherde. Das farbenprächtigste Bild des Tages aber war ein nach Hunderten zählender Schwarm rosaroter Flamingos. Gewiss wird er der Frau auch von den Milliarden Leuchtkäfern erzählen, die seit Anbruch der Nacht die Ebene illuminieren, vielleicht auch von den

Pavianen, die mit leuchtenden Augen und in gespenstisch menschenähnlicher Haltung Steine nach dem vorbeifahrenden Zug werfen und dazu derartige Fratzen schneiden, dass man nicht weiß, ob sie lachen oder wütend sind. Das wird er der Frau alles beschreiben, so gut er kann, damit sie sich freut und sich nicht um ihn sorgt. Über andere Dinge wird er vorerst schweigen. Die nackten Weiber, die Kettengefangenen, die Peitschenhiebe, die fünf Galgen – das will er ihr nicht antun. Auch über den Gouverneur und dessen goldenen Helm wird er nicht berichten, kein Wort über die kinderlose Gouverneurin und nichts über den Birnenschnaps. Das alles wird er ihr vielleicht erzählen, wenn er wieder zu Hause bei ihr am Küchentisch sitzt; wahrscheinlich aber wird er auch dann schweigen. Zehn Monate noch, zwei sind schon um. So ein Jährchen geht schnell vorbei, besonders in seinem Alter. Tellmann wird hier seine Arbeit machen und dann wieder verschwinden, mit allem anderen hat er nichts zu schaffen. Er hat dafür zu sorgen, dass hundertsechzigtausend Nieten ordentlich gesetzt werden, damit das Schiff dicht wird und etwas aushält. Wenn das erledigt ist, wird er sich höflich verabschieden, heimfahren und seinen gerechten Arbeitslohn beziehen. Dagegen ist nichts einzuwenden. Das Schiff ist eine gute Sache. Mit der *Götzen* können die Leute Waren transportieren, über den See fahren und ihren Lebensunterhalt verdienen. Der ganze Rest ist nicht seine Angelegenheit. Dafür ist er nicht verantwortlich. Damit will er nichts zu schaffen haben.

Zur Schlafenszeit erschien der Steward, klappte die bisher unbenutzten drei Polstersessel auf der rechten Seite des Salonwagens auseinander und zog weiße Laken darüber, strich sie sorgfältig glatt und schüttelte die Kopfkissen aus, und auf die Kopfkissen legte er je eine rote Hibiskusblüte. Er hängte die Moskitonetze an die dafür vorgesehenen Deckenhaken, breitete sie über den Betten aus und gab acht, dass die eingenähten Gewichte richtig am Boden auflagen. Auf die drei Fenstertische kamen je eine Wasserflasche mit Glas, dazu eine Banane und eine kleine Blechdose mit Butterkeksen. Der junge Wendt starrte, um den Steward nicht bei der Arbeit zu begaffen, aus dem Fenster. Er beobachtete, wie draußen im Dunkeln die Funken aus dem Schornstein der Lokomotive sprühten und tanzend in der Nacht verschwanden, als hätten sie eine Verabredung mit den Leuchtkäfern. Gelegentlich blieb der Zug stehen, um Wasser oder Brennholz aufzunehmen, dann war die Luft erfüllt vom endlosen, eintönigen Gekreisch der Zikaden; und wenn sie plötzlich wie auf ein geheimes Kommando verstummten, konnte man manchmal tatsächlich ferne Trommeln hören, und einmal ein dumpfes, markerschütterndes Brüllen, das vielleicht von einem Löwen stammte. Im spiegelnden Fensterglas konnte Hermann Wendt den Steward sehen, der auf leisen Sohlen hin und her glitt, Mal um Mal über die lang ausgestreckten Beine des schlafenden Rüter stieg und geräuschlos mit Flaschen und Gläsern hantierte; sein dunkles Gesicht war in der nächtlichen Spiegelung nicht zu sehen, ebensowenig die Hände und die Hose, weshalb die weiße Uniformjacke und die Mütze geistergleich durch die Luft zu schweben schienen. Schließlich kamen Jacke und Mütze näher und blieben stehen. Als Wendt sich nach ihnen umdrehte, fragte der Steward in herzerwärmendem Schwäbisch, ob der Herr vielleicht noch ein Hefeweizen wünsche.

Es ist dem jungen Wendt peinlich, dass ein Mann ihm das Bett zurechtmacht. Wär's eine Frau, wär's etwas weniger peinlich. Dann ist der Mann auch noch alt, gewiss doppelt so alt wie Wendt selbst;

der könnte gut sein Vater sein, womöglich der Großvater. Undenkbar, dass sein Vater ihm jemals das Bett machen würde. Oder dass ihm zuhause in Papenburg irgendjemand, wie der Steward vorhin, die Schuhe putzen will – das wird ihm im ganzen Leben nicht passieren. Hermann Wendt weiß, dass er nach seiner Heimkehr aus Afrika nie wieder in Bettwäsche aus gestärktem Barchent schlafen wird. Nie wieder wird er in Hotelzimmern wohnen, die fließendes Wasser, elektrisches Licht und Fernsprechanlage haben. Nie wieder wird er das Frühstück ans Bett serviert bekommen, nie wieder werden Zimmermädchen vor ihm auf den Knien umherrutschen, nie wieder werden die Leute auf der Straße die Augen niederschlagen und beiseitegehen, wenn er daherkommt. Zuhause in Papenburg wird er nicht mehr ein reicher und mächtiger Mann sein, der nebenbei während des Verdauungsspaziergangs mit dem Kleingeld, das ihm in der Hosentasche klimpert, ganze Familien vor dem Hungertod rettet. Er wird auch kein vornehmer Fremder mehr sein, der sich kraft seiner noblen Geburt jedes Mädchen aus dem Volk erwählen kann, falls er das will. Zuhause in Papenburg wird er einfach wieder der junge Wendt vom Umländer Wiek sein, der ein bisschen beim Arbeiterkulturverein mitmacht und für sein Alter schon ordentlich was auf der hohen Kante hat. Es ist ihm klar, dass sein Aufstieg in den Geld- und Erbadel nur in Afrika gültig ist, und dass die Rückfahrt nach Papenburg eine Heimkehr ins Proletariat sein wird. Ebenso klar ist ihm, dass beides Unrecht ist, sein temporärer sozialer Aufstieg wie der unausweichliche Niedergang; um das zu wissen, hätte er nicht den Grundkurs in marxistischer Geschichtstheorie absolvieren müssen, den der Schlosser Röleke jeden Winter im Jugendvereinshaus hält. Ob und wie sich der goldene Helm des Gouverneurs ins Gedankengebäude des Historischen Materialismus einfügen lässt, und ob die wund gescheuerten Schlüsselbeine der Kettensträflinge ein notwendiger Schritt auf dem Weg zur Überwindung des Kapitalismus sind, weiß er zwar nicht. Aber er weiß, wie er selbst ab sofort zu all dem steht: Er wird seine Schuhe von jetzt an selbst putzen. Er wird sich nicht die Finger schmutzig machen, indem er zum Sklavenhalter wird. Er wird sein Bett selbst machen und für sich selbst kochen und seine Hütte selbst sauber halten. Er wird nicht die Seite wechseln. Dass er hier mehr Geld verdient als jemals zuvor in der Meyer Werft, das geht in Ordnung; schließlich gibt er ein Jahr seines Lebens hin, nimmt weitab der Heimat Gefahren in Kauf und wird viele Stunden unter mühseligsten Bedingungen arbeiten. Dafür steht ihm etwas zu. In diesem Augenblick bemerkt er, dass der Steward noch immer vor ihm steht und wissen will, ob er ihm ein Hefeweizen bringen soll. Wendt steht auf, legt dem Mann im Vorübergehen die Hand auf die Schulter und sagt:

»Lass mal, ich hol's mir schon selbst. Wo hast du's denn versteckt?«

5
Das lang ersehnte Telegramm

Als Oberleutnant Geoffrey Spicer Simsons Leben endlich die so sehnsüchtig erwartete Wendung nahm, saß er in Bathurst im Mündungsdelta des Gambia-Flusses auf der Veranda seines Pavillons in einem Korbsessel. Es war Montag, der erste Tag seiner allmonatlichen Erholungswoche. Der Abend jenes 11. Mai 1914 war mondlos, aber sternenklar, die Stunde der schlimmsten Moskitoplage vorüber. Er hatte sich einen Sherry eingeschenkt und lagerte seine gestiefelten Füße auf der Brüstung der Veranda. Seine Frau Amy saß neben ihm und strickte, unbeirrt von den Tenue-Vorgaben des tropischen Klimas, einen Cardigan für ihren Ehemann. Die zwei Hausboys standen beidseits der Veranda und wedelten mit großen Palmfächern, um dem Ehepaar die Illusion eines Luftzuges zu vermitteln. In den Kanälen ringsum lärmten Millionen von Fröschen, zwischen den Bananenstauden blinkten die freundlich erleuchteten Fenster der benachbarten

Pavillons herüber. Deren Bewohner waren britische Kolonialbeamte, fast alle verheiratet und ungefähr gleichen Alters und gleichen Standes wie die Spicers; da die meisten zudem kinderlos waren oder ihren Nachwuchs des Klimas wegen in englischen Internaten zurückgelassen hatten, herrschte im Gouvernementsviertel ein reges gesellschaftliches Leben mit häufigen gegenseitigen Einladungen zu Barbecues und Teekränzchen und abendlichen Cocktailpartys – ein Leben, von dem die Spicer Simsons leider ausgeschlossen waren, weil sämtliche Nachbarn nach und nach den Kontakt zu ihnen abgebrochen hatten. Die Gründe dafür waren vielfältig, beruhten aber alle auf Missverständnissen, Vorurteilen und beidseitiger Uneinsichtigkeit.

Der Nachbar zur Linken beispielsweise hatte kein Verständnis dafür aufbringen wollen, dass Spicer nachmittags gern splitternackt im Fluss badete, und zwar mitten im Wohnviertel und unter den Augen zahlreicher Hausfrauen britischer Herkunft und angelsächsisch-calvinistischer Schamhaftigkeit. Auf des Nachbarn Bitte hin, Spicer möge doch wenigstens auf die vorgängige Gymnastik am Ufer verzichten, bei der sein reich tätowierter Körper besonders ausgiebig zur Geltung kam, antwortete ihm dieser kalt, dass seine physische Fitness im übergeordneten Interesse der königlichen Marine stehe und deshalb höher zu gewichten sei als die Prüderie unterbeschäftigter Beamtengattinnen – worauf der Nachbar nach einem Augenblick der Fassungslosigkeit seinen aufwallenden Zorn niederrang und Spicer höflich ersuchte, unter keinen Umständen je wieder sein Grundstück zu betreten und sich in der Öffentlichkeit von ihm und seiner Gattin fernzuhalten.

Auch der Nachbar zur Rechten nahm eine belanglose Meinungsverschiedenheit zum Anlass, die Brücken zu den Spicers abzubrechen. Es geschah eines Sonntags beim Nachmittagstee, als Spicer seine chinesischen Abenteuer zum besten gab und nebenher seitenweise aus den Schriften des Konfuzius rezitierte – und zwar nicht auf Englisch, sondern in einem Idiom, das er als Chinesisch bezeichnete. Zufällig begab es sich aber, dass jener Nachbar ebenfalls in China gedient hatte, und zwar fünfzehn Jahre lang, und in dieser Zeit ganz ordentlich Kantonesisch gelernt hatte. Als er Spicer stirnrunzelnd fragte, ob sein konfuzianischer Vortrag denn in Kantonesisch, in Ost- oder West-Mandarin oder einer anderen chinesischen Sprache gehalten sei, bedachte dieser ihn mit einem müden Blick und einem herablassenden Lächeln. Und als der Nachbar erklärend hinzufügte, dass es eine chinesische Landessprache genauso wenig gebe wie eine europäische, wandte Spicer sich wortlos den Damen zu und hob zu einem Referat über chinesische Heilkunde an.

Besonders unglücklich war das Zerwürfnis mit dem Nachbarn am gegenüberliegenden Kanalufer, denn dieser war der Gouverneur persönlich – ein weißhaariger Gentleman mit Gehstock und starken Augengläsern, der vor vielen Jahrzehnten in Oxford Boxmeister in der Mittelgewichtsklasse gewesen war. Ihn hatte sich Spicer in aller Unschuld zum Feind gemacht, indem er ihm an Silvester 1911 mit hochgekrempelten Ärmeln die technisch korrekte Ausführung des Uppercut auseinandersetzte und seine Belehrungen derart unbeirrt fortführte, dass der Gouverneur kurz vor Mitternacht die Fassung verlor, Gehstock und Augengläser beiseite legte und Spicer anbot, ihm gleich einen technisch korrekten Uppercut zu verpassen, wenn er nicht augenblicklich die Klappe halte.

So war es um Spicer Simson in Gambia nach und nach – wie überall auf der Welt, wo er sich jemals niedergelassen hatte – einsam geworden. Dabei war er ein aufrichtiger Mensch, der zeitlebens niemanden betrogen, hintergangen oder ernsthaft belogen hatte, und waren es lauter Kleinigkeiten und Lappalien, derentwegen sich die Kleingeister von ihm abwandten; aber leider waren in Gambia wie überall auf der Welt die Kleingeister derart überwältigend in der Überzahl, dass das Ehepaar Spicer Simson schon im zweiten Dienstjahr zu keiner Menschenseele mehr den geringsten außerdienstlichen Kontakt hatte. Ehefrau Amy trug ihr Los mit tapferer Gelassenheit. Sie war in Victoria, British Columbia, als Tochter eines Rechtsanwalts aufgewachsen und hätte es sich nie träumen lassen, dass sie je in einem Pavillon auf Stelzen wohnen würde, und dass schwarze Negerjungs sie im Einbaum zum Einkaufen paddeln würden; aber sie bewahrte Haltung und hielt inmitten von Brüllaffen und Krokodilen die Errungenschaften britischer Lebensart hoch. An jedem einzelnen Tag des Jahres kochte sie zum Frühstück Speck und Bohnen, und nachmittags servierte sie auf der Veranda Tee und Kekse – auch dann noch, als längst niemand mehr zu Besuch kam. Ihre Röcke und Spicers Uniformen waren stets frisch gebügelt, und den Pavillon verteidigte sie mithilfe zweier Eingeborenenmädchen unermüdlich gegen Schlingpflanzen, Kakerlaken und Termiten. Wenn sie ihren täglichen Ausflug zur Markthalle, zum Bäcker und zum Metzger machte, grüßte sie freundlich nach links und rechts und wurde ebenso freundlich zurückgegrüßt; denn die Damen und Herren der kolonialen Gemeinde ließen Amy deutlich spüren, dass der gesellschaftliche Bannstrahl nur Oberleutnant Spicer, nicht aber ihr selbst galt. Besonders die Beamtengattinnen ließen sich gern auf eine kleine Plauderei mit ihr ein, um sich die Wartezeit auf dem Postamt oder beim Friseur zu verkürzen. Sie nannten Amy »meine Liebe« und erkundigten sich nach ihrem Befinden, flochten nadelspitze kleine Andeutungen über ihre unglückliche Lage ein und versprachen ihr – unter Freundinnen – grausam mitfühlend jede nur denkbare Unterstützung, wirklich jede, ein Wink würde genügen, falls sie jemals welche benötigen sollte. Und wenn Amy sich loyal ahnungslos stellte, vom Wetter zu reden anfing und die Damen zum Tee einlud, lächelten diese süß und hatten es plötzlich sehr eilig.

Amy hielt zu Spicer in treuer Freundschaft. In fünf Ehejahren hatte sie ihn gründlich kennengelernt und war ihm unerschütterlich von Herzen zugetan; denn sie wusste, dass in ihm nichts Böses und nichts Schlechtes lag. Natürlich war er ein eitler, flunkernder Geck – aber nur, weil er sich nicht der Gemeinheit, der Gewöhnlichkeit und der Langeweile des Alltags ergeben wollte. Insofern war Amy sogar stolz auf die Quichotterien ihres Mannes: Sie verstand sie als Revolte einer im Grunde edlen Seele gegen den gemeinen Kompromiss, gegen das bequeme Arrangement mit der Macht der Umstände und gegen die schleichende Kretinisierung, welche die allermeisten Menschen im mittleren Lebensabschnitt erfasst. Gewiss erschwerte diese dauernde Auflehnung den Alltag des Ehepaars erheblich; andererseits war Spicer als Ehemann wenig anspruchsvoll, weil er in seiner kindhaften Ichbezogenheit nur schlichte und überschaubare Bedürfnisse hatte, die zu stillen Amy leichtfiel. Das wusste sie zu schätzen. Mit Schaudern dachte sie zuweilen an die bizarren Extravaganzen, zu denen sich dem Vernehmen nach die Männer anderer Frauen verstiegen, die äußerlich die bravsten Biedermänner waren und gerade deshalb die größten Ungeheuerlichkeiten ausheckten, um sich selbst lebendig zu fühlen. Wenn übrigens ihre Ehe bisher kinderlos geblieben war, so einzig deshalb, weil Amy das so wollte. Sie hatte sich fest vorgenommen, ihre Kinder nicht hier in Gambia, sondern erst nach der Heimkehr in London zur Welt zu bringen. Bis dahin würde es ihr nicht schwerfallen, Spicers männliche Begierden im Gleichklang mit den Zyklen des Mondes und ihres weiblichen Körpers zu halten.

Und Spicer selbst? Der machte sich über all das nicht allzu viele Gedanken. Wer waren diese Nachbarn schon, dass sie ihm das Schwimmen im Fluss verboten? Leute mit Ärmelschonern waren sie, Leute mit Haarfön und Rentenanspruch, Leute mit Samtkragen, Hämorrhoiden und tief hängenden Augenbrauen. Dass diese Leute jedes seiner Worte auf die Goldwaage legten, erstaunte ihn nicht, und es war ihm gleichgültig. Ost- oder West-Mandarin, Kantonesisch, Uppercut – was waren schon Worte. Wenn das die Dinge waren, die für die Leute zählten – ihm kam es auf ganz anderes an. Was dieses andere war, vermochte er freilich nicht zu sagen, da es sich ihm in seiner Lage nicht darbot. Wie hätte er das Größere, Schönere, Edlere benennen sollen, solange er mit beiden Füßen im modrig stinkenden Schlamm des Gambia-Flusses steckte, auf dem sich seit Anbeginn der Zeit nichts weiter ereignet hatte als das ewige Einerlei von Zeugung, Niederkunft und Fäulnis? Solange er hier gefangen war, konnte er unmöglich sagen, worauf es ihm ankam. Also blieb ihm nur das Warten auf den Augenblick der Erlösung und die Zuversicht, dass dieser schon kommen werde.

Der Augenblick kam also an jenem Montag, dem 11. Mai 1914, an dem Geoffrey Spicer Simson abends auf der Veranda seines Pavillons Sherry trank und Amy ihm einen Cardigan strickte. Sein altersschwaches Dampfboot lag fest vertäut im Hafen, die vier Negerjungs waren bei ihren Frauen und Kindern, und die zwei fiebergeschüttelten Iren betranken sich wahrscheinlich irgendwo. Es war das Ende eines ruhigen, ereignislosen Tages, wie die Spicers im Gambia-Delta schon viele erlebt hatten und aller Voraussicht nach noch viele erleben würden. Draußen in der Welt aber war Dramatisches geschehen, von dem Spicer nichts wissen konnte. Im Berliner Reichstag hatte Karl Liebknecht die Kriegsvorbereitungen der deutschen Regierung angeprangert. Albanien hatte mobil gemacht und wartete auf den Krieg gegen Griechenland. In Sankt Petersburg streikten hunderttausend bolschewistische Arbeiter. In Paris feierten die Sozialisten ihren Sieg bei der Wahl zur Nationalversammlung, und in London besprach Winston Churchill, Erster Lord der Admiralität, mit König George V. die Notwendigkeit einer weiteren Flottenaufrüstung. Am Abend jenes Tages also saß Oberleutnant Spicer in seinem Korbsessel und trank Sherry, als sich aus dem Dunkel der Palmenallee eine Gestalt löste und rasch näher kam. Die Gestalt war ein Negerjunge, den Spicer vom Sehen kannte; ein Bote vom Postamt, der ihm gelegentlich die Post brachte. Das war sonderbar, denn an jenem Tag war kein Postschiff eingetroffen und nach Spicers Kenntnis auch kein Überseedampfer.

»Mister Spicer«, rief der Negerjunge atemlos, als er am Fuß der Treppe angelangt war, »Kabelbrief für Sie!«

Spicer fuhr hoch.

»Aus London«, sagte der Negerjunge.

Spicer sprang in zwei großen Sätzen zur Treppe, nahm das Telegramm entgegen und riss den Umschlag auf. Absender war das Marineministerium. Geheimer Befehl, höchste Dringlichkeitsstufe, verdeckte Teilmobilmachung. Spicer sollte seine hydrographischen Arbeiten sofort abbrechen, den privaten Haushalt in Gambia auflösen und schnellstmöglich nach London zurückkehren. Spicer hieß den Negerjungen warten und setzte eilig ein Telegramm auf, in dem er seine Ankunft in London binnen zehn Tagen ankündigte.

6
Wendt's Biergarten

Fünftausendfünfhundertdreiunddreißig Kilometer östlich, in Kigoma am Ufer des Tanganikasees, schrieb am selben Abend Anton Rüter ebenfalls einen Brief, und zwar nach Papenburg an seinen Patron Joseph Lambert Meyer.

»... kann ich Ihnen mitteilen, dass unsere Arbeit gut vorangeht. Die Spanten sind alle oben, Deckstringer und Schergänge sind auch fertig. Am 19. April, also am Sonntag nach Ostern, haben wir angefangen, die A-Platten zu legen. Unterdessen sind sämtliche B- und C-Platten gelegt, von den D-Platten fehlen hinten noch zwei an jeder Seite. Ich kann Ihnen die erfreuliche Mitteilung machen, dass bisher alles sehr gut passt, was für uns jeden Tag eine Freude ist. Beim Nieten sind wir flott zugange, die Schotten sind bald fertig, und am Boden haben wir auch schon allerhand Nieten geschlagen. Ob wir bis August fertig werden, kann ich Ihnen noch nicht sagen, das hängt vom Nieten ab.«

Anton Rüter saß an einem selbstgezimmerten Tisch vor seinem Haus, das ihm die deutsch-ostafrikanische Eisenbahngesellschaft gebaut hatte und nicht viel mehr war als eine Bretterbude mit Wellblechdach, Moskitofenster und abschließbarer Tür. Die Dämmerung war angebrochen. Er dachte daran, die Petroleumlampe anzuzünden, legte dann aber die Schreibfeder beiseite und beschloss, den Brief am folgenden Tag zu beenden, da der nächste Zug nach Daressalam sowieso erst am Dienstag fuhr. Er lehnte sich in dem Klappstuhl zurück, den der junge Wendt ihm gezimmert hatte, und schaute hinaus auf den meergleichen Tanganikasee, der in unfassbarem Frieden vor ihm lag. Sein Haus stand leicht erhöht auf einer Landzunge, die einen halben Kilometer in den See ragte. Im Norden, Westen und Süden zog sich der See grünlich schimmernd bis zum Horizont hin; das gegenüberliegende Ufer Belgisch-Kongos war vierzig Kilometer entfernt und verschwand im Dunst, und die beiden Enden des lang gestreckten Sees lagen siebenhundert Kilometer auseinander. Weit draußen fuhr still und schwarz eine arabische Segeldhau, nah am Ufer schoss pfeilschnell ein Einbaum mit acht eingeborenen Paddlern dahin. Bald würden die Fischerboote zum nächtlichen Fang hinausfahren, und dann würde der See glänzend erleuchtet sein von den zahllosen Grasfackeln, die die Fischer entzündeten, um die Fische aus dem Dunkel der Tiefe emporzulocken. Am Himmel zog ein Schwarm Flamingos nach Osten, den Bergen entgegen, die im Licht der untergehenden Sonne glühten. Rüter fröstelte. Er ging ins Haus, um seine Jacke zu holen. Noch immer wunderte er sich, wie kühl es im Herzen Afrikas sein konnte. Natürlich hatte er gewusst, dass der See achthundert Meter über Meer lag, und dass der ewig schneebedeckte Kilimandscharo nicht weit entfernt war. Aber dass ein Abend im Mai hier genauso frisch sein konnte wie ein Frühlingsabend in Papenburg, hätte er nie für möglich gehalten. Landeinwärts stand einen Steinwurf entfernt Tellmanns Haus, das genau dieselbe Bretterbude war wie Rüters Bleibe; auf der entgegengesetzten Seite, gegen das Ende der Landzunge hin, stand die Bude des jungen Wendt, in der immer viel Betrieb war. Das Wichtigste aber lag zu Rüters Füßen – das Hafenbecken und die Werft, welche die Eisenbahngesellschaft eigens für die *Götzen* hatte anlegen lassen. Ein paar Segelboote hatten an der Kaimauer festgemacht, dazu auch ein altersschwaches Dampferchen namens *Hedwig von Wissmann*, auf das Anton Rüter mit zärtlichem Mitleid herunterblickte, seit er einmal probeweise damit gefahren war. Sie war nur zwanzig Meter lang und vier Meter breit, und sie dümpelte im Wasser wie ein Korken und fing beim geringsten Wellengang fürchterlich zu stampfen und zu rollen an. Ihr Rumpf leckte durch alle Fugen und Ritzen und hätte dringend einer gründlichen Instandsetzung bedurft. Trotzdem tat sie unermüdlich ihren Dienst als Frachter für die Sisalbauern, als Fähre für die deutschen Kolonialbeamten und – in letzter Zeit immer öfter – als Truppentransporter für die kaiserlichen Soldaten. Bei aller Armseligkeit kontrollierte die *Wissmann* so den ganzen Tanganikasee auf seinen siebenhundert Kilometern Länge, die deutsche Küste ebenso wie die belgische und die britische; denn die Briten hatten überhaupt kein Motorschiff auf dem See, und die Belgier nur ein noch erbärmlicheres Dampferchen namens *Alexandre Delcommune.* Eines hatte Anton Rüter schon verstanden: Wenn die *Götzen* erst fertig wäre, die zehnmal so groß und doppelt so schnell war wie die *Wissmann*, würde Kaiser Wilhelm nicht nur den See, sondern ganz Zentralafrika beherrschen.

Neben dem Hafen lag die Werft – das eben fertiggestellte Dock und der nagelneue elektrische Vierzig-Tonnen-Drehwippkran, die Eisenbahnschienen, die zum Dock heranführten, und die Helling mit den stählernen Ablaufbahnen und den Rollwagen, auf denen schwarz und stolz das Gerippe der *Götzen* aufragte, an dem Rüter, Wendt und Tellmann montags bis samstags von Sonnenaufgang bis Sonnenuntergang arbeiteten. Sonntag war Ruhetag, Ordnung musste sein. Der Kiel war gelegt, der Vorder- und Achtersteven montiert und sämtliche Spanten mit den Stringern waren aufgestellt, die stählerne Außenhaut war fast vollständig hochgezogen. Anton Rüter konnte sich an dem Anblick nicht sattsehen. Das war *seine* Werft und *sein* Schiff, das hier unter dem Himmel Afrikas ein zweites Mal Gestalt annahm. Jener Schuppen dort war *seine* Schlosserei, daneben stand *seine* Tischlerei und *sein* Magazin, dort war *sein* Brennholzlager für *seinen* Stromgenerator, und im Negerdorf hinter dem Hügel wohnten *seine* Arbeiter. Hier gab es im Umkreis von tausend Kilometern keine schwarzen Benz-Automobile und keine weißen Sonnenschirmchen und keine rosa Musselinkleidchen; hier war niemand, der ihm gönnerhaft den Arm tätschelte und ihn am Fallreep stehen ließ. Hier gab es nur den See und das Schiff und zweihundert Arbeiter, und Rüter war einer von ihnen. Gemeinsam würden sie das beste und schönste Schiff ganz Afrikas bauen, und Rüter würde sorgfältig achtgeben, dass er keinem Arbeiter den Arm tätschelte, und er würde niemanden am Fallreep stehen lassen. Bei der Ankunft war er sehr erleichtert gewesen, dass ihm das Rekrutieren der Arbeiter erspart blieb und hundert arbeitswillige Schwarze ihn auf der Werft erwarteten. Sie arbeiteten gut und rasch und zuverlässig, und manche von ihnen hatten auf der Missionsschule sogar Deutsch gelernt. Rüter war sehr zufrieden. Etwas irritiert hatte ihn nur, dass jeden Abend die Askari aufmarschierten, um die Arbeiter von der Werft ins Eingeborenendorf zu eskortieren, und dass jeden Morgen ein Korporal Schäffler vor ihm strammstand, um sich den Arbeitsantritt der Arbeiter schriftlich quittieren zu lassen.

Rüter zog seine Taschenuhr hervor. Es war halb sieben Uhr, Zeit fürs Abendessen, das die drei Papenburger nach stiller Übereinkunft immer gemeinsam vor Hermann Wendts Hütte einnahmen. Rüter wartete auf den alten Tellmann, der jeden Abend zuverlässig nach Einbruch der Nacht aus dem Dunkel auftauchte, ein frisches Hemd am Leib und die Arme hinter dem Rücken verschränkt, und dann spazierten sie hinüber zu »Wendt's Biergarten«, wie dieser seine Bude eines fröhlichen Abends getauft hatte.

Denn selbstverständlich hatte der junge Wendt den ehrbaren Vorsatz, seinen Idealen treu zu bleiben und auf diesem Kontinent der Sklaven und Sklavenhalter sämtliche Alltagspflichten selbst zu besorgen, keine vierundzwanzig Stunden durchgehalten. Schon am ersten Abend, als er seine Bretterbude bezogen, aus Reisig einen Besen gebunden und damit begonnen hatte, vor der Tür das dürre Laub und abgenagte Schafsknochen wegzukehren, war ein altes, nacktes Hutzelweib aufgetaucht, hatte ihm wortlos den Besen aus der Hand gewunden und den Vorplatz zu wischen begonnen. Als Wendt seinen Besen zurückzuerobern versuchte, hatte das Weib laut aufgelacht und einen erstaunlich flinken Sprung beiseite getan; in der anschließenden Auseinandersetzung, welche die beiden mit Gebärden und unverständlichen Wortfetzen führten, musste Wendt sich erstens die Frage gefallen lassen, ob er denn eine Frau sei oder ein Mann, dass er sich hier mit einem Besen zum Gespött des ganzen Dorfes mache; zweitens wollte das Weib wissen, ob er etwa als mittelloser Schlucker nach Afrika gekommen sei, um hier anständigen Leuten die Haare vom Kopf zu fressen; falls das aber nicht der Fall sei und er Geld habe, wollte sie drittens wissen, ob er ein solcher Geizkragen sei, dass er alles für sich behalten und nichts ausgeben wolle; und weshalb er, falls er viertens kein Geizkragen sei, einer alten Frau nichts abgeben wolle, da diese ihn ja fünftens nicht bestehle, was ihr übrigens sechstens ein leichtes wäre, sondern siebtens ehrlich für ihn arbeiten wolle? Die Debatte dauerte keine zwei Minuten und endete mit Wendts bedingungsloser Kapitulation. Die Frau behielt den Besen und wischte den ganzen Vorplatz. Dann ging sie ins Haus und kehrte sämtliche Ecken aus, flickte ein Loch im Moskitogitter, öffnete Wendts Reisekoffer und inspizierte gründlich den gesamten Inhalt, entdeckte den Beutel mit der schmutzigen Wäsche und trug ihn hinunter zum See, um sie zu waschen.

Das war aber noch nicht alles. Am Abend jenes ersten Tages saß Hermann Wendt auf dem frisch gekehrten Boden vor seiner Hütte, beobachtete das Insektengewimmel an der Petroleumlampe und kaute Schiffszwieback, den er auf der *Feldmarschall* als eiserne Ration eingesteckt hatte. Da tauchte eine Gestalt aus dem Dunkeln auf – nicht das Hutzelweib, sondern eine andere Frau, ein kugelrundes Weib mittleren Alters, dessen orange leuchtender Rock gefüllt zu sein schien mit Kugeln in allen Größen, die durch einen geheimnisvollen Mechanismus miteinander verbunden waren und bei jedem Schritt vor und zurück und seitwärts kullerten in ihrem orangefarbenen, zum Zerreißen gespannten Rock. Auf ihrem hübschen, rasierten Kugelkopf balancierte sie einen irdenen Topf, der etwas Essbares enthielt, was sehr lecker duftete. Sie lächelte Wendt im Vorbeigehen zu, sagte: »Habari Mzungu!« und verschwand im Dunkel der Nacht. Zurück blieb ein Hauch des Essensduftes. Wendt versuchte ihn schnuppernd zu ergründen. Zwiebeln, Lauch, Bohnen. Hammelfleisch vielleicht. Kaum aber hatte die kühle Abendbrise den letzten Rest des Duftes auf den See hinausgetragen, tauchte das Kugelweib wieder auf, zog lächelnd durch den Lichtkegel, den Essenstopf noch immer auf dem Kopf, und verschwand wiederum unter Zurücklassung einer Duftspur. Wendt kaute an seinem Schiffszwieback, dachte an die nähere Zukunft und gab sich darüber Rechenschaft, dass er zeitlebens nie etwas Gescheites gekocht und nicht die geringste Ahnung hatte, wo man hier Zwiebeln, Lauch und Hammelfleisch besorgte. Da tauchte das Kugelweib ein drittes Mal auf. Diesmal aber blieb sie am Rand des Lichtkegels stehen, lächelte und drehte und wendete sich und sank in einer einzigen fließenden Bewegung zu Boden, nahm den Topf vom Kopf, stellte ihn vor sich hin und legte einen langstieligen Löffel auf den Rand, und dann nickte sie Wendt mütterlich einladend zu und sagte: »Kula, Mzungu! Kula!« Was sollte er machen, dagegen war er machtlos. Er rappelte sich auf, nahm den Löffel und begann zu essen. Die Kugelfrau hieß Samblakira. Sie sah ihm zu, wie er den ganzen Topf leer löffelte, und von da an war sie seine persönliche Köchin und brachte ihm gegen geringes Entgelt dreimal täglich zu essen – Frühstück vors Haus, Mittagessen auf die Baustelle, Abendessen vors Haus. Den Inhalt des Topfes hätte Wendt nicht immer auf Anhieb benennen können, aber nach einiger Gewöhnung schmeckte ihm alles stets ausgezeichnet.

In den ersten Tagen fragte Wendt sich noch, was die Genossen vom Arbeiterkulturverein zu diesem Arrangement wohl sagen würden. Arbeitsteilung, na gut. Hermann Wendt baut ein Schiff für die Frau, und die Frau kocht für ihn. Sie produziert Mehrwert und wird dafür bezahlt, und immerhin verfügt sie selbst über die Produktionsmittel, das heißt über den Topf und den Löffel und ihre Feuerstelle, und den Geldwert des durch ihre Arbeitskraft entstandenen Mehrwerts beziffert sie nach eigenem Gutdünken. Soweit Wendt die Sachlage überblickte, lagen weder Entfremdung noch Ausbeutung vor. Insofern war also alles in Ordnung. Wahrscheinlich hatte die Frau sowieso irgendwo eine vielköpfige Familie, für die sie mehrmals täglich selbstbestimmt kochte, und wenn sie ein bisschen davon für ihn abzweigte, bedeutete das keine Mehrarbeit, sondern rationell erwirtschafteten Zusatzverdienst.

Die Kollegen Rüter und Tellmann sahen das vermutlich etwas anders. In den ersten Tagen hatten sie große Augen gemacht, als Samblakira zur Mittagszeit auf der Helling auftauchte mit ihren duftenden Töpfen und Krügen, hatten sich neidvoll abgewandt und getan, als sähen sie nicht, wie der junge Wendt sich bedienen ließ und Samblakira ihm den Mund abwischte, und dass sie ihm die Namen der Speisen vorsagte und in kugelndes Lachen ausbrach, wenn er die ungewohnten afrikanischen Laute wiederholte. Aber am dritten Tag war Tellmann beim Abendspaziergang ganz zufällig zur Essenszeit an Wendts Hütte vorbeigekommen, als gerade Samblakira mit ihren Töpfen da war. Er hatte freundlich gegrüßt und Anstalten zum Weitergehen gemacht, aber da ihn der junge Wendt heranwinkte und ihn sozusagen zum Mitessen nötigte, war er aus Höflichkeit geblieben, und Wendt war zu Rüters Haus gelaufen, um auch ihn zum Essen zu holen. Von da an waren Tellmann und Rüter Stammgäste in »Wendt's Biergarten«, der übrigens so hieß, weil Wendt sich von einem arabischen Händler namens Mamadou täglich frisch eine große Amphore Hirsebier liefern ließ.

In einem allerdings hielt der junge Wendt Wort. Da keine ihrer drei Hütten das geringste Mobiliar enthielt, zimmerte er eigenhändig Betten für Rüter, Tellmann und sich selbst. Er wies den alten Tellmann an, mit seinem Papenburger Schießgewehr – von dem niemand wusste, ob es wirklich funktionstüchtig war – in die Steppe zu laufen und zwei möglichst alte, zähe Zebrahengste zu erlegen. Wider Erwarten ging Tellmann tatsächlich hin und schoss zwei Zebras tot. Wendt zog ihnen die Häute ab, legte diese zwei Tage ins Wasser und schnitt sie dann in fingerbreite Streifen. Unterdessen zimmerte er aus den Stämmen junger Bäume drei Bettrahmen, nagelte darauf längs und dicht aneinander die Zebralederstreifen, flocht kürzere Streifen quer hindurch und nagelte auch diese beidseits fest. Auf dieselbe Weise entstanden zwei Sitzbänke und sechs Stühle, die recht bequem waren und meist in Wendt's Biergarten standen. Er baute eine Feuerstelle aus schwarzen Steinbrocken, nietete auf der Werft ein paar Eisenstücke zu einem Grillrost zusammen und bastelte hell leuchtende Öllampen aus leeren Flaschen, Konservendosen und dicken Hanfschnüren. Zum Abschluss nagelte er ein weiß grundiertes Brett über die Haustür, auf dem in roter Schrift »Wendt's Biergarten« stand. An den ersten Abenden nach der Eröffnung war es der Gemütlichkeit noch abträglich gewesen, dass Licht und Essensduft ziemlich viele Schakale und Hyänen anlockten, die mit leuchtenden Augen am Rand des Lichtkegels umherschlichen und lüsterne Grunzlaute von sich gaben. Auf Samblakiras Rat hin baute Wendt dann aus Ästen und Dornengestrüpp einen dichten, mannshohen Zaun, der alle Räuber und Aasfresser zuverlässig aussperrte.

An jenem Abend des 11. Mai 1914, an dem Anton Rüter seinen angefangenen Brief beiseitelegte, musste er nicht lange auf Tellmann warten. Er trug Papier und Schreibfeder ins Haus, und als er wieder hinaustrat, begrüßte ihn mit leisem Knurren eine junge Raubkatze, strich ihm um die Beine und schlug die Krallen in seine Hose. Das war Veronika, Tellmanns halbjähriges Gepardenweibchen. Ein vorbeiziehender Massai hatte Tellmann das Kätzchen listig unter die Nase gehalten, und dieser hatte nicht widerstehen können und das wollige Bündel gegen sein Taschenmesser und eine Büchse Bohnen eingetauscht, und dann hatte er das Bündel ins Haus getragen, ihm aus Schnürsenkeln und einem Stück Verbandsstoff ein Halsband geflochten und es auf den Namen Veronika getauft, weil es sich genauso rührend staksig durch die Welt bewegte wie seine erstgeborene Tochter. Seither war Veronika kräftig gewachsen und lief ihm auf Schritt und Tritt hochbeinig hinterher. Nachts schlief sie am Fußende seines Bettes, morgens folgte sie ihm zur Werft und kletterte in großen Sprüngen auf dem Skelett der *Götzen* umher. Während der Arbeitspausen legte sie Tellmann den Kopf in den Schoß, schaute aus ihren schönen goldbraunen Augen unverwandt zu ihm hoch und gab heisere kleine Liebeslaute von sich. Tellmann tätschelte ihr die Flanke und fütterte sie mit kleinen Stücken getrockneten Fleisches, von denen er stets eine Handvoll in der Hosentasche mit sich trug.

Veronika lief voraus in die Nacht, und Rüter und Tellmann folgten ihr gemächlich auf dem Trampelpfad, der sich in den letzten Wochen unter ihren Füßen gebildet hatte. Rüter sagte, er habe den Eindruck, dass es nicht mehr ganz so viele Stechmücken gebe wie vor ein paar Wochen, und Tellmann antwortete, dass wohl die Regenzeit zu Ende gehe. Als sie durch die Lücke im Stachelzaun Wendt's Biergarten betraten, war dieser schon recht bevölkert. Rüter kannte die Anwesenden mit einer Ausnahme alle. Die fröhliche Dicke, die hinter drei Töpfen unterschiedlicher Größe kauerte und abwechselnd im einen und im andern rührte, war Wendts Leibköchin Samblakira; der weißbärtige Araber in weißem Turban und weißer Galabiya, der am Grill stand und Hammelkoteletts briet, war Mamadou, der Hirsebierlieferant; die zwei Bantumänner, die schon bei Tisch saßen und sich leise unterhielten, hießen Mkwawa und Kahigi. Der eine war vom Volk der Matumbi, der andere war ein Sagara, und beide arbeiteten als Handlanger auf der Werft. Wendt hatte sich mit ihnen angefreundet, die ersten Brocken Suaheli von ihnen gelernt und bei den Askari durchgesetzt, dass die zwei ihn abends besuchen konnten, wann immer sie wollten. Jetzt saß er ihnen gegenüber am Tisch, schälte Mangos und Papayas und schnitt das Fruchtfleisch in eine hölzerne Schale. Am Tischende aber saß würdevoll ein Unbekannter – ein jugendlich schöner, überirdisch feingliedriger Massai, einen Speer mit gezackter Eisenspitze an die Tischkante gelehnt, die Hände wie zum Gebet im Schoß gefaltet und den Blick selbstvergessen in die nächtliche Ferne gerichtet. Er war so hochgewachsen, dass er noch im Sitzen Anton Rüter um Haupteslänge überragte. Gekleidet war er in einen Rock aus Antilopenfell, der an den Rändern mit Glasperlen bestickt war, und in seinen weit gedehnten Ohrläppchen steckten zwei handtellergroße, flache Steine. Rüter betrachtete seine hohe Stirn und die dichten Brauen, die Adlernase und die vorspringende Unterlippe, und er ahnte, dass hier ein Mann mit starkem, unbeugsamem Willen saß. Zwar umspielte seine Lippen ein vages Lächeln; aber seine schwarzen Augen, das starke Kinn und die hohen Wangenknochen ließen ahnen, dass sich das friedfertige Antlitz beim geringsten Anlass in schrecklichem Hass verzerren konnte.

»Setzt euch«, sagte Wendt zu Rüter, »wir essen gleich. Der Mann mit dem Speer ist Mkenge, ein nobler Massai, der in der Missionsschule ausgezeichnet Deutsch gelernt hat; er will mit dir reden, aber erst nach dem Essen.«

»Worüber?«, fragte Rüter.

Wendt zuckte mit den Schultern und stellte die Fruchtschale beiseite, wischte den Tisch ab, deckte sieben Teller, Gabeln und Messer auf und füllte sieben Gläser mit Hirsebier. Es gab Lammkoteletts und Hirsebrei mit Pfefferschoten, Kichererbsenmus und Fladenbrot, zum Nachtisch frisch gerösteten Kaffee und den Fruchtsalat, den Wendt geschnippelt hatte. Dann stellten sie Tisch und Stühle beiseite, rollten geflochtene Matten aus und legten sich hin. Der weißhaarige Araber rauchte eine Wasserpfeife. Samblakira und der junge Wendt kauerten nebeneinander an der Hauswand und unterhielten sich leise auf Suaheli; sie erzählte ihm Geschichten von Zauberern, Hexen und heiligen Bergen, und er versuchte ihr zu folgen, machte gelegentlich mit den paar Wörtern, die ihm schon zur Verfügung standen, einen Scherz und freute sich, wenn sie lachte. Die zwei Bantumänner spielten ein Brettspiel, bei dem man gelb, rot und schwarz gefärbte Linsen nach unergründlichen Regeln in eine Doppelreihe von Mulden verteilen musste; Tellmann spielte mit seinem Gepardenweibchen, und Rüter fragte sich, worüber der schöne Massai, der reglos wie eine Statue abseits auf seinen Fersen saß und den Speer zwischen den Knien hielt, wohl mit ihm reden wollte. Die stille Stunde der Abenddämmerung, da unerfahrene Fremde auf einen ruhigen Schlaf hofften, war längst vorüber; jetzt waren die Kreaturen der Nacht erwacht. In den Bäumen zirpten und kreischten Millionen von Grillen und Zikaden, im harten, dürren Gras herrschte unablässiges Gezischel und Geraschel, darüber stetes Gebell und Geblök und Gebrüll, mal von nah, mal aus der Ferne, dann plötzlich verzweifeltes Aufheulen, gefolgt von einem kurzen Wimmern der sterbenden Kreatur. Aus dem Eingeborenendorf drangen Kindergeschrei und Eselsgebrüll herüber, unten am Hafen sangen ein paar Männer, und die zwei Bantu lachten über ihrem Brettspiel, weil der eine verloren und der andere gewonnen hatte. Nur die Kaserne der Askari stand stumm in der südlich an die Landzunge anschließenden Bucht, und der schöne Massai Mkenge saß reglos da und starrte versonnen lächelnd in die Nacht hinaus. Schließlich hielt Anton Rüter das Schweigen nicht länger aus. Er ging zu Mkenge hinüber und setzte sich neben ihm auf die Fersen. Mkenge legte seinen Speer beiseite und reichte ihm die Hand.

»Du willst mit mir reden«, sagte Anton Rüter.

»Die Leute reden über dich, also sollte auch mal jemand mit dir reden«, sagte Mkenge. Zu Rüters Erstaunen sprach er den fröhlichsten rheinländischen Dialekt, als hätte er Kindheit und Jugend in Oberbarmen oder Düsseldorf verbracht.

»Was reden die Leute?«

»Eigentlich nur Gutes. Sie nennen dich ›Der Deutsche ohne Peitsche‹.«

Anton Rüter war unangenehm berührt. Er hatte schon von dem Übernamen gehört, den ihm die Leute verpasst hatten. Jetzt war ihm klar, dass sich das Thema nicht umgehen ließ.

»Die Männer arbeiten gern bei dir«, sagte Mkenge.

»Das freut mich zu hören«, sagte Rüter.

»Sie arbeiten gern bei dir, obwohl die Soldaten mit geladenen Gewehren auf sie aufpassen und jeden erschießen würden, der wegzulaufen versuchte.«

Anton Rüter schwieg.

»Sie arbeiten gern bei dir, obwohl sie mit Gewalt,

Lüge und Bestechung hierher verschleppt wurden.«

»Ich weiß«, murmelte Rüter.

»Sie arbeiten gern bei dir, obwohl Verbrecher in falschen Uniformen bei Nacht ihre Hütten in Brand steckten, die Brunnen verschmutzten und ihre Felder zertrampelten.«

»Ich habe davon gehört.«

»Sie arbeiten gern bei dir, obwohl sie in Ketten gelegt und hierher entführt wurden, während ihre Frauen und Kinder schliefen.«

»Das tut mir leid«, sagte Rüter.

»Sie arbeiten gern bei dir, obwohl ihre Frauen und Kinder sich in alle Winde zerstreut haben und ganze Dörfer, ganze Landstriche entvölkert sind. Sie arbeiten gern bei dir, obwohl ihre Großväter und Großmütter allein zurückblieben und sich mit letzter Kraft ihr eigenes Grab schaufelten, um sich hineinzulegen und sich eigenhändig mit Erde zu bedecken, damit sie nicht von den Hyänen gefressen wurden.«

»Ich weiß«, sagte Rüter.

»Sie arbeiten gern bei dir, obwohl die Soldaten Jagd auf unsere Frauen und Kinder machen, sie als Geiseln nehmen und verhungern lassen, wenn wir nicht schuften wie die Sklaven. Man schickt uns zum Kautschuksammeln, und wenn wir am Samstag nicht genug Kautschuk bringen, hacken sie uns eine Hand ab.«

»Das machen die Belgier drüben im Kongo«, sagte Rüter rasch. »Wir Deutschen tun so was nicht.«

»Das stimmt«, sagte Mkenge. »Aber nur, weil es auf deutschem Gebiet keinen Kautschuk gibt.«

»Was soll ich machen.«

»Das ist alles nicht deine Schuld«, sagte Mkenge.

»Ich tue jeden Tag, was in meiner Macht steht«, sagte Rüter.

»Deswegen rede ich mit dir«, sagte Mkenge. »Unter deinen Arbeitern sind zwölf von meinen Männern. Sie sind leicht zu erkennen. Großgewachsene Männer wie ich.«

»Ich kenne sie.«

»Sorge dafür, dass sie freigelassen werden. Sie sind Massai. Sie können nicht arbeiten.«

»Das ist mir auch aufgefallen«, sagte Rüter.

»Wir sind Jäger, Viehzüchter und Krieger«, sagte Mkenge, »aber keine Arbeiter. Lass sie gehen.«

»Von mir aus kannst du sie abholen und mitnehmen. Jetzt gleich. Ich kann sie nicht gebrauchen. Hol sie und geh mit ihnen nach Hause.«

»Wir würden nicht weit kommen«, sagte Mkenge. »Die Askari würden uns einfangen und auspeitschen bis zum Tod. Die Männer müssen ihre Arbeitsverträge einhalten. Sie können nicht lesen und nicht schreiben, aber sie haben Verträge unterschrieben.«

»Dann verschaffen wir ihnen eine andere Arbeit.«

»Lass hören.«

»Ich werde Korporal Schäffler sagen, dass ich eine Rinderherde gekauft habe und deine zwölf Massai meine persönlichen Hirten sind.«

»Eine gute Idee«, sagte Mkenge.

»Kannst du mir jeden Tag ein Schlachtrind verkaufen? Die Verpflegung auf der Werft ist schlecht. Die Arbeiter brauchen mehr Fleisch.«

»Du bekommst dein Rind.«

»Nenn mir den Preis für das Rind«, sagte Rüter.

Lange blieben die zwei Männer einträchtig schweigend nebeneinander sitzen. In Wendt's Biergarten wurde es still. Als alles Hirsebier ausgetrunken war, stand der alte Araber Mamadou auf und nahm die leere Amphore unter den linken Arm, legte zum Abschied die rechte Hand aufs Herz und verschwand im Dunkel der Nacht.

»Kann ich dich etwas fragen«, sagte Rüter zu Mkenge.

»Frag«, sagte Mkenge.

»Stimmt es, dass die Massai sich mit dem Gedanken tragen, sämtliche Rinder und Schafe Großbritanniens in Besitz zu nehmen?«

Mkenge lächelte. »Wir haben den Plan sorgfältig geprüft und mussten leider Abstand von ihm nehmen. Die Ausführung wäre mit großen Problemen verbunden gewesen.«

»Was für Problemen?«

»Der Transport wäre nicht zu bewältigen. Laut konservativen Schätzungen hat Großbritannien derzeit einen Bestand von achtkommasieben Millionen Großvieheinheiten. Deren Rückschaffung über zwölf- bis fünfzehntausend Kilometer wäre mit den heute zur Verfügung stehenden Verkehrsmitteln einfach nicht zu schaffen.«

Kurz darauf geschah etwas Unerhörtes, noch nie Dagewesenes. Die Kugelfrau Samblakira, die in ihrer kauernden Haltung längst zu schlafen schien, erhob sich in einer einzigen fließenden, rollenden Bewegung, huschte die Wand entlang und verschwand in der Tür zu Hermann Wendts Wohn- und Schlafstatt. Der junge Wendt tat, als hätte er nichts bemerkt. Die anderen Männer runzelten die Stirn und taten ebenfalls, als hätten sie nichts bemerkt, behielten aber unauffällig die Tür im Auge. Es vergingen zehn Minuten, eine Viertelstunde, ohne dass die Frau wieder auftauchte. Da wussten die Männer Bescheid. Als Erste brachen die zwei Bantumänner auf. Sie packten ihr Brettspiel ein, verabschiedeten sich von Wendt mit gespielter Beiläufigkeit und dankten ihm für dessen Gastfreundschaft. Als Nächster stand der alte Tellmann auf. Er ächzte und kraulte seine Gepardin im Nacken, sah an Wendt vorbei in die Nacht hinaus und wünschte angenehme Nachtruhe. Wendt nickte und stocherte zerstreut in der Glut des niedergebrannten Feuers. Als Tellmanns Schritte nicht mehr zu hören waren, schaute er Anton Rüter und Mkenge, seinen letzten verbliebenen Gästen, abwechselnd geradewegs in die Augen, wie um zu sagen: Und? Was habt ihr beide mir zu sagen? Mkenge schlug höflich die Augen nieder und putzte sich mit seiner Speerspitze den rechten Daumennagel, aber Rüter erwiderte Wendts Blick, worauf sich zwischen ihnen folgende stumme Zwiesprache entwickelte.

– Du weißt genau, was ich dir zu sagen habe.

– Gar nichts hast du mir zu sagen.

– Ein Schwein bist du, das habe ich dir zu sagen.

– Ich bin ein Mann, Anton – und wenigstens kein Heuchler.

– Was soll das heißen?

– Ich weiß, wovon du träumst, wenn du allein in deiner Hütte liegst. Ich seh's jeden Tag, wie du den Eingeborenenmädchen auf den Hintern schielst.

– Dagegen kann man nichts machen. Aber was man tut und was man nicht tut, da kann man was machen.

– Dann schau dir genau an, Anton, was ich tu und was ich nicht tu. Meine Haustür ist nicht abgeschlossen, siehst du?

– Das macht es nicht viel besser.

– Ich bin nett zu der Frau, sie ist gern bei mir.

– Sie hat Familie, Hermann. Womöglich ist sie verheiratet. Du wirst sie schwängern und mit dem Kind allein lassen, wenn wir nach Papenburg zurückkehren.

– Wer kann das wissen. Immerhin nehme ich mir nicht täglich eine andere, wie das die Soldaten machen. Das ist gut für mich und gut für die Frau und gut für die Hygiene.

– Du sprichst, als ob es sich um deine Notdurft handelte.

– Sie kommt von allein zu mir, weißt du? Es ist nicht so, dass Korporal Schäffler sie mit vorgehaltener Waffe herführen müsste. Sie ist keine Sklavin. Sie kann weglaufen, wann immer sie will.

– Schweig!

– Andere werden gleich ausgepeitscht, wenn sie mal weglaufen.

Darauf wusste Anton Rüter nichts zu entgegnen, der junge Wendt hatte ihn besiegt. Es war Zeit, nach Hause zu gehen. Rüter stand auf und knöpfte sich die Jacke zu. Mkenge stand ebenfalls auf und begleitete ihn zu der Lücke im Dornengestrüpp, die hinaus auf den Trampelpfad führte. Bevor sie den Lichtkegel verließen, warfen beide einen letzten Blick zurück zum Lagerfeuer.

»Gute Nacht, Hermann«, sagte Rüter.

»Gute Nacht«, sagte Wendt. Er sprang auf, nahm die Petroleumlampe vom Haken und rief:

»Wartet! Ich begleite euch ein Stück.«

7
Im Epizentrum menschlicher Zivilisation

Geoffrey und Amy Spicer Simson waren ekstatisch glücklich, nach vier langen Jahren wieder zurück in London zu sein. Sie bezogen dasselbe möblierte Zimmer in jener schlichten Pension nahe am Russell Square, in dem sie schon vor ihrer Abreise nach Afrika gewohnt hatten; von dort aus würde Spicer es nicht weit nach Whitehall ins Marineministerium haben. Sie stellten ihr Gepäck ab und machten einen Spaziergang, um ihr vertrautes, lang vermisstes London neu zu erkunden. Dabei war ihre erste und wohltuendste Empfindung die einer gewissen Mäßigkeit, wenn nicht Abwesenheit in allen Dingen. Es war Ende Mai, die Sonne nahe am Höchststand – aber es ging doch immer eine kühle Brise, und man geriet kaum ins Schwitzen. Die Straßen der Millionenstadt waren dicht bevölkert, und in den Markthallen und Kaufhäusern konnte es richtig eng werden – aber niemals geschah es, dass man in einem wabernden Teppich drängelnder, schubsender, stoßender Menschen gefangen wurde, wie das auf jedem afrikanischen Dorfmarkt unausweichlich geschieht. In den Parks blühten weiß und rosa die Kastanienbäume, vor saftig grünem Rasen leuchteten rot und gelb die Rosen – aber insgesamt herrschten zarte, blasse Pastelltöne vor. Wenn nach einem Gewitterregen die Sonne zurückkehrte, lag in der Luft grüngoldenes Licht und ein herrlicher Duft von nassem Kopfsteinpflaster und frischem Pferdedung – aber der hatte doch nie die betäubende Würze, die in den Tropen allgegenwärtig ist. Als äußerst angenehm empfanden es die Spicers auch, nicht dauernd von Moskitos gestochen zu werden, und dass es im Hyde Park keine Hyänen gab und man sich am Ufer der Themse nicht vor Krokodilen in acht nehmen musste, und dass einem, wenn man abends unter einer Straßenlaterne stehen blieb und sich die Schuhe band, keine handtellergroßen Falter ins Gesicht schlugen.

Nachmittags zog Spicer seine Paradeuniform an, die er seit vier Jahren nicht mehr getragen hatte, und dann flanierte er mit Amy zu den weißen Prunkbauten am Piccadilly Circus, mitten hinein ins Epizentrum des britischen Weltreichs, dem sich Spicer noch immer mit jeder Faser seines Herzens zugehörig fühlte, trotz der bitteren beruflichen Zurückweisungen, die er im Dienst Seiner Majestät hatte hinnehmen müssen. Abends gingen sie weiter in die dahinter liegende Welt der großen und kleinen Theater, Musiksäle, Kabaretts und volkstümlichen Vaudevilles. Eine große Entdeckung waren für Spicer, der viel Sinn fürs Drama hatte, die neuen Lichtspieltheater. Bei seiner Abreise nach Afrika hatte es in London kein einziges Kino gegeben, jetzt waren es zweihundertsechsundsechzig. Spicer ging unersättlich gern ins Kino, begeisterte sich an griechischen Tragödien genauso wie an Cowboy- und Historienfilmen oder Liebesdramen. Rasch wurde er Stammgast im *Electric Cinema* an der Portobello Road und im *Windmill Theatre* in Soho.

Im Großen und Ganzen, darin waren Amy und Spicer einig, war London sich treu geblieben. Der Big Ben klang in alter Schwermut und Großartigkeit; wie eh und je blies an kühlen Tagen der Wind den schwarzen Kohlerauch von den Kaminen und drückte ihn hinunter in die engen, spärlich beleuchteten Gassen. Die Wachablösung vor dem Buckingham Palace fand immer noch täglich um halb zwölf Uhr statt, und in den Pubs war der Preis für ein Pint

Guinness unverändert, und Frauen hatten noch immer keinen Zutritt. Und dann waren da die vertrauten, lang vermissten Lebensmittel: Marmite, Gentleman's Relish, Golden Syrup. Einiges aber hatte sich doch sehr verändert. In den Straßen gab es kaum noch Pferdekutschen, hingegen sehr viel mehr Automobile, und auch die Pferdeomnibusse waren doppelstöckigen Motorbussen gewichen. In den Amtsstuben hing nicht mehr das Porträt König Eduards VII., sondern jenes seines Sohnes George V., und vor dem Buckingham Palace stand eine riesige Statue Königin Victorias, der Großmutter des aktuellen Königs. Im nördlichen Vorort Hendon war eine Start- und Landebahn für Flugzeuge eingerichtet worden, weshalb fast jeden Tag ein Flugzeug über die Stadt hinwegdröhnte, manchmal sogar zwei oder drei. Die Central Line der U-Bahn war von Bank bis Liverpool Street verlängert worden, und in den feinen Geschäften an der Oxford Street, wo die Spicers sich endlich wieder mit frischer Leibwäsche eindecken konnten, waren die Preise erheblich gestiegen.

Am Freitag der zweiten Woche war der Heimkehrerurlaub vorbei. Frühmorgens schob die Zimmerwirtin einen braunen, grobfaserigen Umschlag unter der Tür durch, der das Wappen des Marineministeriums trug und einen Marschbefehl enthielt. Spicer wurde angewiesen, am Montag, 1. Juni 1914, im königlichen Hafen Ramsgate im äußersten Osten der Themsemündung seinen Dienst als zweiter Offizier an Bord der *HMS Harrier* anzutreten.

Die *Harrier* gehörte zur Küstenwache und hatte im Wesentlichen den Auftrag, Zigaretten und Schnaps schmuggelnde Fischkutter aufzubringen. Das war nun noch nicht Spicers große, heroisch schöne Lebensaufgabe, für die ihm die Menschheit bis in alle Ewigkeit ein ehrendes Andenken bewahren würde. Aber immerhin hatte er auf einem blitzblanken Schiff Fuß gefasst, das fünfzig Meter lang und tausendfünfhundert Tonnen schwer und mit acht Kanonen bestückt war. Zwar war er noch nicht Kommandant an Bord, aber hundertfünfzig Mann mussten vor ihm salutieren, und er tuckerte nicht mehr über einen moderigen Dschungelfluss und hielt nach versunkenen Mangroven Ausschau, sondern tat Dienst vor den weißen Klippen von Dover und bewachte die Küste des mächtigsten Königreichs der Welt. Das war schon ein erheblicher Fortschritt.

Sonderlich aufregend waren die Fahrten der *Har-*

rier nicht. Wochentags kreuzte sie zwei oder drei Meilen vor der Küste, mal nordwärts bis Hull, dann westwärts bis Portsmouth, und kontrollierte gelegentlich – immer ergebnislos – den Laderaum eines Fischkutters oder die Kajüte einer Jacht. Freitagabend kehrte sie stets nach Ramsgate zurück, und Spicer fuhr mit dem Abendzug fürs Wochenende nach London, wo seine Amy treu auf ihn wartete.

Dass die Spicers viel gesellschaftlichen Umgang gehabt hätten, kann man nicht sagen; sonderbarerweise fand sich unter den vierhunderttausend Angehörigen der königlichen Marine niemand, der sich mit ihnen anfreunden wollte. Kurz nach ihrer Heimkehr statteten sie Spicers Eltern in Fleetwod, Lancashire, einen Besuch ab, und einmal trafen sie seinen Bruder Theodore, der ein international bekannter Medaillongraveur war und irritierend wenig Interesse für Geoffreys militärische Laufbahn aufbrachte. Dann aber wäre es um die Spicers genauso einsam geworden wie damals am Yangtse oder im Mündungsdelta des Gambia – wenn nicht Amy glücklicherweise in der Pension am Russell Square einer Jugendfreundin namens Shirley begegnet wäre, die ebenfalls in Victoria, British Columbia, aufgewachsen war und jetzt mit ihrem

Mann ein Zimmer am anderen Ende des Flurs bewohnte. Die zwei Frauen fanden heraus, dass sie noch mehr gemeinsam hatten. Sie schwärmten beide für Enrico Caruso und litten gelegentlich an Bluttiefdruck, und Shirley hatte wie Amy jahrelang in Afrika gelebt, weil ihr Ehemann Hother McCormick Hanschell als Arzt die Gelbfieber-Kampagne an der Goldküste geleitet hatte. Die zwei Frauen machten ihre Männer miteinander bekannt, und diese fanden Gefallen aneinander. Spicer fasste eine herzliche Zuneigung zum freundlichen und wortkargen Hanschell – vielleicht gerade weil er nichts mit der Kriegsmarine zu tun hatte, sondern als Chirurg im Seemannskrankenhaus an den Royal Albert Docks praktizierte. Umgekehrt hatte auch Hanschell Sympathie für Spicer, dessen unbelehrbarer Größenwahn in so wohltuendem Kontrast stand zur illusionslosen Todeserwartung der sterbenskranken Matrosen, mit denen er Tag und Nacht zu tun hatte. So kam es, dass die zwei Ehepaare ihre Wochenenden gemeinsam verbrachten; sie gingen zu viert im Hyde Park spazieren, mieteten ein Ruderboot, verbrachten ganze Nachmittage im Kaffeehaus oder gingen ins Kino. Einmal lud Spicer alle in die ägyptische Abteilung des British Museum ein, hielt eine Vorlesung in Ägyptologie und erzählte Anekdoten aus seiner Zeit als Ausgrabungsleiter im Tal der Könige.

Es geschah am dritten Samstag im Juni, als die Spicers und die Hanschells friedlich über die Regent Street flanierten, dass wenige Schritte vor ihnen zwei Damen mittleren Alters, die offensichtlich den gehobenen Ständen angehörten, den Gehsteig mit einem mannshohen Schild versperrten, auf dem in großen Lettern »WOMENS'S VOTE NOW!« stand. Die Damen pfiffen gellend auf Trillerpfeifen, bis sie sich der Aufmerksamkeit der ganzen Straße gewiss waren, dann nahmen sie faustgroße Kieselsteine aus ihren Einkaufstaschen und warfen sie in rascher Folge gegen die Schaufenster eines Herrenbekleidungsgeschäfts. Der erste Stein prallte an einer gusseisernen Strebe ab, beim zweiten zersplitterte das Schaufenster links neben der gläsernen Eingangstür, beim dritten jenes rechts davon, beim vierten die Tür selbst. Bevor aber der fünfte Stein geworfen werden konnte, tauchten wie aus dem Nichts sieben Polizisten auf und knüppelten auf die zwei Frauen ein, bis sie bewusstlos mit blutenden Köpfen auf dem Gehsteig lagen. Dann packten sie sie an Händen und Füßen und warfen sie in den heranrollenden Gefängniswagen, schleuderten das Schild und die Handtaschen hinterher, stiegen ein und waren auch schon verschwunden. Der ganze Spuk dauerte keine halbe Minute. Zurück blieben zwei kleine Blutflecken an der Stelle, an der die Frauen auf dem Gehsteig gelegen hatten.

Geoffrey Spicer Simson stand da in sprachlosem Entsetzen. Er kauerte sich nieder zu den Blutflecken, stand auf, machte zwei Schritte nach rechts und nach links, blieb stehen und schaute seine Freunde und seine Frau hilfesuchend an.

»Suffragetten«, sagte Hother McCormick Hanschell.

»Sie kämpfen fürs Frauenstimmrecht«, sagte Shirley Hanschell.

»Komm, Geoffrey«, sagte Amy und nahm ihn am Arm.

»Das waren Ladies«, sagte Spicer. »Seit wann knüppeln Londoner Polizisten Ladies nieder?«

»Seit einer ganzen Weile«, sagte Hanschell. »Die Fronten verhärten sich. Letzte Woche haben zwei Suffragetten in der Westminster Abbey den Krönungssessel der englischen Könige in die Luft gesprengt.«

»Aber es sind Ladies«, sagte Spicer.

»Kürzlich hat eine von ihnen Wellingtons Porträt in der Royal Academy zerschnitten«, sagte Hanschell. »Und vor zwei Monaten hat eine in der Kirche von Saint Martin-in-the-Fields eine Bombe gezündet.«

»Wegen des Stimmrechts?«

»Wegen des Stimmrechts«, sagte Hanschell. »Sie schlagen Fenster ein, stecken Briefkästen in Brand und zerstören Golfplätze mit Säure.«

»Und dann knüppelt man sie nieder?«

»Man knüppelt sie nieder und steckt sie ins Gefängnis. Sie verbüßen langjährige Haftstrafen wie Kindsmörderinnen und Giftmischerinnen. Dann treten sie in Hungerstreik und werden zwangsernährt. Vier Gefängniswärter drücken sie auf ihre Pritsche nieder, während ein fünfter ihnen einen Schlauch durch die Nase einführt, durch den eine nährstoffreiche Gemüsesuppe fließt. Die Suppe gerät in die Luftröhre und verursacht Lungenentzündung, worauf die Zwangsernährung rektal fortgesetzt wird, was aus medizinischer Sicht komplett sinnlos und extrem gefährlich ist. Wenn die Gefangene in derart schlechtem Zustand ist, dass ihr Tod befürchtet werden muss, wird sie aufgrund des ›Cat and Mouse Act‹ auf freien Fuß gesetzt, bis es ihr wieder besser geht. Dann nimmt die Polizei sie erneut fest und setzt sie in Haft, bis sie wiederum krank wird oder ihre Strafe abgebüßt hat.«

»Und all das wegen des Frauenstimmrechts?«

Natürlich war es Geoffrey Spicer Simson nicht entgangen, dass es Frauenrechtlerinnen gab, denn er verfolgte das politische Tagesgeschehen in den Zeitungen seit frühester Jugend mit distanziertem Interesse. Als Offizier wusste er um die Bedeutsamkeit der Politik, da sie die Fortsetzung des Krieges mit anderen Mitteln war; aber die Politiker und ihre Geschäfte fand er, ohne die Einzelheiten kennen zu wollen, allesamt schmutzig und ein wenig eklig und eines Marineoffiziers in jedem Fall unwürdig. In der Frage des Frauenstimmrechts neigte er zur Ansicht, dass dessen Einführung vor allem die Zahl der Wählerstimmen verdoppeln, ansonsten aber nicht viel ändern würde. Was ihn und Amy betraf, so konnte er sich nicht vorstellen, dass sie als Ehepaar unterschiedliche politische Standpunkte vertreten würden. Insofern würde das Frauenstimmrecht zu keinerlei Verschiebung der politischen Kräfteverhältnisse führen; andererseits war es gerade deswegen auch unnötig und würde nur administrativen Mehraufwand nach sich ziehen.

An jenem dritten Samstag im Juni aber, da er das Bild der zwei blutenden Frauen bis in die Nacht hinein mit sich umhertrug, vollzog sich in Spicer ein Sinneswandel. Wenn ihm die Sache selbst auch herzlich gleichgültig war, so konnte er als Gentleman doch nicht anders, als für die schwächere Seite Partei zu ergreifen. Es widersprach seinem soldatischen Sinn für Fairness, dass sieben Polizisten zwei komplett untrainierte Damen mittleren Alters niederschlugen, und es beleidigte ihn in seiner Ehre als Offizier, dass uniformierte Männer wehrlosen Frauen im Gefängnis unsäglichste Gewalt antaten, und zwar nicht im alten, heruntergekommenen China und nicht im barbarischen Afrika, sondern mitten im Herzen des Britischen Empire, im Epizentrum menschlicher Zivilisation. Er schämte sich dafür vor Amy, und er hatte das Bedürfnis, ihr in dieser Sache beizustehen und sie zu beschützen. Es kam deshalb für ihn weder überraschend noch unwillkommen, dass sie die Angelegenheit abends, als sie im Bett lagen und das Licht gelöscht hatten, zur Sprache brachte.

»Geoffrey«, sagte sie.

»Was denn, Liebste?«

»Shirley Hanschell will am Montag ausgehen. Sie hätte gern, dass ich sie begleite.«

»Wohin denn, Liebste?«

»Zu einer Versammlung.«

»Einer Versammlung?«

»Einer Versammlung für Frauen, Geoffrey.«

»Ich verstehe.«

»Hast du etwas dagegen?«

»Was sollte ich denn dagegen haben, Liebste.«

»Das ist nett, dass du das sagst. Ich habe mir gedacht, ich könnte in nächster Zeit öfter ausgehen, wo du wochentags sowieso nicht hier bist.«

»Selbstverständlich kannst du das.«

»Sonst habe ich ja nichts zu tun. Das bisschen Haushalt hier füllt meinen Tag doch nicht aus.«

»Natürlich nicht«, sagte Spicer. »Und Cardigans habe ich vorderhand auch genug.«

So kam es, dass Amy Spicer Simson sich im Sommer 1914 bei den Suffragetten engagierte. Dass sie Bomben gelegt, Säureattentate verübt oder Tomaten gegen Angehörige des Königshauses geschleudert hätte, ist nicht bekannt und wenig wahrscheinlich. Gut möglich ist aber, dass sie nachts in versteckten Kellern Flugblätter druckte und diese tagsüber in den Straßen verteilte, und dass sie mit wehenden Röcken davonrannte, wenn die Polizei auftauchte. Wenn Spicer am Wochenende heimkam, erzählte sie ihm mit leuchtenden Augen ihre Kämpfe der vergangenen Woche, und er nahm die Lageberichte solidarisch mit soldatischem Ernst entgegen.

Aber dann erschoss am 28. Juni in Sarajewo der neunzehnjährige Gymnasiast Gavrilo Princip den österreichischen Kronprinzen Franz Ferdinand und dessen Gattin Sophie, und in London hatten alle Diskussionen um das Frauenstimmrecht für vier Jahre ein Ende.

8
Giraffenhälse und Telegraphenstangen

Die drei Papenburger am Tanganikasee ahnten von all dem nichts. Sie liefen jeden Morgen bei Sonnenaufgang hinunter zur Helling, auf der die *Götzen* mehr und mehr Gestalt annahm. Anton Rüter begann seinen Arbeitstag jeweils damit, dass er die Nachtwachen entließ und auf einem Tisch, den er im Schatten des Schiffes aufgestellt hatte, seine Pläne ausbreitete. Tellmann schürte in der Schmiede das Feuer und legte Holz nach, und der junge Wendt schloss die Lagerschuppen auf und verteilte, sobald Korporal Schäffler die Arbeiter hergeführt hatte, das Werkzeug, das im Lauf des Tages benötigt wurde.

Die Arbeiten gingen gut und rasch voran. Über der Baustelle lag der Duft der Holzfeuer, in denen die Nieten bis zur Rotglut erhitzt wurden, und von den Bergwänden hallte das Klang-Klang der Luftdruck-Niethämmer wider. Jeden Morgen gegen neun Uhr tauchten aus dem Busch zwei Massai auf und trieben ein Rind zur Werft. Sie schächteten und zerlegten das Rind am Seeufer und brieten es an Ort und Stelle, und am Mittag setzten sich Rüter, Wendt und Tellmann einträchtig mit den Arbeitern in den Sand und aßen es auf. Nach Feierabend traf man sich in Wendt's Biergarten. Zwei Monate waren vergangen seit jenem stummen Skandal am Abend, da Samblakira erstmals offiziell in Wendts Haus übernachtet hatte. Weder Rüter noch Tellmann hatten die Sache je zur Sprache gebracht, aber beide waren den gemeinsamen Mahlzeiten drei Tage lang ferngeblieben. Am vierten Tag dann hatte Wendt dem unausgesprochenen Boykott ein Ende bereitet, indem er ihnen nach Feierabend auf dem Heimweg mit gespielter Strenge hinterherrief:

»Heute Abend achtzehn Uhr dreißig! Ich dulde keine Verspätung!«

Worauf Rüter und Tellmann ihrem jungen Kollegen bereitwillig gehorchten und das Ritual wiederaufnahmen, als ob nie etwas gewesen wäre. Aber natürlich war doch etwas gewesen. Hermann Wendt war sehr erleichtert, dass die Freunde wieder bei ihm im Biergarten erschienen, und er bewirtete Anton Rüter mit besonderer Aufmerksamkeit, um ihn wissen zu lassen, dass er sich nicht als Sieger ihrer wortlosen Auseinandersetzung sah. Aber schuldig fühlen wollte er sich auch nicht. Er mochte Samblakira in ihrer fröhlichen Fülligkeit gern; sie sorgte bereitwillig für sein leibliches Wohl, ihr Lachen war ohne Falschheit, und in der Nacht beschützte sie ihn vor der Einsamkeit, die der Jüngling fernab der Heimat ein Jahr lang wohl nicht ertragen hätte. Wenn sie sich liebten, spielte sie ihm keine Liebeskomödie und keine falsche Ekstase vor, wie das die Papenburger Mädchen oft taten, sondern bediente sich seiner und gab sich ihm selbstverständlich hin, weil Mann und Weib einander nun mal benötigen wie Wasser und Brot und sieben Stunden Schlaf. Natürlich war ihm klar, dass sie ihn nicht liebte, sondern nachts hauptsächlich deswegen bei ihm blieb, weil er ihr Geld schenkte. Aber trotzdem wollte er nichts Falsches darin sehen, wenn er neben diesem kugelrunden Wesen wach lag, das fremd roch und sich ungewohnt bewegte und sonderbare Laute von sich gab, und das sogar auf ungewohnte Weise stillhielt, und das er vorsichtig und mit einem vagen Gefühl der Schuld betastete.

Auch Anton Rüter lebte seit einiger Zeit im Gefühl, seine Unschuld verloren zu haben. Zwar warf er Wendt keine scheelen Blicke mehr zu, freundete sich sogar mit Samblakira an und ließ es auch zu, dass das nackte Hutzelweib gelegentlich in seinem Wohnhaus reinemachte; aber so richtig fand er nicht mehr zurück zu der glücklichen Unbefangenheit, die er in den ersten Tagen empfunden hatte, als er noch daran geglaubt hatte, dass er in Afrika ehrliche Arbeit leisten würde, auf die er ein Leben lang stolz sein könnte. Denn es ließ sich nicht leugnen, dass er in kürzester Zeit und gegen seinen Willen zum Sklavenhalter und Nutznießer von Prostitution und Ehebruch geworden war. Natürlich war er nicht persönlich verantwortlich für die pragmatische Menage des jungen Wendt, auch nicht für den weinerlichen Sadismus des Gouverneurs Schnee oder die Brutalität der Askari, und gewiss wäre es ganz aussichtslos gewesen, wenn Rüter allein gegen die Macht der Umstände angegangen wäre; trotzdem lebte er Tag und Nacht in der Empfindung, dass er sich durch seine bloße Anwesenheit mitschuldig machte, und dass daran in den Monaten, die ihm in Afrika noch verblieben, nichts mehr zu ändern sein würde. Längst hatte er eingesehen, dass auch diese Werft nicht seine Werft war, und dass die Werkzeuge nicht seine Werkzeuge waren, und dass die Arbeiter nicht seinem Befehl, sondern jenem der Soldaten unterstellt waren, und dass die *Götzen* nicht sein Schiff war, sondern irgendein Schiff, das zu bauen man ihm befohlen hatte. Oh, er würde das Schiff schon bauen, und es würde das beste und schönste Schiff ganz Afrikas werden. Aber dann, so viel war sicher, würde er auf dem schnellsten Weg heimkehren nach Papenburg.

Auch Tellmann fand nicht mehr zum Seelenfrieden der frühen Tage zurück. Er erschien zuverlässig zur Arbeit und zum gemeinsamen Abendessen, lebte aber im Übrigen still und in sich gekehrt und sprach kaum ein Wort; nur mit seinem Gepardenweibchen Veronika hielt er lange Zwiesprache, kraulte dessen Hinterkopf und flüsterte ihm die albernsten Zärtlichkeiten in vielfacher Wiederholung ins gefiederte Ohr. Als Einziger ertrug er es nicht, dass das Hutzelweib bei ihm sauber machte; fünfmal hatte sie seine Festung zu erobern versucht, und fünfmal hatte er ihren Spottreden widerstanden, den Kampf um den Besen gewonnen und die Frau in die Flucht geschlagen. Hinter seinem Haus hatte er einen kleinen Garten angelegt und Samen und Setzlinge gepflanzt, die er aus Papenburg mitgebracht hatte: eine Reihe Kartoffelstauden, eine Reihe Möhren, Bohnen, Kürbisse. Zwei oder drei Mal hatte er es auch mit Kopfsalat versucht, aber die Setzlinge waren immer gleich in der ersten Nacht von unbekannten Räubern restlos aufgefressen worden. Wenn Möhren oder Bohnen erntereif waren, trug er sie hinunter in Wendt's Biergarten und überreichte sie mit verschämtem Stolz Samblakira, und diese bereitete das Gemüse an Ort und Stelle zu.

Sonntags ging er jetzt immer in aller Frühe zur Jagd, lief mit seinem Gepardenweibchen hinaus in die Steppe und setzte sich an einem verschwiegenen Plätzchen hin, legte das Gewehr in den Schoß, kratzte sich gedankenvoll am Hals und stellte sich vor, was daheim in Papenburg in jenem Augenblick wohl geschehen mochte. Wenn es bei ihm halb acht Uhr früh war, war es in Ostfriesland halb sieben. Bald würde seine Frau aufstehen, das Feuer im Herd schüren und draußen am Brunnen einen Eimer Wasser holen. Dann würde Veronika, seine Älteste, sich die weißen Daunenfedern aus dem schwarzen Haar bürsten, und die drei Jüngeren, die sich die hinterste Kammer neben dem Holzschopf teilten, würden nacheinander aufwachen und barfuß und mit verklebten Augen in der Küche auftauchen. Derweil saß Tellmann irgendwo in Afrika auf einem Termitenhügel, blinzelte ins goldene Licht des beginnenden Tages und nahm sich vor, seiner Frau einen langen Brief zu schreiben, sobald er von der Jagd zurückgekehrt wäre. Er würde ihr schöne Dinge schreiben, über die sie sich freute, und sie würde seinen Brief in der Schürze verwahren und immer wieder hervornehmen und lesen, bis er ganz zerfleddert wäre. Nur über die schönen Dinge würde er ihr schreiben und alles Unerfreuliche, Hässliche und Gemeine beiseitelassen. Er würde ihr Briefe schreiben, die sie von Anfang bis Ende den Kindern vorlesen konnte, und die Kinder würden die Briefe immer vor dem Schlafengehen hören wollen, und anderntags würden sie in der Schule mit den Abenteuern ihres Vaters prahlen.

»Meine liebe Frau!«, schrieb er ihr beispielsweise in Gedanken, während am Horizont eine Herde Giraffen vorbeizog. »Das Lustigste hier sind die Kassuka, jene grauen Papageien mit den roten Schwänzen, die jeden Tag zu vielen Hunderten aus den Urwäldern des Kongo über den Tanganikasee hergeflogen kommen. Nun musst Du wissen, dass diese Vögel zuweilen von den Einheimischen eingefangen und zum Kauf angeboten werden, denn sie sind die besten Sprecher unter allen Papageien und überaus gelehrig. Wenn Besuch da ist und lebhaft geredet wird, sind sie ganz still und lauschen aufmerksam; am nächsten Tage aber geben sie mit großer Sicherheit etliche markante Worte, die sich ihnen eingeprägt haben, wieder; am schnellsten lernen sie Schimpfworte und militärische Kommandos, wobei sie R und L verwechseln (›Rrrrinks um!‹ ›Lllechts um!‹ usw.). Das Ausspucken, Zähneputzen, Räuspern, Gurgeln und dergleichen machen sie ebenfalls besonders gern nach. Dass diese Tiere uralt werden, ist Dir gewiss bekannt. In Daressalam erzählte mir an Kaisers Geburtstag ein Offizier, dass heute noch in Budapest ein Papagei lebt, der einer Hofdame der Königin Marie Antoinette gehörte, und der seine französischen Flüche, die er vor hundertdreißig Jahren gelernt haben mag, noch immer mit einem sehr charmanten Wiener Akzent ausstößt.

Was die Jagd betrifft, so könnte sich hier einer wirklich austoben, wenn er wollte; mir aber will das Totschießen nicht so richtig schmecken, Du kennst mich ja. Was ich hingegen gern tue und mir gerade eben wieder gegönnt habe, ist Folgendes:

mich in die Steppe hinausschleichen, ein Plätzchen mit weitem Rundumblick suchen und einen einzigen Schuss in die Luft abgeben – und dann das wundervolle Schauspiel beobachten, das sich einem darbietet, wenn sich die Steppe in einer einzigen Sekunde belebt und Hunderte, ja Tausende von Antilopen, Zebras, Giraffen und Gnus, oft mit Straußen gemischt, davonrennen. Apropos Giraffen: Die darf man nur noch mit dem großen Jagdschein schießen, weshalb sie sich in den letzten Jahren wieder stark vermehrt haben und mit ihren langen Hälsen die Telegraphendrähte herunterreißen. Jetzt stellt man im ganzen Land acht Meter hohe Telegraphenstangen auf, damit die Giraffen unten durch galoppieren können, ohne Schaden anzurichten. Manchenorts sind die Stangen übrigens aus bestem Mannesmann-Stahl, wegen der Termiten. Allerdings sind die Isolatoren zum Befestigen der Drähte knapp geworden, weshalb man ersatzweise oft leere Whiskyflaschen verwendet, die es hier zur Genüge gibt. Da die Leitungen meist den alten Karawanenstraßen folgen, hängt der Himmel dem einsamen Wanderer über Stunden voller Flaschen, und man glaubt sich im Rauschbild eines Säufers gefangen.

Eine herzzerreißende Angelegenheit ist die Jagd auf den Springhasen. Zu diesem Zweck laufen die Einheimischen in die Steppe hinaus mit mörderischem Geschrei, worauf die Springhasen starr vor Schreck stehen bleiben, wo sie gerade sind, sich nicht von der Stelle rühren und wie hypnotisiert warten, bis die Leute heran sind und sie mit Knüppeln einen um den anderen totschlagen. Demgegenüber sind die Jagdmethoden der hier stationierten deutschen Unteroffiziere geradezu zivilisiert. Sie richten ihre Schrotflinten gegen Baumkronen, von denen sie wissen, dass sie gewöhnlich voller Perlhühner sind, drücken ab und sammeln dann ein, was heruntergefallen ist.

Übrigens maunzen, während ich hier sitze, ringsum im finsteren Busch die Leoparden. Das sind kluge Katzen, die genau wissen, dass ich ihnen ebenso gefährlich sein kann wie sie mir, und so lassen wir einander in Frieden. Auf diese Diplomatie kann man sich mit den meisten Wildtieren verständigen, aber nicht mit allen. Der Löwe beispielsweise nimmt oft keine Notiz vom Menschen, und wenn er unverhofft auf einen stößt, guckt er gleichermaßen erstaunt wie man selbst und zieht sich genauso wie man selbst langsam und vorsichtig zurück. Darauf verlassen aber sollte man sich nicht. Solange der Löwe jung und kräftig ist, lässt er unsereinen in Ruhe und jagt lieber Antilopen und anderes Wild; ist er aber wegen Krankheit oder vorgerückten Alters dazu nicht mehr in der Lage und wird von Hunger gequält, holt er sich einen Menschen, manchmal aus der Karawane oder sogar aus der Hütte heraus; und hat er einmal gemerkt, dass der Mensch leichter zu erbeuten ist als die Antilope und nicht sehr viel schlechter schmeckt, wird er zum eigentlichen Menschenfresser.

Eine scheußliche Sache sind die Aasgeier. Ich selbst wurde einmal von einem großen Schwarm von ihnen angegriffen, die mir, ekelhaft krächzend und mit ihren mächtigen Flügeln schlagend, immer dicht an den Kopf und an die Schultern flogen; ein paar von ihnen abzuknallen hatte keinen Zweck, denn sie waren viel zu zahlreich. Mir blieb nur, mein Gewehr als Prügel zu verwenden und dauernd um mich zu schlagen, um mir die Brut vom Leibe zu halten; diese Bataille hat wohl eine Stunde gedauert. Zugunsten der Geier kann ich nur sagen, dass sie die einzigen mir bekannten Tiere sind, die mit den Spuckschlangen aufräumen. Habe ich Dir schon von den Spuckschlangen berichtet? Sie sind sehr gefährlich. Ihr Biss ist unbedingt tödlich, und außerdem haben sie die unangenehme Gewohnheit, Menschen und Tieren auf ziemliche Entfernung mit absoluter Treffsicherheit in die Augen zu spucken, was entweder zur Erblindung führt oder wenigstens schwere Qualen zur Folge hat. Hiergegen gibt es nur ein Mittel: sofortige Befeuchtung der Augen mit frischer Muttermilch. Die Schwierigkeit ist nur die, dass man auf der Jagd nicht immer gleich eine Amme oder eine junge Mutter zur Hand hat; und selbst wenn, wäre es immer noch fraglich, ob die Frau in der gebotenen Eile verstünde und auch guthieße, was man von ihr verlangt.

Einigermaßen gefahrlos kann ich die Natur nur in meinen vier Wänden genießen. Beispielsweise zieht jeden Abend um exakt viertel nach sechs ein Schwarm Nashornvögel über mein Dach hinweg und kreischt dabei ganz jämmerlich wie eine Horde Kleinkinder. Und zweimal am Tag – ebenfalls jeweils um die selbe Uhrzeit – durchquert ein Zug von Milliarden kleiner Ameisen mein Haus, kommt durch eine Ritze auf der Vorderseite hinein und marschiert stramm geradeaus, lässt sich durch nichts stören und durch keinerlei Verlockung, weder durch Zucker noch Mehl oder Mangomus, vom

Weg abbringen und verschwindet durch eine Ritze an der Rückseite. Übrigens findet die Wanderung rätselhafterweise stets nur in der einen, nie in der entgegengesetzten Richtung statt. Ich habe mich oft gefragt, wo wohl der Rückweg der Tierchen durchführt, habe ihn lange gesucht und nicht gefunden, sodass ich mittlerweile zur Ansicht neige, dass es sich jeweils gar nicht um das gleiche Ameisenvolk handelt, sondern stets um ein neues. Aber woher dann die Übereinkunft zwischen den Völkern, mein Haus zweimal täglich zu festgesetzten Uhrzeiten zu durchqueren?

Ich denke oft an Dich und die Kinder und bin froh, bereits die Hälfte meiner Verbannung abgesessen zu haben. So ein Jährchen geht doch rasch vorüber, besonders in unserem Alter. Schade ist nur, dass seit mehr als drei Monaten kein Brief von Dir mehr hier angekommen ist. Gewiss schreibst Du mir oft, da bin ich ganz ruhig, aber irgendwo bleiben die Briefe halt liegen, vielleicht in Hamburg oder Marseille oder Daressalam, oder sie fahren versehentlich im Postschiff weiter ums Kap der Guten Hoffnung bis nach Windhoek. Was weiß ich. Wahrscheinlich treffen sie dann alle aufs Mal hier ein, womöglich erst, wenn ich schon weg bin. Man muss es nehmen, wie's kommt. Jedenfalls kann ich Dir sagen, dass ich nach wie vor gesund und munter bin, und dass ich hoffe, Euch zuhause gehe es ebenso, und dass ich mich darauf freue, bald wieder mit Dir zum Pilzesammeln in unser Papenburger Moor zu gehen. Weißt Du, wenn ich hier so sitze und all die bunten Viecher um mich her betrachte, muss ich daran denken, dass unser graubraunes Papenburger Moor vor zehntausend Jahren genauso bunt und vielgestaltig war, und dass der ostfriesische Torf unter unseren Füßen aus nichts anderem besteht als aus den sterblichen Überresten von Schilfrohr, Binsen, Schachtelhalm, Riesenfarnen und schwimmenden Blumen, die milchweiß und groß wie Schüsseln waren, und dass haarige Palmenschäfte unter dickdunstigem Himmel nah und fern emporstrebten aus Morästen und Schlamm führenden Wasserarmen, in denen hochbeinige, bunt schillernde Vögel mit unförmigen Schnäbeln staksten und die Luft von Milliarden Mücken, Fliegen, Faltern und Libellen in allen Größen sirrte, gesäumt von Urwäldern aus Erlen und Birken, in denen Mammuts, Waldnashörner und Riesenhirsche grasten, Säbelzahnkatzen durchs Gebüsch schlichen, Löwen brüllten, Hyänen lachten und Riesenechsen sich an sandigen Ufern sonnten. Du siehst, in unserem wässrigen Papenburger Moor liegt genauso viel Poesie wie in den Dschungeln Afrikas, und seine Kanäle sind genauso kostbar wie die todbringenden Wasserstraßen Venedigs. Mal sprießt der Farn hier und versinkt dort alles im Schlamm, dann müssen nur mal tausend Jahre vergehen, und schon wimmelt es von Leben da, wo eben noch Einöde war, und herrscht dort der Tod, wo gerade noch der Dschungel wucherte. Das ist alles nur eine Frage der Zeit.«

So strömten die Worte, gelesene und eigene, mit Leichtigkeit aus Tellmann heraus, während er auf seinem Termitenhügel saß, und er füllte in Gedanken Seite um Seite, ohne zu ermüden. Das Unglück war nur, dass ihm nach der Jagd, wenn er an seinem Schreibtisch saß und Papier und Tinte zur Hand hatte, ums Verrecken kein Wort davon mehr einfallen wollte, oder vielleicht fielen ihm sämtliche Wörter zugleich ein und hatte er nicht den Mut, sich für ein erstes Wort zu entscheiden, dieses niederzuschreiben und dann alle anderen Wörter eins nach dem andern folgen zu lassen. So kaute er jedesmal ratlos an seiner Feder, kapitulierte schließlich und schrieb lediglich, dass es ihm gut gehe und er hoffe, zuhause seien ebenfalls alle wohlauf.

Als Rudolf Tellmann am Sonntagabend, dem 9. August 1914, von der Jagd zurückkehrte, wimmelte es in Kigoma von Soldaten, und zwar nicht von schwarzen Askari, sondern von rotgesichtigen deutschen Marinesoldaten. Ihre Stiefel wirbelten Staub auf, die Koppel klackten, die Unteroffiziere brüllten Befehle. Der Ort war nicht wiederzuerkennen. Kinder weinten, Frauen nahmen sie auf den Arm und liefen davon, Männer verschränkten die Arme und machten düstere Gesichter. Auf dem Bahnhofsplatz wurden Gräben ausgehoben, Bäume gefällt und Geschütze aufgestellt. Auf dem Gleis stand ein Zug, der vor kurzem angekommen sein musste und noch immer unter Dampf stand. Eine Hundertschaft Askari war damit beschäftigt, Holzkisten aus den Güterwagen auszuladen. Das alles war Tellmann nicht geheuer. Er wollte jetzt einfach mal nach Hause gehen und ein frisches Hemd anziehen, und um halb sieben würde es in Wendt's Biergarten Abendessen geben. Er schlug einen weiten Bogen um den Hafen, da dort alles voller Soldaten war. Manche türmten Sandsäcke aufeinander und bauten Geschützstellungen, andere rollten Stacheldraht aus oder errichteten Latrinen, schlugen Zelte auf und gruben Regenrinnen. Zehn Männer mühten sich damit ab, von der Kaimauer aus eine Kanone auf das Deck der *Hedwig von Wissmann* zu hieven. Das kleine Schiff geriet unter den Soldatenstiefeln heftig ins Schaukeln, als ob es sich auf hoher See befände, und schlug Mal um Mal seitlich gegen die Mauer, bis endlich ein Offizier Befehl gab, die Taue straffer zu spannen. Gerade als Tellmann in den Trampelpfad einbiegen wollte, der hinaus auf die Landzunge und zu den Häusern der drei Papenburger führte, versperrten ihm zwei Korporale mit gefällten Bajonetten den Weg.

»Halt, stehen bleiben«, sagte der eine.

»Parole«, sagte der andere.

»Der Tellmann Rudolf bin ich«, sagte Tellmann.

»Ihre Papiere«, sagte der eine.

»Was ist das denn für ein Vieh«, sagte der andere und deutete auf Veronika.

»Papiere habe ich nicht bei mir«, sagte Tellmann, »und das ist meine Hauskatze. Jetzt lassen Sie mich durch.«

»Ihr Gewehr ist beschlagnahmt«, sagte der eine.

»Das wollen wir doch mal sehen«, sagte Tellmann.

»Wie ist Ihr Name noch mal?«, fragte der andere,

der nun einen Stapel Briefumschläge in der Hand hielt. »Tellmann?«

»Der bin ich«, sagte Tellmann.

»Sie können passieren«, sagte der andere. »Das Gewehr ist Ihre persönliche Ausrüstung. Hier, für Sie.«

Der Soldat reichte Tellmann einen Umschlag. Der Brief trug eine große Siegelmarke, Absender war das Kaiserliche Bezirksamt Kigoma. Tellmann wunderte sich; er hatte nicht gewusst, dass es in Kigoma ein Kaiserliches Bezirksamt gab. Er öffnete den Brief und las: *Sie werden hierdurch aufgefordert, sich innerhalb eines Tages nach Erhalt dieser Benachrichtigung bei der unterzeichneten Amtsstelle einzufinden und Ihren Pass und, falls Sie Reichsdeutscher sind, Ihre Militärpapiere vorzulegen.*

Zu Ihrer Information wird Ihnen mitgeteilt, dass sich das Deutsche Reich und seine Kolonien seit Anfang dieses Monats mit Russland, Frankreich, Belgien und England im Kriegszustand befinden.

Kigoma, 9. August 1914
Der Kaiserliche Bezirksamtmann:
gez. Gustav W. von Zimmer

9
Wenn im Herbst die Blätter von den Linden fallen

Oberleutnant Geoffrey Spicer Simson hatte gerade Landurlaub, als die Zeitungen in großen Lettern Großbritanniens Kriegserklärung an das Deutsche Reich verkündeten. Nach dem Frühstück zog er seine Paradeuniform an, legte die Aktenmappe mit den Papieren griffbereit neben die Tür und wartete auf den Augenblick, da das Ministerium sich bei ihm melden würde. Spicer war ganz sicher, dass das Ministerium sich melden würde. Er hielt es für ausgeschlossen, dass man ihn weiter schnapsschmuggelnde Fischkutter jagen ließ, während die Zukunft des Britischen Empire auf dem Spiel stand. Jetzt, da die Marine das letzte nur einigermaßen kriegstaugliche Schiff aus den Docks hervorholte und auf jeden erfahrenen Offizier dringend angewiesen war, konnte man ihn unmöglich ein weiteres Mal vergessen, übergehen, zurückweisen, übervorteilen. Spicer wusste, dass die Zeit gekommen war, und dass er im richtigen Augenblick seines Lebens am richtigen Ort war. Wenn es noch einen letzten Rest an Gerechtigkeit und Vernunft gab auf Erden, musste ihm jetzt die lang ersehnte, der Größe seines Ehrgeizes angemessene Aufgabe zuteilwerden.

Tatsächlich war die Lage ernst. Die deutschen Armeen hatten in den ersten Kriegstagen das neutrale Belgien überrannt und die Häfen von Antwerpen, Ostende und Zeebrügge in Besitz genommen. Deutsche Marinekommandos enterten neutrale Handelsschiffe und versuchten unerkannt durch die britische Blockade zu schlüpfen. Im Ärmelkanal lieferten sich britische und deutsche Torpedoboote erste Seegefechte. Britische Kreuzer beschossen deutsche Stellungen in den belgischen Dünen. Und in den belgischen Häfen, beinahe in Sichtweite der englischen Küste, bereiteten angeblich deutsche U-Boote die Invasion Englands vor.

In dieser Lage konnte es nicht ausbleiben, dass die Königliche Marine Spicer Simson zu Hilfe rief. Zwar musste er sich noch eine Weile gedulden und weiter Dienst auf der *Harrier* leisten, aber am Montag, 2. November 1914, war es so weit. Das Ministerium vertraute ihm das Kommando über eine Flottille von zwei Minensuchschiffen und sechs

Hafenschleppern an. Spicers Aufgabe war es, den Schiffsverkehr auf feindliche Bewegungen zu kontrollieren und die Themsemündung nach Minen abzusuchen. Auf den ersten Blick schien auch diese Mission nicht geeignet, seinen Durst nach Abenteuer und Nachruhm zu stillen, denn die Themsemündung war in jenem November 1914 das wohl bestbewachte Gewässer der Welt; es schien extrem unwahrscheinlich, dass hier in nützlicher Frist ein feindliches Geschwader auftauchen würde, um ihm ein heroisches Gefecht zu liefern. Aber Spicer war Soldat genug, um zu wissen, dass sich die großen Dramen der Weltgeschichte manchmal zu überraschenden Zeitpunkten an den unerwartetsten Orten abspielen. So blieb er auf der Hut und versah gewissenhaft, umsichtig und mit großem persönlichen Einsatz seinen Dienst.

Tatsächlich entschloss sich das Schicksal unerwartet rasch, Spicers dienstlicher Routine an der Themsemündung mit einem kurzen, aber wirkungsvollen Drama ein Ende zu bereiten. Das Drama brachte Feuer, Zerstörung und Pulverdampf und fand erheblichen Niederschlag in der Weltpresse – aber ungerechterweise verwehrte es Oberleutnant Spicer Simson jede Gelegenheit, sich im

Kampf zu bewähren und seinen Namen im großen Buch der Menschheitsgeschichte festzuschreiben. Im Gegenteil: Das Unglück, das Spicer am Mittwoch, 11. November 1914, ereilte, war genauso bizarr und absurd wie sein ganzes bisheriges Leben.

Acht Tage war es erst her, dass er das Kommando seiner Flottille übernommen hatte. Acht Tage war er ohne jeden Landgang gewissenhaft auf Patrouille gewesen, hatte seine Schiffe und deren Besatzungen aufs Genaueste inspiziert und sorgfältig Logbuch geführt, Berichte an seine Vorgesetzten geschrieben und Nacht für Nacht in der Kapitänskajüte seines Flaggschiffs, der *HMS Niger*, geschlafen. Am Morgen des neunten Tages leistete er sich eine wohlverdiente, außerdienstliche kleine Freiheit. Er ging mit der *Niger*, einem zweiundzwanzigjährigen, zum Minensucher umgebauten Kanonenboot von achthundertzwanzig Tonnen, beim Badeort Deal nördlich von Dover vor Anker und suchte mit dem Fernglas den Kieselstrand ab, wo wie verabredet seine Gattin Amy und ihre Freundin Shirley Hanschell auf ihn warten mussten. Shirleys Ehemann hatte sich vom Krankenhausdienst nicht freimachen können und war in London zurückgeblieben. Wie Spicer nach einigem Suchen feststellte, waren die Damen tatsächlich gekommen, aber sie standen nicht am Strand, sondern am Pier, hielten ihre Regenschirme gegen den Wind und winkten ihm aufgeregt zu. Natürlich war der Pier eine strikt zivile Anlage für Vergnügungsdampfer und Personenfähren, aber für einen Augenblick zog Spicer in Erwägung, mit seinem Kriegsschiff kurz hinzufahren, anzulegen und die Ladies mit der gebotenen Grandezza an Bord zu nehmen. Schließlich obsiegte die Vernunft über die Galanterie. Er gab Befehl, ein Landungsboot zu Wasser zu lassen und die Ladies abzuholen. Es war ein freundlicher, aber kühler Tag, an dem eine kräftige Brise aus Südwest ging und die See ziemlich rau war. Spicer beobachtete, wie seine Männer sich mit kräftigen Ruderschlägen dem Pier näherten, den Damen beim Einsteigen halfen und wieder ablegten. Seinem Blick verborgen blieb hingegen, dass sich seit geraumer Zeit aus entgegengesetzter Richtung, also vom belgischen Festland her, mit der beachtlichen Geschwindigkeit von zwölf Knoten das deutsche U-Boot U12 näherte, dessen Kommandant Walter Forstmann Befehl hatte, im Ärmelkanal nach britischen Kriegsschiffen zu suchen und nach Möglichkeit eines mittels Torpedo zu versenken. Spicer ließ das Fallreep hinunter und hieß die Ladies an Bord seines Flaggschiffes willkommen, führte sie unter Abgabe zahlreicher nautischer Belehrungen vom Heck bis zum Bug und gab einem bereitstehenden Kanonier mit einem lässigen Fingerzeig Befehl, zu Ehren der Damen einen kleinen Böllerschuss abzufeuern. Dann führte er die Besucherinnen in die Offiziersmesse, wo sie vom Steward mit Tee und Keksen bewirtet wurden, während zur gleichen Zeit in rasch abnehmender Entfernung Kapitänleutnant Forstmann schwer mit der hohen See und dem stürmischen Südwestwind zu kämpfen hatte. Auch die Damen bekamen den Wellengang zu spüren, wurden nach kurzer Zeit bleich um die Nasen und äußerten lebhaft den Wunsch, doch recht bald zurück zum Pier gebracht zu werden, was ihnen Spicer nachsichtig lächelnd gewährte. Während sie ins Landungsboot stiegen, beschloss Kapitänleutnant Forstmann, mit der U12 in der schmalen Fahrrinne, die zwischen der Küste von Kent und den Goodwin-Sandbänken zur Themsemündung führte, Schutz vor dem Sturm zu suchen; und tatsächlich war der Seegang dicht unter Land viel ruhiger. Forstmann sah durchs Sehrohr mehrere Dampfer und Segler, aber kein Kriegsschiff vor Anker liegen. Inzwischen war Oberleutnant Spicer mit seinen Begleiterinnen am Pier angekommen und spazierte hinüber zum nahegelegenen Hotel Royal, wo er am Vortag über Funk einen Tisch im Speisesaal hatte reservieren lassen. Der Tisch stand am Fenster, und die Sicht hinaus aufs Wasser, wo die *HMS Niger* friedlich vor Anker lag, war herrlich. Während die Herrschaften Platz nahmen, erhielt Kapitänleutnant Forstmann von seinem Steuermann die Meldung, dass man in spätestens zehn Minuten umkehren müsse, da oberhalb von Deal das Wasser zu flach werde. Schon konnte Forstmann an Backbord vier Strich voraus die kleine Stadt mit ihren weißen Häusern sehen, ein paar Schornsteine und die Kirchtürme, den Pier und wohl auch das Hotel Royal, dann ein paar vor Anker liegende Dampfschiffe, Segeljachten und noch mehr Dampfer und noch mehr Segler, aber kein Kriegsschiff weit und breit. Dicht vor Deal lag ein grünes Wrackschiff. Forstmann wollte schon Befehl zum Umkehren geben – da kam hinter dem Wrack ein weiteres Schiff zum Vorschein, das auffällig flach, von grauer Farbe und bei genauem Hinsehen auf der Back und am Heck mit schweren Geschützen bestückt war. Während also im Speisesaal des Hotel Royal Geoffrey Spicer Simson um zwölf Uhr mittags mit napoleonischer Geste die Speisekarte bestellte, dann den Damen ein Referat über die Lachszucht in Norwegen hielt, dem bedauernswerten Kellner die Fliege zurechtrückte und eine neue Tischdecke anforderte, weil diese nicht ganz sauber sei, ließ Kapitänleutnant Forstmann ein Bugrohr klarmachen, fuhr auf tausendachthundert Meter heran, brüllte: »Los!« und verfolgte durchs Sehrohr die Bahn des Torpedos, der hoch aufspritzend die Wasseroberfläche durchbrach, ansonsten aber schnurgerade auf Kurs blieb. Es gab einen scharfen, auch im Hotel Royal gut hörbaren Knall, und dann stieg vor der Kommandobrücke der *Niger* eine weiß-schwarze Sprengwolke auf, die bald das ganze Schiff verhüllte, sich dank der starken Brise aber rasch wieder verzog, sodass Spicer schon wieder ziemlich freie Sicht hatte, als seine zweiundneunzig an Bord verbliebenen Matrosen ins eiskalte Wasser sprangen, sein Flaggschiff sich vornüberneigte und sich anschickte, im Lauf der nächsten zwanzig Minuten auf den Grund des Ozeans zu sinken. Während der Kellner wie befohlen das Gedeck abtrug und eine neue Tischdecke auflegte, rannte Spicer Simson, gefolgt von den zwei Damen, hinaus an den Strand. Derweil ließ Kapitänleutnant Walter Forstmann die U12 in große Tiefe gleiten, wartete die Nacht ab und fuhr dann zurück nach Zeebrügge, wo ihm anderntags in allerhöchstem Auftrag das Eiserne Kreuz überreicht wurde. Geoffrey Spicer Simson hingegen hatte die unangenehme Pflicht, vor dem Kriegsgericht darzulegen, aus welchen Gründen die *Niger* an jenem Morgen ausgerechnet in Deal vor Anker gelegen hatte, und warum ihr Kommandant sich zum Zeitpunkt des Unglücks nicht auf der Kommandobrücke, sondern in Damenbegleitung im Speisesaal des Hotel Royal aufgehalten hatte. Er kam mit einem scharfen Verweis davon, eine eigentliche Dienstpflichtverletzung wurde ihm nicht zur Last gelegt. Aber er wurde seines Kommandos enthoben und nach London zum Schreibdienst in ein kleines Büro in einem Seitengebäude des Marineministeriums befohlen.

* * *

Außer den Soldaten wollte am Tanganikasee Anfang August 1914 niemand so recht glauben, dass tatsächlich Krieg war. Zwar war es besorgniserregend, dass die Telegraphenstation von Kigoma plötzlich tot war, und dass es im Ort von Marinesoldaten und Askari wimmelte, und dass die Konsuln der benachbarten Kolonien über Nacht alle verschwunden waren. Aber der See lag da in gewohnter Ruhe, und die Menschen gingen ihren immergleichen Beschäftigungen nach, und in der Steppe äste das Wild. Im Hafen lag in friedfertiger Erbärmlichkeit die deutsche *Wissmann* neben der belgischen *Alexandre Delcommune*, die wie üblich etwas Kohle für die *Wissmann* aus Belgisch-Kongo herübergebracht hatte. Auf der Werft nebenan ging die Arbeit an der *Götzen* zügig voran. Nach und nach war in den letzten Wochen ihr schwarzes Gerippe hinter glatten Platten verschwunden, blendend weiß grundiert lag ihr Rumpf auf der Helling, die zwei Dampfmaschinen befanden sich fest montiert im Maschinenraum, vor Wind und Wetter geschützt im Zwischendeck, über dem sich schon ein Teil des Hauptdecks spannte. Anton Rüter hatte sich daran gewöhnen müssen, dass auf seiner Werft jetzt dauernd Soldaten umherlümmelten, die ungefragt Werkzeug borgten und nicht mehr zurückbrachten, und dass die Kerle abends mit Eingeborenenmädchen auf der *Götzen* umherturnten, um einen schönen Ausblick auf den Sonnenuntergang zu haben, und dass sie ihre Zigarettenstummel überall hinschnipsten und im Schatten des Schiffsrumpfs gegen die Rollwagen urinierten. Die Soldaten waren jetzt überall. Zwar wusste noch niemand mit Sicherheit, ob tatsächlich Krieg war, aber man konnte fühlen, dass er mit jedem Tag weiter um sich griff, und dass bald nichts von all dem, was bisher gegolten hatte, noch von Bedeutung sein würde. Der Krieg erfasste alles und machte sich alles untertan. Die Menschen waren nicht mehr Menschen, sondern Soldaten oder Zivilisten. Die Landschaft war keine Landschaft mehr, sondern der Raum zwischen Schützengräben, Maschinengewehrnestern und Straßensperren. Und die Zeitspanne zwischen Sonnenaufgang und Sonnenuntergang war kein Tag mehr, sondern die Frist zwischen Morgenappell und Ausgangssperre.

Auch Rüter, Wendt und Tellmann mussten sich dem Krieg unterwerfen. Sie waren jetzt keine Papenburger mehr, sondern Reichsdeutsche, und die *Götzen* war kein unfertiges Fracht- und Fährschiff mehr, sondern ein Kreuzer der Kaiserlichen Kriegsmarine. Als eine glückliche Fügung stellte es sich immerhin heraus, dass der Befehlshaber der in Kigoma stationierten Truppen, Kapitänleutnant zur

See Gustav von Zimmer, ein alter Bekannter aus Daressalam war. Er stattete den Papenburgern gleich am Tag seiner Ankunft einen Besuch auf der Werft ab, entsann sich freundlich jener trunkenen nächtlichen Kegelpartie an Kaisers Geburtstag und gratulierte Anton Rüter nachträglich zum Sieg. Aber dann wurde er dienstlich und erkundigte sich streng nach dem Fortschritt der *Götzen*, ließ sich auf dem Deck umherführen und besichtigte den Maschinenraum. Als Rüter sich in technischen Details verlor, unterbrach er ihn und wollte wissen, wann mit dem Stapellauf zu rechnen sei.

»Schwer zu sagen«, antwortete Rüter vorsichtig. »Es dauert hier alles ein wenig länger als zu Hause. Die Deckaufbauten werden noch eine Weile in Anspruch nehmen. Dann folgt der Einbau der Antriebswellen, der elektrischen Einrichtungen, der Dampfwinden und der Ruderanlage, der Passagierkabinen …«

»Vergessen Sie die Kabinen, Rüter. Es gibt keine Passagiere mehr. Wie viele Tage, frage ich Sie.«

»Schwer zu sagen«, wiederholte Rüter. »Das ist keine Sache von Tagen, sondern von Wochen und Monaten.«

Kapitänleutnant von Zimmer legte die Stirn in

Falten und schwieg. Dann reckte er das Kinn und maß Rüter mit einem scharfen Blick. »Ist Ihnen klar, dass Sie und Ihre Kegelkameraden ab sofort Angehörige der Kaiserlichen Schutztruppe sind?«

»Nein, das ist mir nicht klar«, sagte Rüter. »Ich bin Angestellter der Meyer Werft in Papenburg und habe den Auftrag …«

»Sie haben meinen Stellungsbescheid doch wohl erhalten?«

»Jawohl.«

»Ich habe Sie zum Gefreiten gemacht. Wendt und Tellmann sind im Landsturm.«

»Ich fürchte, hier liegt ein Missverständnis vor, Kapitän. Ich stehe in einem zivilrechtlichen Anstellungsverhältnis und bin verpflichtet …«

»Schweigen Sie. Wir haben Krieg, Gefreiter Rüter, da gibt es keine zivilrechtlichen Anstellungsverhältnisse mehr. Seien Sie froh, dass Sie vorläufig auf der Werft bleiben können und nicht gleich in die Kaserne umziehen müssen. Die *Götzen* ist eine kriegswichtige Aufgabe, die muss so schnell wie möglich erledigt sein. Meinetwegen können Sie, wenn es der Beschleunigung der Arbeit dient, bis auf weiteres in Ihren Bretterbuden hausen und sich von Ihren Negerweibern verköstigen lassen.«

»Ich danke Ihnen.«

»Aber am Tag nach dem Stapellauf beginnt auch für Sie die Schulung an der Waffe. Bajonettieren, Schießen, Marschieren, Handgranatenübungen. Vielleicht haben Sie Glück, und der Krieg ist bis dahin vorbei. Der Kaiser hat ja versprochen, dass wir alle wieder zuhause sind, wenn im Herbst die Blätter von den Linden fallen. Wie viele Tage also?«

Zwar hatte der Kapitänleutnant noch keine Uniformen zur Hand, denn es gab Lieferengpässe. Aber er überreichte Rüter drei Armbinden, die Tellmann, Wendt und ihn behelfsmäßig als Heeresangehörige kenntlich machen sollten, und erteilte strenge Weisung, dass sie diese auch zu tragen und ab sofort jeden Offizier militärisch zu grüßen hätten. Als Rüter dem Kommandanten in einem letzten Anlauf darzulegen versuchte, dass ihr afrikanisches Engagement auf ein Jahr befristet sei und in drei Monaten ende, worauf sie alle drei unbedingt auf schnellstmöglichem Weg nach Hause zu fahren gedächten, sagte er nur:

»Vergessen Sie das, Rüter. Es gibt keinen Weg mehr nach Hause. Für keinen von uns. Keinen langsamen, und schon gar keinen schnellen.«

Als Anton Rüter im Morgengrauen des 21. August 1914 über den Trampelpfad hinunter zur Werft ging, lag der Hafen still und verlassen da; die arabischen Segelboote und die Einbäume der Eingeborenen waren verschwunden, hatten sich irgendwo auf dem weitläufigen See in Sicherheit gebracht vor den alles verschlingenden Krakenarmen der deutschen Schutztruppe. Einsam lag die *Hedwig von Wissmann* am Pier. Die *Alexandre Delcommune* war, sehr zum Ärger des Kapitänleutnants, gerade noch rechtzeitig über den See nach Belgisch-Kongo verschwunden. An einer Biegung des Trampelpfads blieb Rüter stehen, um sich am Anblick der *Wissmann* zu erfreuen. Er hatte schon immer seine Freude gehabt am altersschwachen, verwahrlosten Dampferchen, dessen zahlreiche Geburtsfehler und Altersgebresten seinen Beschützerinstinkt als Schiffbauer weckten; seit sie aber von der Schutztruppe geentert worden war, gab sie ein derartiges Bild des Jammers ab, dass er sich an ihr kaum sattsehen konnte. Die Soldaten hatten der *Wissmann* auf der Back eine riesige 85-mm-Kanone aufgebürdet, dazu an Backbord und Steuerbord je zwei 37-mm-Hotchkiss-Revolverkanonen sowie zwei schwere 55-mm-Revolverkanonen am Heck, und dann hatten sie viele tonnenschwere Munitionskisten an Bord gebracht und diese irgendwo gestapelt. Unter diesem Gewicht ließ die *Wissmann* erschöpft die Nase hängen, und am anderen Ende ging ihr Hintern derart in die Höhe, dass beim geringsten Wellengang die Schiffsschraube aus dem Wasser ragte. Rüter lachte leise auf. Falls es jemandem einfallen sollte, das Schiffchen in diesem Zustand hinaus aufs offene Wasser zu steuern, würde es unweigerlich auf den Grund des Sees sinken, und die Besatzung würde ertrinken und von den Krokodilen gefressen werden.

Dumm war nur, dass sich ihm an jenem Morgen auf dem Trampelpfad von hinten Kapitänleutnant von Zimmer näherte. Rüter ahnte, dass diese Begegnung nicht zufällig war und nichts Gutes verhieß. Er setzte sich in Bewegung, als hätte er den Kommandanten nicht bemerkt. Aber zu spät.

»Gefreiter Rüter!«

»Guten Morgen, Kapitän von Zimmer.«

»Kapitänleutnant.«

»Verzeihung. Guten Morgen, Kapitänleutnant von Zimmer, Herr Zimmer.«

»Sie sind auffällig fröhlich heute, Rüter.«

»Jawohl, Kapitänleutnant.«

»Das heißt ›*Herr* Kapitänleutnant‹. Merken Sie sich das endlich, Gefreiter Rüter.«

»*Herr* Kapitänleutnant. Entschuldigen Sie bitte.«

»Sagen Sie, kommen Sie gut voran mit der *Götzen*?«

»Jawohl, Herr Kapitänleutnant. Wir tun unser Möglichstes.«

»Wie viele Tage noch?«

»Ein paar Wochen.«

»Sie sind ein undeutlicher Mensch, Rüter. Darf ich fragen, weshalb Sie vorhin gelacht haben?«

»Ich habe nicht gelacht.«

»Sie haben gelacht. Nicht gerade schallend, aber doch so ein bisschen, ich hab's gesehen. Ist es die *Wissmann*?«

»Jawohl, Kapitän.«

»Ich verstehe. Das Schiff ist ein Witz, nicht?«

»Es kann jeden Moment absaufen.«

»Noch im Hafen?«

»Sobald es jemandem einfällt, die Taue zu lösen.«

»Sie müssen das in Ordnung bringen.«

»Ich?«

»Sie bringen die *Wissmann* in Ordnung.«

»Aber die *Götzen* …«

»Die lassen Sie jetzt mal in Ruhe und kümmern

sich um die *Wissmann*. Es ist Krieg, Rüter. Wir müssen zu den Belgiern hinüberfahren und die *Delcommune* versenken, solange sie noch unbewaffnet ist.«

»Wenn die *Götzen* erst fertig ist …«

»So lange kann ich nicht warten. Wir hätten die *Delcommune* letzte Woche hierbehalten sollen, als sie noch bei uns im Hafen lag. Das hat uns der Gouverneur verboten, weil er noch an den Frieden glaubte. Jetzt müssen wir hinüberfahren und sie versenken.«

»Kapitän, das schafft die *Wissmann* nicht.«

»Dann machen Sie es möglich. Bringen Sie sie in Ordnung. Was muss man tun?«

»Die Kanonen müssen weg.«

»Seien Sie nicht albern. Die Geschütze bleiben auf Deck. Wir wollen die *Delcommune* schließlich nicht mit unseren Taschenmessern versenken.«

»Wenn Sie alle Kanonen an Bord behalten, saufen Sie ab, Kapitän.«

»Ganz sicher?«

»Hundertprozentig. Das dicke Ungetüm auf der Back muss weg. Und die Hälfte von den kleinen.«

»Was noch?«

»Der Kahn muss ins Trockendock. Neben der *Götzen* ist noch Platz.«

»Wie lange?«

»Zwei Wochen, mindestens. Eher drei.«

»Sie haben Zeit bis morgen früh. Um fünf Uhr legen wir ab.«

»Das ist unmöglich.«

»Die *Wissmann* geht morgen früh auf Feindfahrt, Gefreiter Rüter. Das Kommando hat Oberleutnant Horn, und Sie fahren mit als Erster Maschinist. Je beschissener das Schiff, desto besser muss der Maschinist sein. Die *Wissmann* ist das beschissenste Schiff Afrikas, und Sie sind der beste Maschinist.«

Anton Rüter wusste nicht, wie ihm geschah. Plötzlich war er nicht mehr Schiffbauer, sondern Soldat, und plötzlich hing sein Leben davon ab, dass er binnen vierundzwanzig Stunden ein Wrack kriegstauglich machte. Er beriet sich mit Wendt und Tellmann, und da die Lage ohne Ausweg war, schafften sie die *Wissmann* zur Helling und machten sich über sie her. Tellmann dichtete mit einem Trupp Arbeiter die schlimmsten Fugen und Spalten im Rumpf ab. Wendt flickte die undichten Röhrenkessel, schmierte alle Lager und baute eine zweite Lenzpumpe ein. Rüter wuchtete die Schiffsschraube aus und ließ die Munitionskisten, die in großen Stapeln auf Deck lagen, als Ballast hinunter ins Kabelgatt schaffen, damit sie dem Schiff mehr Stabilität gaben. Bei Einbruch der Nacht konnte er den Kommandanten endlich davon überzeugen, dass das alles nichts nützen würde, wenn man nicht mindestens die Hälfte der Kanonen – und vor allem das Ungetüm auf der Back – wieder an Land schaffte. Kurz vor Mitternacht bestand die Dampfmaschine ihren Probelauf, und morgens um vier Uhr hatte die *Wissmann* wieder Wasser unter dem Kiel und war bereit zum Auslaufen.

In der Morgendämmerung machten zwei Marinesoldaten die Leinen los. An der Hafenmole standen Wendt und Tellmann und winkten mit ernsten Gesichtern Anton Rüter zu, der mittschiffs unter dem Sonnendach bei der Maschine stand und seinerseits den zurückbleibenden Kollegen winkte. Er fühlte sich, als werde er zum Schafott geführt, oder als sei er einer Bande wahnsinniger Geiselnehmer in die Hände gefallen. Da saßen die Kerle auf den seitlichen Sitzbänken unter dem Sonnendach, acht weiße Marinesoldaten und zwanzig Askari mit Wadenbändern und aufgenähten Reichsadlern auf den Mützen, junge Burschen von siebzehn oder achtzehn Jahren, die ältesten vielleicht Mitte zwanzig, mit flaumiger Oberlippe, arglosem Blick und kindlichem Lächeln um die Mundwinkel, lehnten Schulter an Schulter und schliefen schon wieder ein, putzten sich mit ihren Bajonetten die Fingernägel oder rauchten Zigaretten und hielten ihre Gewehre zwischen den Knien wie Steckenpferde, während sie ungeschützt und weithin sichtbar auf feindliche Kanonen und Maschinengewehre zusteuerten, die ihnen in wenigen Stunden die Gedärme zerfetzen, Arme und Beine abreißen, die Schädel zertrümmern konnten. Es schien Rüter, als würden diese Burschen, die seelenruhig Kekse knabberten, die sie vielleicht nicht mehr verdauen würden, schon tot auf ihren Bänken sitzen, und als würden sie nur der guten Ordnung halber noch zu den feindlichen Projektilen hinfahren, um sich die notwendigen tödlichen Verletzungen zuzuziehen. Er lauschte dem unerbittlichen Stampfen der Dampfmaschine, die wieder einwandfrei funktionierte, seit Wendt das Loch im Kessel geflickt hatte, und dem Surren der Schraubenwelle, die er eigenhändig ausgewuchtet hatte. Die *Wissmann* leckte kaum mehr und lag nun, da das Gewicht geringer und besser verteilt war, recht gut im Wasser. Mit grimmiger Zufriedenheit stellte Rüter fest, dass er ein gutes Werkzeug in der Hand des Unglücks gewesen war. Die *Wissmann* würde das feindliche Ufer zweifellos ohne Zwischenfall erreichen; aus technischer Sicht gab es kein Hindernis mehr für das Blutbad, das ohne ihn nicht hätte stattfinden können.

Mit der *Wissmann* selbst hatte er sich ausgesöhnt. Es war nicht wahr, dass sie das beschissenste Schiff Afrikas war. Es war nicht ihre Schuld, dass sie siebzehn Jahre lang nie ins Trockendock genommen worden war, und es war nicht ihr Fehler, dass sie nur anderthalb Meter Tiefgang und einen viel zu kurzen Rumpf hatte, und dass ihre Stahlwände nur drei Millimeter stark waren und von jeder Pistolenkugel durchschlagen werden konnten. Wenn man die *Wissmann* unvoreingenommen betrachtete, war sie ein hübsches kleines Schiffchen, laut Messingplakette am Kessel 1897 erbaut von Jansen & Schmilinsky in Hamburg, und bestens geeignet als Ausflugsdampfer auf der Alster oder am Titisee. Wahrscheinlich hatten Jansen & Schmilinsky nicht gewusst, dass es auf dem Tanganikasee, der tief eingeschnitten zwischen zwei steil ansteigenden Gebirgszügen liegt, schwere Stürme gibt, die sich oft in der schmalen Felsgasse verfangen und einen gewaltigen Seegang verursachen, und sie hatten auch nicht vorhersehen können, dass die *Wissmann* viele Jahre von kolonialen Landratten malträtiert werden würde, und dass man sie zu guter Letzt mit tonnenschwerer Artillerie beladen und, da schon wieder die Kohle ausgegangen war, mit grünem Holz befeuern würde. Wenn man all das in Rechnung stellte, schlug sich das alte kleine Schiff sehr tapfer.

Anton Rüter bediente die Feuerluke und gab acht auf den Dampfdruck, während vor und hinter ihm zwei Askari an den Lenzpumpen standen. Noch war es nahezu windstill und der See spiegelglatt. Die *Wissmann* torkelte ein wenig, lag für ihre Verhältnisse aber ruhig im Wasser und machte beinahe fünf Knoten Fahrt. Nach Sonnenaufgang würden sich die Felswände an den Bergen erhitzen und kräftige Steigwinde verursachen, und am Nachmittag würde der See rau werden, und die Askari an den Pumpen würden alle Hände voll zu tun haben, das Schiff lenz zu halten.

Über der Treppe zur Kommandobrücke konnte Anton Rüter den Rücken des kommandierenden Offiziers, Oberleutnant zur See Moritz Horn, sehen. Einsam und aufrecht stand er am Steuerrad, mahlte auf den Backenzähnen und starrte durchs

Fernglas geradeaus in die Richtung, in der bald die Küste Belgisch-Kongos auftauchen musste. Ein Schwarm Papageien zog über das Schiff hinweg. Fliegende Fische sprangen aus dem Wasser. Im Osten war der See rosa, im Westen hellblau. Ein Kormoran zog hoch oben seine Kreise, ging zum Sinkflug über und landete auf dem Sonnensegel der *Wissmann*, um ein Stück mitzufahren. Die Soldaten tranken Tee. Die Welt war fröhlich an jenem Morgen. Rüter versuchte sich einzureden, dass noch nicht alles verloren sei. Je länger die Fahrt dauerte, desto unwahrscheinlicher schien ihm, dass inmitten dieser allumfassenden Unschuld gleich der Weltkrieg ausbrechen werde. Vielleicht würde es gar nicht zum Kampf kommen. Vielleicht wussten die Belgier noch nicht, dass Krieg war. Vielleicht würden sie die *Delcommune* kampflos hergeben. Und falls sie doch Bescheid wussten, konnte man hoffen, dass sie noch keine Kanonen herbeigeschafft hatten. Vielleicht war die *Delcommune* ja spurlos verschwunden, hatte sich irgendwo in Sicherheit gebracht auf dem siebenhundert Kilometer langen See. Vielleicht gab es am belgischen Ufer noch keine Küstenbatterien, die den See über viele Kilometer hinaus mit Tod und Verderben überziehen konnten, und vielleicht würde Oberleutnant Horn in letzter Minute ein Einsehen haben und abdrehen, und vielleicht würde, wenn die Schießerei trotz allem begann, wie durch ein Wunder niemand verletzt werden.

So verging der Tag. Die Nacht kam und verging ereignislos, und am folgenden Morgen stand in der Dämmerung dunkelgrün und furchterregend nah die Küste Belgisch-Kongos. Da rief Oberleutnant Horn:

»Alle Mann – singen!«

Anton Rüter traute seinen Ohren nicht. In der gleichen Sekunde brüllten übers ganze Schiff verteilt fünfundzwanzig schwarze und weiße Soldatenhälse: »Jawohl, Herr Oberleutnant!«, und dann sangen sie das Deutschlandlied, dass es kilometerweit über den See hallte und am Ufer Schwärme von Vögeln aus den dunklen Wäldern aufstiegen. Die Soldaten sangen sämtliche drei Strophen, und zwar nicht einmal, sondern dreimal, fünfmal, achtmal. Sie sangen auch noch, als eine halbe Stunde später in nordwestlicher Richtung die Rauchfahne der *Alexandre Delcommune* sichtbar wurde, und sie sangen immer noch, als die *Wissmann* auf Schussdistanz herangekommen war. Sie hörten erst auf zu singen, als Oberleutnant Horn »Klarmachen zum Gefecht!« schrie. Es gab ein mächtiges Gedränge und Stiefelgetrappel, und plötzlich war Anton Rüter mittschiffs allein.

Er lehnte sich steuerbord über die Reling und hielt Ausschau nach der *Delcommune*, die mit aller Kraft vor der *Wissmann* floh, dem belgischen Ufer entgegen. Trotzdem verringerte sich die Distanz zwischen den zwei altersschwachen Schiffchen, die vor zwei Wochen noch einträchtig nebeneinander an der Hafenmauer gelegen hatten, fürchterlich rasch – denn das eine hatte in der Zwischenzeit unter Anton Rüters Händen eine Verjüngungskur durchgemacht, und das andere eben nicht. Immer näher kam das belgische Ufer, deutlich war das Mündungsdelta des Lukuga-Flusses zu sehen mit seinen schroffen Klippen links und rechts, dann auch die Ansammlung improvisierter Holzhäuser, welche die Belgier als Albertville bezeichneten, und darüber der dichte, dunkelgrüne Wald. Die *Delcommune* war in der Flussmündung angelangt und stand still, lag vielleicht schon vor Anker. Die *Wissmann* war noch etwa zwei Kilometer entfernt.

Da ließ Oberleutnant Moritz Horn das Fernglas

sinken, zog den Dampfregler zurück und brachte die *Wissmann* zum Stillstand. Das war der Augenblick, da Anton Rüter wieder Hoffnung schöpfte. Gewiss hatte der Oberleutnant, der nun gemächlich die Treppe herunterstieg, Vernunft angenommen und eingesehen, dass man auf der Stelle kehrtmachen und zurück nach Kigoma fahren musste; man musste der überhitzten Dampfmaschine eine Pause gönnen und dann gemütlich heimfahren und tun, als sei nichts gewesen, und die Belgier würden niemals erfahren, wie nahe sie dem Tod gewesen waren. Rüter war sehr erleichtert, dass in letzter Sekunde die Vernunft über den Wahnsinn gesiegt hatte.

Aber natürlich war das nicht so. Oberleutnant Horn verschwand über den rechten Seitengang zum Bug – und dann bellten auch schon die zwei Hotchkiss-Revolverkanonen, PLACK-PLACK-PLACK-PLACK, je dreiundvierzig Schuss pro Minute, PLACK-PLACK-PLACK-PLACK, und der Kormoran flatterte erschreckt vom Sonnensegel auf und floh dem Ufer entgegen, und die *Wissmann* erzitterte unter den Rückschlägen, als hätte sie einen epileptischen Anfall, PLACK-PLACK-PLACK-PLACK, zweimal dreiundvierzig Schuss pro Minute, und rings um sie her bildeten sich auf dem Wasser konzentrische Kreise, die sich rasch ausbreiteten. Der Anfall dauerte zwei Minuten, dann verstummten die Kanonen. Oberleutnant Horn tauchte wieder mittschiffs auf, legte Rüter im Vorbeigehen gönnerhaft die Hand auf die Schulter und sagte leise: »Immer schön weiterheizen, ja?«

Gerade als die *Wissmann* wieder Fahrt aufnahm, blitzte aus dem dunkelgrünen Wald über der Lukuga-Mündung ein Feuerlicht. Dann stieg eine Rauchwolke zum wolkenlos blauen Himmel hoch, gefolgt von einem dumpfen Knall und einem hohen, rasch lauter werdenden Pfeifen, und dann schlug eine Granate ins Wasser und explodierte, worauf eine baumhohe Fontäne aufspritzte und aufs Deck der *Wissmann* niederstürzte. Rüter stand triefend nass knöcheltief im Wasser und klammerte sich, starr vor namenlosem Entsetzen, an die Reling. Es durchfuhr ihn wie glühende Eisenstäbe, als der Oberleutnant auf der Brücke »HIPP-HIPP!« schrie und die Milchbartsoldaten wie aus einer Kehle »HURRA!« antworteten, dann noch mal »HIPP-HIPP-HURRA!« und nochmal »HIPP-HIPP-HURRA!«, während im Wald an einer anderen Stelle ein zweites Feuerlicht aufblitzte, gefolgt von neuerlichem Pfeifen, einer weiteren Wasserfontäne und erneutem Hurragebrüll. BUUMM-ZZIIIISCHSCH-PLAASCH – Totenstille – »HIPP-HIPP-HURRA!« So brüllten die Askari in Beantwortung jeder feindlichen Granate, und so ging das weiter in einem fort: BUUMM-ZZIIIISCHSCH-PLAASCH-HIPP-HIPP-HURRAAAA! BUUMM-ZZIIIISCHSCH-PLAASCH-HIPP-HIPP-HURRAAAA! BUUMM-ZZIIIISCHSCH-PLAASCH-HIPP-HIPP-HURRAAAA! BUUMM-ZZIIIISCHSCH-PLAASCH-HIPP-HIPP-HURRAAAA! Anton Rüters Herz hämmerte, als wollte es aus seinem Käfig springen, seine Innereien wollten ihm nicht mehr gehorchen, mit weit aufgerissenen Augen blickte er ins Leere. Was er sah, war der Schlund der Hölle, der Abgrund des Wahnsinns, die Fratze des Bösen. BUUMM-ZZIIIISCHSCH-PLAASCH-HIPP-HIPP-HURRAAAA!, und dazwischen das PLACK-PLACK-PLACK-PLACK der Hotchkiss-Kanonen, immer und immer wieder. Die belgischen Kanoniere zielten schlecht, entweder zu kurz oder zu lang, oder vor den Bug oder hinters Heck. Unbeirrt fröhlich dampfte die *Wissmann* im Zickzackkurs weiter, als würde sie Sonntagsausflügler über den Titisee fahren, schlug jedes Mal einen Haken, wenn im Wald Mündungsfeuer aufblitzte, beschrieb einen weiten Bogen über den See hinaus und hielt dann erneut geradewegs aufs Ufer und auf die *Delcommune* zu, und dann bellten wieder die Hotchkiss-Kanonen, PLACK-PLACK-PLACK-PLACK, und dann drehte die *Wissmann* wieder ab, diesmal nach Norden, wiederum verfolgt von den belgischen Küstenbatterien, BUMM-ZZIIIISCHSCH-PLAASCH-HURRAAAA! BUMM-ZZIIIISCHSCH-PLAASCH-HURRAAAA!

Das Gefecht dauerte zwei Stunden. Die schweren belgischen Geschütze trafen die kreisende und Haken schlagende *Wissmann* kein einziges Mal; nur einmal durchschlug eine Granate die Heckfahne, und zwar mitten durch die Brust des Reichsadlers hindurch. Die reglos vor Anker liegende *Delcommune* aber war für die deutschen Revolverkanonen ein leichtes Ziel. Bei jedem Angriff musste sie mehrere Treffer hinnehmen, die ihr armdicke Löcher in den Rumpf schlugen, welche die belgischen Askari notdürftig stopften, indem sie von innen armdicke Knüppel Feuerholz hindurchsteckten. Schließlich ragten derart viele Knüppel aus ihrem Leib, dass sie nicht mehr wie ein Schiff aussah, sondern wie ein stacheliges Seeungeheuer. Der Schornstein war zerfetzt, die Dampfmaschine durchsiebt, der Rumpf voll Wasser. Mit letzter Kraft lichtete sie den Anker und setzte sich, um nicht vollends zu sinken, auf den Strand.

10
Brennholz bis zum Jüngsten Tag

Zum ersten Mal in seinem Leben hatte Spicer Simson das Gefühl, ein für alle Mal gestrandet zu sein. Das Kriegsministerium hätte ihn, statt ihn in den Verwaltungsdienst zu versetzen, ebenso gut in Galeerenhaft nehmen können. Er trug Zivil statt Uniform. Er hatte kein Schiff und keine Männer mehr, und er war ein kleiner Bürobeamter hinter einem schäbigen Schreibtisch, fünfzig Seemeilen vom offenen Meer entfernt. Sein Büro war eine muffige Zelle im Erdgeschoß, etwa fünf Schritte lang, ebenso breit und fast gleich hoch, und die Wände hatten die Farbe von faulem Blumenkohl. Als Heizung diente ein nackter, offener Kamin. Auf dem Sims stand ein Tablett mit einer rissigen Teekanne und zwei leeren Tassen, darüber hing eine Photographie des Königs. Durch das vergitterte Fenster konnte man Pferdefuhrwerke, Mülltonnen und Kohleschächte sehen; manchmal landete auf dem Fenstersims eine Taube, deren rechter Fuß verkrüppelt war. Von der Decke baumelte eine nackte Zwanzig-Watt-Glühbirne, die beim geringsten Luftzug ins Pendeln geriet und schwankende Schatten hinter das Mobiliar warf, das aus einem Aktenschrank, zwei Schreibtischen und zwei Drehstühlen bestand. Am einen Schreibtisch saß ein altgedienter Marinemajor namens Thompson, der schweigsam und zufrieden Pistazienkerne knabberte und die Schalen ins Kaminfeuer spuckte. Am anderen Schreibtisch saß Geoffrey Spicer Simson. Ihre Arbeit bestand darin, die Personalakten von Handelsmatrosen durchzusehen und geeignete Kandidaten zur Rekrutierung für die Kriegsmarine zu empfehlen.

Tagein, tagaus.

Es war ihm kein Trost, dass sein Büro im Erdgeschoss des Kriegsministeriums lag, mitten in Whitehall, der Machtzentrale des Imperiums, und dass drei Stockwerke über ihm Kriegsminister Winston Churchill Entscheidungen von historischer Tragweite fällte. Zwar waren es nur drei Stockwerke, die Spicer von Ruhm und Ehre trennten, aber der Unsterblichkeit war er noch nie, auch im brackigsten Seitenarm des Gambia-Flusses nicht, so hoffnungslos fern gewesen. Er war ein kleiner

Bürobeamter unter Heerscharen von Bürobeamten. Er trug Schuhe mit abgetretenen Absätzen und an manchen Tagen kein Hemd unter dem Papierkragen, und sein Jackett war an den Ellbogen schon ein wenig fadenscheinig. Er war ein Sklave unter Sklaven, einer von Millionen Namenlosen in Londons uferlosem Lichtermeer, und das Einerlei seiner Tage würde aller Voraussicht nach erst ein Ende finden, wenn er von einem Kutschengaul erschlagen oder von seinem alternden Herzmuskel im Stich gelassen würde. Spicer hastete morgens missmutig und abends müde über die immer gleichen Gehsteige, aß mittags ein Sandwich und trank nachmittags staubig schmeckenden Tee. Seine Arbeit erledigte er gewissenhaft, aber voller Bitterkeit und müden Ekels. Er sichtete Personalakten und füllte Formulare aus, heftete Dossiers, versah sie mit Registernummern und legte sie ab.

Unendlich weit entfernt war er in diesen Tagen von der großen Tat, der kühnen Entscheidung, der wahrhaft tiefen Empfindung, nach der er sich sehnte. Wenn er in jenem Winter überhaupt eine erwähnenswerte Gemütsregung hatte, so war es Hass – angewiderter, verächtlicher, müder Hass auf seinen Arbeitskollegen. Es war für Spicer unfasslich, dass Major Thompson imstande war, Tag für Tag, Monat um Monat im blumenkohlfarbenen Büro abzusitzen und der Pensionierung entgegenzudämmern. Weshalb verzweifelte der Mann nicht? Wie war es möglich, dass er in Frieden mit sich und der Welt seine unwiderruflich verrinnende Lebenszeit dafür hergab, Handelsmatrosen zur Kriegsmarine zu transferieren? Weshalb hatte er nicht längst seinen Stuhl durchs vergitterte Fenster gestoßen, die Papierberge in Brand gesteckt, den Schreibtisch mit einer Axt entzweigehauen?

Stattdessen summte der Major zufrieden jahrzehntealte Schlager, füllte mit grotesker Langsamkeit die immergleichen Formulare aus und knabberte unablässig Pistazienkerne. Spicer konnte den Anblick seiner gebleckten Zähne nicht mehr ertragen, und das zischende Geräusch, mit dem er die Pistazienschalen ins Kaminfeuer spuckte, trieb ihn zur Weißglut. Anfangs hatte er ihn noch aus seinem Dämmerzustand zu wecken versucht, indem er ihm einen Schwank vom Yangtse oder aus den Wäldern Kanadas erzählte, oder wie er als Kommandant der *HMS Niger* eine ganze deutsche U-Boot-Flottille versenkt hatte. Aber der Major hatte immer nur milde gelächelt, »Was Sie nicht sagen«

gebrummt und weiter seine Pistazienkerne geknabbert. Spicer hätte ihn töten mögen. Da das aber verboten war und nicht in Frage kam, dachte er, wenn die Stunden besonders zäh vergingen, zuweilen an Selbstmord. Natürlich erwog er nicht ernsthaft, sich ein Leid zuzufügen, dafür liebte er seinen Körper zu sehr. Aber er malte sich gern die melodramatischsten Inszenierungen seines Freitodes aus und spielte sein Begräbnis in den herzzerreißendsten Variationen durch. Das tat ihm in der Seele wohl.

* * *

Äußerlich war Anton Rüter wieder ganz ruhig, als die *Wissmann* am Abend des folgenden Tages im Hafen von Kigoma einlief. Seine Knie und die Kinnlade zitterten nicht mehr, die Augen hatten aufgehört zu tränen, und sein Gedärm hatte er wieder unter Kontrolle. Als die Kanonen endlich verstummt waren und Oberleutnant Horn das Schiff zurück auf den offenen See gesteuert hatte, war er allmählich wieder zu sich gekommen. Verwundert hatte er festgestellt, dass er triefend nass war von kaltem Schweiß und Seewasser, und dass ihn alle Glieder schmerzten wie von einer großen körperlichen Anstrengung, und dass er heiser war von den zahllosen Schreien animalischen Entsetzens, mit denen er das Kanonengebrüll beantwortet hatte, und dass er seine Hose beschmutzt hatte. Er fühlte sich, als hätte er im zweistündigen Inferno den Verstand verloren und sei dann irgendwie ums Leben gekommen. Jetzt war er tot, und Oberleutnant Horn war auch tot, und die Milchbartsoldaten waren ebenfalls tot. Zwar saßen sie wieder ordentlich auf ihren Seitenbänken und knabberten Kekse wie die Schulbuben, und Oberleutnant Horn stand zufrieden am Steuer, als sei nichts gewesen. Aber tot waren sie alle, auch wenn der Oberleutnant Befehl zum Singen gab und die Milchbartsoldaten gehorsam das Deutschlandlied anstimmten. Sie waren alle tot und unterwegs ins Jenseits – oder sie waren schon im Jenseits. Vielleicht, so dachte Rüter, büßte er bereits für seine Sünden. Vielleicht würde er bis zum Jüngsten Tag Brennholz unter diesen Kessel schieben und den Dampfdruck regulieren, und womöglich würde ihm bis ans Ende aller Zeiten das Deutschlandlied in den Ohren dröhnen.

Aber dann verschwand das belgische Ufer hinter dem Horizont, und Oberleutnant Horn gab Befehl, das Singen einzustellen. Die Soldaten gehorchten, streckten die Beine aus und schliefen sofort ein. Fliegende Fische begleiteten das Schiff. Der Kormoran, der die *Wissmann* schon auf der Hinfahrt begleitet hatte, kehrte zurück und landete wiederum auf dem Sonnensegel, zog ein Bein ein und steckte den Kopf ins Gefieder. Anton Rüter nutzte den friedlichen Augenblick, um sich zu säubern und etwas zu essen. Die Sonne versank im See. Die Welt legte sich zur Ruhe, unschuldig wie seit Anbeginn der Zeit. Die Nacht kam, und dann der Morgen. Die Milchbartsoldaten erwachten und frühstückten ein paar Kekse, putzten ihre Gewehre und die Hotchkiss-Kanonen und schliefen dann aus Langeweile wieder ein. Als am Nachmittag das heimatliche Kigoma in Sicht kam, waren Oberleutnant Horn und der Gefreite Rüter die einzigen wachenden Lebewesen an Bord. Oben auf der Landzunge konnte Rüter die Umrisse seines Hauses sehen. In Wendts Biergarten brannte schon Licht. Der Oberleutnant manövrierte das Schiff an die Hafenmole heran und brachte es sachte zum Stillstand, väterlich darum bemüht, den Schlaf seiner Soldaten nicht vorzeitig zu stören. Dann stieg er die Treppe hinunter und nickte seinem Maschinenmeister im Vorbeigehen anerkennend zu.

»Gute Arbeit, Gefreiter Rüter!«, sagte er leise. »Haben sich ordentlich gehalten fürs erste Mal!«

»Danke, Herr Oberleutnant«, sagte Rüter und schämte sich, dass ihn das soldatische Lob freute. Sie legten die Vor- und Achterleine und die Springs um die Poller auf dem Pier. Danach liefen sie die Reihen der Milchbartsoldaten entlang und weckten einen nach dem anderen. Der Kormoran stand immer noch einbeinig auf dem Sonnensegel.

Anton Rüter ging als Letzter von Bord, über den hölzernen Landungssteg und zwischen den zwei Wache stehenden Askari hindurch. Die Hafenmole fühlte sich gut an unter seinen Füßen; Schritt um Schritt gewann er am Festland die Zuversicht zurück, dass er doch nicht tot war, und dass die Welt noch immer in jenem altvertrauten Zustand war, in dem er sie am Vortag verlassen hatte. Die Mole war solide gebaut, ein gutes Stück echte deutsche Wertarbeit aus Eisenbeton; sollte irgendwann die Menschheit die Fähigkeit entwickeln, den Planeten Erde in Milliarden Stücke zu zerschlagen, würde dieses Mauerwerk intakt durch den Kosmos segeln bis ans Ende aller Zeiten.

Am Ende des Quais lag die Gepardin Veronika in der Abendsonne, dahinter standen Rudolf Tellmann und Hermann Wendt. Sie nahmen Anton Rüter in die Mitte, gingen mit ihm an der Werft und an der *Götzen* vorbei, die still in der hereinbrechenden Dunkelheit stand, und stiegen den Hügel hinauf zu Wendt's Biergarten, in dem weithin sichtbar die Laternen brannten.

»Wie war's?«, fragte Wendt.

»Wie soll's gewesen sein«, brummte Rüter. »Bescheuerte Idioten sind's, alle miteinander.«

»Ich habe den Kanonendonner gehört«, sagte Rudolf Tellmann.

»Einen Scheiß hast du.«

»Ich habe den Kanonendonner gehört.«

»Auf hundertzwanzig Kilometer Distanz?«

»Ich habe ihn gehört.«

»Das ist unmöglich, Rudi.«

»Es wundert mich auch, aber ich hab' ihn gehört. Gestern Mittag. Nur leise zwar, aber ziemlich deutlich. Zwei Stunden lang.«

Rüter schüttelte den Kopf. »Das Deutschlandlied haben sie gesungen, die Knallköpfe. Immer und immer wieder.«

»Das habe ich nicht gehört«, sagte Tellmann.

In diesem Augenblick flog kreischend ein Schwarm Vögel über ihre Köpfe hinweg. Anton

Rüter duckte sich und hielt schützend die Arme über den Kopf.

»Das waren nur Vögel, Toni«, sagte der junge Wendt.

»Das weiß ich selbst, dass das nur Vögel waren«, sagte Rüter. »Was denn sonst. Bin bloß ein wenig erschrocken.«

Tatsache war, dass sich Anton Rüter vom Tag seiner ersten Feindfahrt an auffällig häufig erschreckte. Pfiff zum Frühstück ein Teekessel, klang das in seinen Ohren wie Granatengeheul. Vernietete Rudolf Tellmann Stahlplatten, hörte Rüter das Trommelfeuer von Hotchkiss-Kanonen. Das leise Knacken des Lagerfeuers hämmerte in seinem Schädel wie das Sperrfeuer ferner Maschinengewehre. Das Tschilpen der Sperlinge, das Miauen der Katzen und das Gelächter der Kinder klang nach Mörserhagel. Wenn in den Bergen der Donner grollte, ging er in Deckung, und wenn jemand sang, hörte er das Deutschlandlied. Wenn er nachts wach lag, glaubte er in der Brandung des Sees das ferne Brüllen schwerer Artillerie zu hören.

Wendt und Tellmann hatten an jenem Abend, da sie ihn am Hafen abholten, sofort begriffen, wie es um ihn stand. Sie führten ihn hinauf zu Wendt's Biergarten, wo Samblakira schon mit ihren Töpfen und Krügen wartete, setzten sich mit ihm in die Nähe der Hirsebieramphore und gaben ihm zu trinken.

Rüter trank sehr viel an jenem Abend. Vor dem Essen lief Wendt zum Bierbrauer Mamadou, um eine zweite und eine dritte Amphore zu besorgen. Die zwei Bantumänner Mkwawa und Kahigi trafen ein, später auch der schöne Massai Mkenge. Nach dem Essen, als sich alle auf die Matten niedergelegt hatten, erzählte Rüter von der Überfahrt, dann vom Seegefecht, schließlich von der Rückfahrt. Er berichtete vom mitgereisten Kormoran, von den Keksen der Soldaten, vom Schrecken des Geschützlärms. Und dann fing er an zu weinen. Er verbarg das Gesicht in den Händen und weinte leise wie ein Kind.

Hermann Wendt versuchte ihn zu trösten, klopfte ihm auf die Schulter und sprach ihm aufmunternd zu, wie man einem scheuenden Pferd zuspricht. Als das nichts half, ließ er von ihm ab und warf ratlose Blicke in die Runde. Samblakira kauerte an der Hauswand und schien zu schlafen. Rudolf Tellmann verabschiedete sich und verschwand in die Nacht hinaus, gefolgt von seinem Gepardenweibchen und den zwei Bantumännern. Nur der Massai-Krieger Mkenge blieb sitzen, sah in die Ferne und lächelte unter halbgeschlossenen Lidern. Hermann Wendt setzte sich zu ihm.

»Was sollen wir mit ihm anstellen?«, fragte er leise.

»Lass ihn weinen«, sagte Mkenge. »Jeder junge Krieger trauert nach dem ersten Kampf über den Verlust seiner Unschuld. Das ist normal und notwendig.«

»Man sollte ihn trösten.«

»Das kannst du nicht, und ich kann es auch nicht«, sagte Mkenge. »Das kann nur die Zeit heilen. Oder eine Frau.«

»Ja.«

»Am besten seine eigene Frau«, sagte Mkenge. »Vielleicht auch die Mutter. Aber die sind beide nicht hier.«

»Nein«, sagte Wendt.

»Es ist falsch, dass ihr Schiffbauer in den Krieg zieht. Ihr seid gute Arbeiter, aber keine Krieger.«

»Wahrscheinlich.«

»Der Kapitänleutnant müsste euch laufen lassen. Er kann euch nicht gebrauchen.«

»Das wird er nicht tun, es ist alles entschieden. Sobald die *Götzen* fertig ist, sind wir dran.«

»Dann wäre es gut, wenn die *Götzen* möglichst lange nicht fertig würde.«

»Wir sind aber fast fertig. Ein paar Wochen noch.«

»Wer kann das wissen«, sagte Mkenge. »Es könnte Schwierigkeiten geben. Etwas könnte kaputtgehen. Oder es stellt sich heraus, dass wichtige Bauteile fehlen.«

»Es fehlt aber nichts.« Wendt schüttelte den Kopf. »Und wenn etwas kaputtgeht, muss ich es flicken. Deswegen bin ich ja hergekommen.«

»Manchmal verschwinden Dinge über Nacht, dieses Land ist voller Diebe und Halunken. Und manchmal gehen Dinge derart kaputt, dass man sie nicht mehr flicken kann.« Mkenge legte zum Abschied die Hand aufs Herz und lief auf leisen Sohlen durch die Lücke im Dornenzaun.

So waren sie nur noch zu dritt in Wendt's Biergarten. Anton Rüter hockte auf den Fersen, versteckte das Gesicht in den Händen und wiegte sich leise vor und zurück. Samblakira saß ihm gegenüber an der Hauswand und stellte sich schlafend. Hermann Wendt legte Brennholz nach, setzte sich auf seinen selbst gezimmerten Stuhl und hielt die nackten Fußsohlen ans wärmende Feuer. Er betrachtete die Flammen, rieb sich den Nacken und dachte mit seinem mechanischen Verstand darüber nach, wie Anton Rüter zu helfen wäre. Er kannte das Problem, und Mkenge hatte ihm das Mittel zu dessen Lösung genannt; also war klar, was zu tun war. Die Schwierigkeit war nur die, dass ihm die Lösung nicht so recht gefiel. Aber dann sagte er sich, dass Anton Rüter ein Freund war, und dass man für einen Freund tun musste, was nun mal zu tun war. Er klatschte sich auf die Oberschenkel, bedankte sich bei Samblakira eine Spur zu laut fürs Essen und wünschte gute Nacht, verschwand in seinem Haus und verriegelte von innen gut hörbar die Tür.

Nun war es ganz still. Anton Rüter wiegte sich noch immer vor und zurück, Samblakira hatte die Augen geöffnet und betrachtete ihn aufmerksam. Schließlich stand sie lautlos auf, ging rollenden Schrittes zu ihm hinüber und sagte:

»Sasa unahitaji kuoa mke, Mzungu.«

Dann nahm sie ihn sachlich barmherzig am Arm und führte ihn über den Trampelpfad zu seinem Haus.

11
Ein Säbel am Gürtel

Es vergingen Wochen und Monate, der erste Kriegswinter kam. Die Spicers wohnten noch immer in ihrer kleinen Pension beim Russell Square. Sein Gehalt wurde, da er das Kommando über die Flottille verloren hatte, um zwanzig Prozent gekürzt. Damit sie weiter über die Runden kamen, musste Amy sich Arbeit suchen. Sie fand eine Anstellung in einer Munitionsfabrik. Von da an ging sie zwei Stunden vor ihm aus dem Haus und kam eine Stunde später heim. Um Heizkohle zu sparen, gingen sie abends und an den Wochenenden oft ins Kino. Manchmal blieben sie nach dem Ende sitzen und schauten sich die Vorstellung ein zweites und ein drittes Mal an. Spicer liebte französische Historienfilme mit Sarah Bernhardt, Amy bevorzugte amerikanische Cowboyfilme, deren Landschaften sie oft ans heimatliche British Columbia erinnerten. Die Wochenschauen berichteten über die Schlacht an der Marne, die Winterschlacht in der

Champagne und das Bombardement von Ypern. Mal ließen in der mechanisierten Schlächterei zweihunderttausend junge Männer ihr Leben, dann achtzigtausend, dann dreihunderttausend. In London wurden Lederschuhe und Zucker knapp. Die Preise für Rindfleisch und Geflügel stiegen ins Unermessliche. Die Spicers aßen viel Kohlsuppe. Weihnachten feierten sie allein in ihrem Zimmer, Silvester mit den Hanschells am Piccadilly Circus.

Aber dann kam jener 23. April des Jahres 1915, der endlich die entscheidende Wende in Oberleutnant Spicer Simsons Leben herbeiführen sollte. Er ahnte davon nichts, als er morgens kurz vor neun Uhr wie gewohnt über die regennassen Gehsteige nach Whitehall lief; er ahnte auch noch nichts, als er im Büro das Kaminfeuer entfachte und pünktlich mit dem letzten Glockenschlag Major Thompson zum Dienst erschien. Kurz nach halb zehn Uhr aber geschah etwas, was in Spicers fünfmonatigem Sklavendasein noch nie geschehen war: Die Tür ging auf, und ein hohes Tier der Admiralität trat ein. Spicer war sofort hellwach. Er kannte das hohe Tier. Das hohe Tier stand im Admiralsrang und war Sir Davis Gamble. Höher als der Admiral standen nur Gott, der König und der *First Sea Lord,* das oberste

Oberhaupt der britischen Kriegsmarine, Sir Henry Jackson. Spicer und sein Büronachbar schnellten hoch. Der Admiral sagte: »Guten Morgen, Gentlemen«, schloss sorgfältig die Tür hinter sich und schlenderte, eine Aktenmappe in der Linken, durch den Raum zum Kamin. Spicer war in höchstem Grade alarmiert. Mit der gespannten Aufmerksamkeit eines kleinen Raubtiers beobachtete er, wie sich der Admiral mit dem Ellbogen auf den Kaminsims stützte und ein paar freundliche Bemerkungen über das Wetter, den nahenden Frühling und das Rugbyspiel vom Wochenende machte. Spicer sog die Wangen zwischen die Zähnen und hob die Brauen, um seinem Gesicht einen interessierten und kompetenten Ausdruck zu verleihen. Da aber der Admiral sich immer nur an Thompson und nie an ihn wandte, hatte er schon bald den Verdacht, dass dieser sich nicht für ihn, sondern ausschließlich für den Major interessierte. Der Verdacht verdichtete sich zur Gewissheit, als der Admiral dem Geplauder ein Ende machte und stirnrunzelnd seine Aktenmappe durchblätterte.

»Sagen Sie, Thompson … Hier steht, Sie haben ein Magengeschwür. Ist das richtig?«

»Das war vor acht Jahren, Sir.« Der Major schob

vorsichtig seine Pistaziendose beiseite und zog die Lippen über die großen, gelben Zähne. »Deswegen musste ich den aktiven Dienst quittieren.«

»Und jetzt?«

»Geht's besser. Danke, Sir.«

»Wir haben über Sie gesprochen, Thompson. Der First Sea Lord hält große Stücke auf Sie.«

»Auf mich?«

»Sie sind ein fähiger Offizier, wir brauchen Sie. Es ist Krieg, wir können auf keinen brauchbaren Mann verzichten.«

»Jawohl, Sir.«

»Und Ihr Geschwür ist verheilt?«

»Nahezu.«

»Dann können wir es uns nicht leisten, Sie hier in diesem Loch versauern zu lassen. Ich habe eine Aufgabe für Sie, Thompson.«

»Eine Aufgabe, Sir?«

»Eine Expedition nach Afrika. Sie bringen ein Kanonenboot auf dem Landweg zum Tanganikasee, versenken einen kleinen deutschen Dampfer und kommen wieder nach Hause.«

»Ein Kanonenboot? Auf dem Landweg?«

»Dann erlassen wir Ihnen die restliche Dienstzeit und entlassen Sie sofort in Pension. Was sagen Sie?«

»Sir, das Angebot ehrt mich, aber wäre nicht ein jüngerer Mann als ich …«

»Die sind alle engagiert und unabkömmlich. Keiner mehr da. Sie sind meine letzte Hoffnung.«

»Ich fürchte nur, mein Magengeschwür …«

»Die Expedition ist ein Kinderspiel. Sie transportieren das Kanonenboot bequem mit der Eisenbahn von Kapstadt hinauf nach Elizabethville in Belgisch-Kongo, das sind zweitausendsiebenhundert Meilen. Dann geht's ein kleines Stück durch den Busch, das wird ein bisschen anstrengend. Aber es sind nur hundertsechsundsechzig Meilen. Das entspricht der Distanz zwischen London und Manchester.«

»Sir …«

»Sie lassen das Kanonenboot am Tanganikasee zu Wasser, fahren rüber und schießen die *Wissmann* zu Klump. Absolut problemlos. Der Dampfer ist ein Rosthaufen, ein Witz von einem Schiff. Und unbewaffnet, soviel wir wissen.«

»Bei allem Respekt …«

»Ich weiß, Thompson, ich verstehe Ihre Bedenken. Der Plan klingt ein wenig kindisch, wie? Nach Pfadfinderkram?«

»Mit Verlaub, Sir, die Sache scheint mir absurd.

Man kann keine Kriegsschiffe durch den Dschungel schleppen. Das ist völlig unmöglich.«

»Da haben Sie natürlich recht. Andererseits sind es nur hundertsechsundsechzig Meilen, und der Weg führt nicht durch jungfräulichen Busch, sondern über einen alten Trampelpfad, der gelegentlich von Ochsengespannen benützt wird.«

»Verzeihen Sie, Sir, ich kenne afrikanische Trampelpfade. Da kommt man schon zu Fuß kaum durch, geschweige denn mit einem Kriegsschiff.«

»Wenn die Royal Navy da durch will, schafft sie es auch, meinen Sie nicht?«

»Jawohl, Sir.«

»Jedenfalls muss der deutsche Dampfer runter vom Tanganikasee, das ist von großer strategischer Bedeutung.«

»Ich verstehe. Die Sache ist nur die, dass mein Arzt mir dringend empfohlen hat …«

»Stellen Sie sich nicht so an. Sie kriegen den Colonel geschenkt, plus einen Orden. Und eine bessere Pension.«

»Ich fürchte wirklich, dass mein gegenwärtiger gesundheitlicher Zustand …«

»Ich, Sir.« Das war der Augenblick, da Oberleutnant Spicer Simson vortrat und nochmal salutierte.

In diesem Augenblick, das wusste er, tat er den entscheidenden Schritt ins Licht der Weltgeschichte. Zwar ahnte er noch nicht, dass nur ein Jahr später sämtliche Zeitungen des Königreichs seinen Namen in großen Lettern drucken würden – aber er wusste, dass er endlich aus der Dunkelheit anonymen Arbeitssklaventums herausgetreten war. Seine Gesichtsmuskeln zuckten vor Erregung. Erstaunt wandte sich der Admiral dem sonderbaren Kauz zu, der da übertrieben stramm neben seinem Schreibtisch stand, nervös an seinen Hosennähten fingerte und absonderliche Fratzen schnitt.

»Bitte geben Sie mir den Auftrag, Sir. Es wäre mir eine Ehre. Eine sehr, sehr große Ehre. Bitte sehr, Sir. Ich habe vier Jahre in Afrika gedient. Ich bin ein erfahrener Kommandeur. Ich beherrsche zahlreiche Sprachen. Ich kenne mich aus in tropischen Binnengewässern. Ich flehe Sie an, Sir.«

Spicer Simson rannte nach Hause, riss sich die fadenscheinige Zivilistenkleidung vom Leib und zog seine alte Paradeuniform an, die um den Leib neuerdings ein wenig spannte; dann stürzte er auch schon wieder die Treppe hinunter. Es war früher Nachmittag, Amy würde erst in ein paar Stunden aus der

Munitionsfabrik heimkehren. Mit wehenden Rockschößen lief er über den Russell Square zur Tottenham Court Road, dann über Oxford Circus geradewegs in die Bond Street, wo die berühmtesten und teuersten Schneider Englands ihre Ateliers und Verkaufsgeschäfte hatten.

Spicer wusste, wohin er wollte: Zu *Messr. Gieves Limited*, dem renommiertesten und ältesten Schneidergeschäft Englands, das schon für König George III., Admiral Nelson und Kapitän William Bligh, den Kommandanten der *Bounty*, Uniformen angefertigt hatte. Das Geschäft war derart vornehm, dass es noch nicht mal ein Schaufenster oder ein Namensschild aufwies. Trotzdem fand Spicer es auf Anhieb; unzählige Male war er seit frühester Jugend an der edlen Adresse vorbeigeschlendert, hatte sehnsüchtig die Tür berührt und war dann rasch weitergegangen. Diesmal aber blieb er stehen, atmete tief durch und schloss die Augen, um den köstlichen, so lange erwarteten Augenblick auszukosten. Dann umfasste er entschlossen den messingnen Türknopf, reckte das Kinn, setzte eine blasierte Miene auf und öffnete schwungvoll die Tür.

Im Laden herrschte wattige Stille, angenehme Kühle und ein helles Zwielicht, das von überall und nirgendwo her zu kommen schien, und es roch gediegen nach Möbelpolitur, Talkumpuder und Kölnischwasser. Die Mahagonitische schimmerten, die Messingbeschläge glänzten. Spicer erschauerte. Endlich war er angekommen, wo er immer hingewollt hatte. Endlich war er zu Hause, daheim, entkommen der plebejischen Rohheit der gewöhnlichen Welt. Er machte zwei, drei Schritte, ließ seinen Blick schweifen und genoss die vornehme Ruhe des Ortes. Kein einziges Reklameschild war zu sehen, noch nicht mal das kleinste Markenetikett; dieses Etablissement hatte Marktschreierei nicht nötig. Das Mobiliar, die Leuchter, der Läufer am Boden – alles war dezent kostbar und schien geschaffen, um Jahrhunderte zu überdauern; Prunk und Prahlerei aber, zur Schau gestellten Reichtum gab es nicht. Spicer fühlte sich im Innersten wesensverwandt mit dieser beiläufigen Noblesse alten Adels, der niemandem etwas zu beweisen hatte. Da wollte er hin, so wollte er sein.

»Guten Morgen, Sir. Kann ich Ihnen behilflich sein?«

Aus dem mahagonifarbenen Dunkel hinter dem Tresen löste sich eine schwarz gekleidete, glatzköpfige Gestalt mit grauem Backenbart, tiefen Gesichtsfalten und violetten Tränensäcken. Der Mann missfiel Spicer. Seine Stimme hatte den Beiklang überheblicher Dienstfertigkeit, und in seinem Blick lag kaum verhohlene Herablassung. Mag sein, dachte Spicer, dass hier Könige und Päpste einander die Klinke in die Hand geben, und vielleicht hat meine Uniform schon bessere Tage gesehen. Aber ich bin Geoffrey Spicer Simson, und dieser Kerl wird mich jetzt kennenlernen.

»Guten Tag, mein lieber Junge«, sagte Spicer und näselte wie niemals zuvor. »Lauf und hol mir rasch den Geschäftsführer, ja? Sag ihm, Commander Spicer Simson wünscht, eine neue Paradeuniform zu bestellen.«

»Es ist uns eine Ehre, Sir«, sagte der Greis, und seine Oberlippe wurde lang wie die eines Pferdes. »Erlauben Sie, dass ich mich vorstelle. Mein Name ist Gieves.«

»Sehr fein, Gieves. Jetzt hol den Geschäftsführer. Na los, mach schon.«

»Sir, ich bin alleiniger Inhaber dieses Geschäfts, in fünfter Generation. Der Herr Oberleutnant ist befördert worden?«

»Zum *Acting Commander* der Marine, mein lieber Junge. Auf geheimer Mission.«

»Ich gratuliere, Commander.«

»Streng geheime Mission. Auslandseinsatz. Du hast da was an der Nase, mach das weg. Und du bist wirklich der Boss hier?«

»Nun … jawohl, Sir.«

»Na gut, dann mach dich bereit zum Diktat. Ich will einen Waffenrock aus hellem Khaki. Dazu ein leichtes, graues Flanellhemd. Hast du das? Nein, lieber ein graublaues Hemd. Oder grün? Nein, graublau. Dazu blaue Rangabzeichen und blaue Kragenspiegel.«

»Blaue Rangabzeichen, Sir?«

»Ganz recht.«

»Keine roten?«

»Blaue Rangabzeichen.«

»Für eine Marineuniform?«

»Ja doch.«

»Falls Sie mir die Bemerkung erlauben, Sir, das ist äußerst unüblich. Wie Sie selbstverständlich wissen, trägt die Marine seit zweihundert Jahren rote Rangabzeichen und Kragenspiegel. Etwas anderes haben wir noch nie …«

»Dann wird sich die Marine jetzt eben an blaue Abzeichen gewöhnen müssen, mein lieber Junge«, sagte Spicer und machte ein zwitscherndes Geräusch, als ob er Speisereste zwischen den Zähnen hervorsaugte. »Ich kommandiere eine Sondereinheit auf geheimer Mission, verstehst du? Afrika. Achtundzwanzig Mann. Die werden alle blaue Abzeichen tragen, ich schicke sie dir in den nächsten Tagen vorbei. Und marineblaue Krawatten. Und goldenes Eichenlaub an der Mütze, soweit es mich betrifft. Und einen Säbel am Gürtel.«

»Einen Säbel, Sir?«

»Ein Säbel, ganz recht. Jeder Offizier trägt einen Säbel.«

»Sir?«

»Was denn!«

»Mit Verlaub, Commander, an Offiziersuniformen haben wir seit Jahrzehnten keine Säbel mehr …«

»Jetzt hol mal dein Metermaß und fang an, mein lieber Junge, ja? Ich habe nicht den ganzen Tag Zeit.«

Die Zeit der Vorbereitungen verging wie im Flug. Da Spicer nun wusste, dass er das Sklaventum bald hinter sich haben würde, machte es ihm nichts mehr aus, seine Tage im blumenkohlfarbenen Büro zu verbringen. Jetzt genoss er den Anblick der Mülltonnen vor dem Fenster, freute sich über die Besuche der klumpfüßigen Taube und ertrug sogar die Anwesenheit des amphibienhaften, pistazienschalenspuckenden Major Thompson. Blubbernd vor Vergnügtheit saß er hinter seinem Schreibtisch und widmete sich der anspruchsvollen Aufgabe, seine persönliche Expeditionsausrüstung zusammenzustellen. Als Kommandant würde er ein Zelt brauchen, damit die notwendige Distanz zwischen ihm und der Truppe, die unter freiem Himmel lagern würde, gewahrt blieb. Ein Feldbett würde er brauchen, dazu eine faltbare Badewanne aus gummiertem Segeltuch und emaillierte Schüsseln und Frottiertücher in ausreichender Zahl, außerdem vier Spanische Wände zwecks Sicherstellung einer minimalen Privatsphäre. Unverzichtbar waren weiter zwanzig Flaschen Sherry für den abendlichen Aperitif sowie zweitausend gezuckerte Turmac-Zigaretten, jede einzelne blau bedruckt mit dem Schriftzug *Commander G. B. Spicer R. N.* Dann dachte er über die Zusammensetzung seiner Truppe nach. Achtundzwanzig Mann hatte ihm die Admiralität bewilligt, dazu tausend eingeborene Träger, die schon jetzt in Elizabethville durch ortskundige Agenten rekrutiert wurden. Vier fähige Artilleristen würde er brauchen, acht Matrosen und zwei

Maschinisten, zudem einen Materialverwalter und einige Unteroffiziere, welche die Eingeborenen führten. Spicer hätte gern ein paar Freunde und alte Kameraden angerufen, um ihnen die Jobs anzubieten. Leider hatte er keine.

Es war ein großer Tag, als Admiral Gamble in Spicers Büro auftauchte und ihm mitteilte, dass seine Boote an der Themse bereitlägen.

»Boote? Mehrere?«, sagte Spicer und vergaß vor Aufregung zu näseln.

»Sie werden zwei Boote mitnehmen. Der First Sea Lord hält es für zu riskant, Sie mit nur einem Boot loszuschicken.«

Der Admiral fuhr Spicer im Automobil hinaus nach Chiswick zur Werft von John L. Thornycroft, wo die Motorboote im Trockendock lagen. Auf den ersten Blick war Spicer tief enttäuscht. Was er sah, waren zwei identische Mahagoniboote von kaum zwölf Metern Länge, mit einer gemütlichen Kabine am Bug und rosa Vorhängen an den Bullaugen.

»Das sind keine Kriegsschiffe«, sagte er und wandte sich angewidert ab. »So was taugt fürs Picknick, für Spazierfahrten auf der Themse in Gesellschaft schöner Frauen, aber nicht für die Kriegsmarine. Wenn ich nicht wüsste, dass das unmöglich ist, würde ich annehmen, die Admiralität beliebt auf meine Kosten zu scherzen.«

»Etwas anderes haben wir auf die Schnelle nicht zur Hand«, sagte der Admiral. »Diese Boote hätten nach Griechenland geliefert werden sollen und hängen hier fest, deshalb sind sie zu haben. Sie sind nagelneu, noch nicht mal getauft. Und sie sind schnell, Spicer – zwanzig Knoten. Viermal schneller als die *Wissmann.*«

»Dampfantrieb?«

»Diesel. Zweimotorig. Zweihundertzwanzig PS. Damit fahren sie über den See, versenken die Deutschen und sind schon wieder weg, bevor die merken, was los ist.«

Spicer betrachtete die Boote nachdenklich. »Man müsste sie umbauen.«

»Selbstverständlich. Die Boote gehören Ihnen, bauen Sie sie um.«

»Man muss die Kabinen entfernen und die Dieseltanks mit Metallplatten schützen. Am Heck befestigen wir ein Maxim-Maschinengewehr, auf der Back eine Dreipfundkanone.«

»Die Werft wartet auf Ihre Befehle, Commander. Und wenn Sie mal eine freie Minute haben, denken Sie sich Namen aus.«

»Für die zwei Holzschüsseln da?«

»Ich bitte darum.«

»Die würde ich *Cat* und *Dog* nennen.«

»Ich bitte Sie, Spicer.«

»Nein?«

»Nein.«

»Dann eben *Mimi* und *Toutou.*«

»Was ist das denn?«

»Das ist Französisch, Sir. Heißt so viel wie Miau-Miau und Wau-Wau.«

»Was Sie nicht sagen«, antwortete Admiral Gamble, der selbst ausgezeichnet Französisch sprach. »Na egal, wie Sie meinen. Ich werde mich deswegen nicht mit Ihnen streiten. Immerhin versteht's kein Mensch, und man kann mit einiger Sicherheit davon ausgehen, dass in den Annalen der königlichen Kriegsmarine bisher keine Schiffe dieses Namens vermerkt sind.«

Die Umbauarbeiten dauerten eine Woche. Um sicherzugehen, dass alles funktionierte, erbat Spicer von Admiral Gamble die Erlaubnis, mit beiden Schiffen eine Probefahrt auf der Themse zu machen und mit dem Dreipfünder versuchsweise einen Schuss auf einen ausgedienten Werftschuppen abzugeben. Der Admiral hatte einige Bedenken, ausgerechnet Spicer mitten in London schwere Artillerie abfeuern zu lassen, sah dann aber die Notwendigkeit ein und stimmte zu.

Der Schießversuch fand am 8. Juni 1915 um neun Uhr morgens statt. Spicer bestellte einen Photographen zu Thornycrofts Werft, der eine Aufnahme von *Mimi* und *Toutou* in voller Fahrt machte. Auf dem Bild, das im Archiv des *Imperial War Museum* in London verwahrt wird, fährt *Mimi* in Ufernähe voraus, *Toutou* folgt in etwa dreißig Metern Abstand in der Mitte des Flusses. Wer sich an Bord der *Toutou* befindet, ist nicht zu erkennen. Auf der *Mimi* sitzt im Heck Amy Spicer Simson. Sie trägt ein weißes Sommerkleid und einen breitkrempigen Strohhut, hat die Hände in den Schoß gelegt und wendet das Gesicht der Morgensonne zu; das Maschinengewehr zu ihrer Rechten beachtet sie nicht. Zu ihrer Linken steht in brandneuer Khakiuniform Commander Spicer Simson. Eine Reihe weiter vorn sitzen mittschiffs die zwei Werfteigentümer John und Thomas Thornycroft lässig backbord und steuerbord auf dem Bootsrand. Am Steuerrad steht ein unbekannter Zivilist, vielleicht ein Mechaniker der Werft, und neben ihm Admiral Gamble. An der Dreipfundkanone vorne auf der

Back schließlich posiert ein junger Leutnant namens Cross. Wie es scheint, sind die Ausflügler bester Laune. Eine leichte Brise kräuselt das Wasser, die Morgensonne wirft scharfe Schatten. Gleich wird *Mimi* aus dem Blickfeld der Kamera verschwinden, und dann auch *Toutou*. Soweit bekannt, hält keine Photographie den Augenblick fest, da Leutnant Cross seinen Probeschuss auf den ausgedienten Werftschuppen abfeuerte – und das ist schade, denn auch dieses Manöver war gekennzeichnet von jener bizarren Note, die Spicers sämtlichen Taten eigen war. Immerhin gibt es schriftliche Berichte, denen zufolge der Schuss ein Volltreffer war. Während aber das Projektil ins Ziel fand und der windschiefe Schuppen in Flammen aufging, wurde Leutnant Cross vom Rückschlag samt Kanone in der entgegengesetzten Richtung über Bord geschleudert. Wie sich herausstellen sollte, war der messingne Verschlussring am Sockel der Lafette nicht korrekt verriegelt worden. Glücklicherweise war die Themse an jener Stelle nicht sehr tief. Der Bordschütze und sein Dreipfünder konnten ohne Schwierigkeiten unbeschädigt geborgen werden.

12
Ach Rudi, verdammter Mist

Der Tag, an dem es dem Nieter Rudolf Tellmann die Sprache verschlug, war der 7. Oktober 1914. Vom frühen Morgen an hatte er für sich allein an der *Götzen* gearbeitet, hatte auf dem Hauptdeck in Relingflucht Eisenstützen und Stangen vernietet und darüber den Handlauf aus Mahagoni geschraubt, und seine Gepardin Veronika hatte ihm dabei zugeschaut. Mittags hatte sie an seiner Seite ihren Anteil am Rind gefressen, das die Massai am Strand für die Werftarbeiter brieten, und nachmittags hatte sie im Schatten des Schiffsrumpfs gedöst; zwischendurch war sie aufgewacht und hatte in die Sonne geblinzelt, ihr gepunktetes Fell geleckt und mit ihren rosa gepolsterten Vorderpfoten Fliegen zu fangen versucht.

Die *Götzen* war zu drei Vierteln fertiggestellt. Knapp elf Monate waren vergangen seit der Schiffstaufe in Papenburg, und acht Monate seit der Ankunft am Tanganikasee. Nun stand das Schiff wieder in seiner ganzen Pracht auf der Helling, die großen Arbeiten waren abgeschlossen. Was jetzt noch zu erledigen war – die Deckaufbauten, die technischen Installationen, die Inneneinrichtung – würde zwei Monate in Anspruch nehmen, höchstens drei. Bisher war nichts kaputtgegangen, niemand hatte sich verletzt, nichts war gestohlen worden. Gemessen am ursprünglichen Zeitplan war Anton Rüter zwar drei bis vier Monate in Rückstand geraten; aber zuhause in Papenburg hatte er eben noch nicht wissen können, dass am Äquator ein Arbeitstag nicht zwölf, sondern höchstens neun Stunden dauerte, weil es erstens nur zwölf Stunden hell war und zweitens die heiße Mittagssonne auch den fleißigsten Papenburger Schiffbauer zu zwei bis drei Stunden Mittagsschlaf zwang, und ebenso wenig hatte er ahnen können, dass es während der häufigen, oft tagelangen Wolkenbrüche sinnlos war, überhaupt nur einen Fuß vor die Tür zu setzen; und nicht vorauszusehen war schließlich gewesen, dass lang vor dem Stapellauf ein ziemlich zeitraubender Weltkrieg ausbrechen würde.

Als Rudolf Tellmann an jenem 7. Oktober kurz vor sechs Uhr Feierabend machte und vom Schiff herunterstieg, war Veronika nicht mehr da.

Sie war weg. Verschwunden.

In der ersten Sekunde wunderte er sich, in der zweiten war er in Sorge, und von der dritten Sekunde an in höchstem Grade alarmiert. Noch nie hatte Veronika sich außer Sichtweite von ihm entfernt, geschweige denn, dass sie ausgerissen wäre. Er rief ihren Namen, er pfiff und schrie und klatschte in die Hände, umkreiste den Schiffsrumpf, kehrte zurück aufs Schiff und durchsuchte sämtliche Kabinen, hielt Nachschau im Kettengatt, im Mannschaftsraum, in den Holzbunkern, im Maschinenraum und in den Kabelgatts. Er fragte Wendt und Rüter, ob sie Veronika gesehen hätten, dann auch die zwei Askari, die nahebei die *Wissmann* bewachten. Voller Sorge suchte er das tiefe, klare Wasser des Hafenbeckens ab. Er lief am Strand entlang und rief nach ihr, rannte hügelan ins Dorf und rief, ging weiter zum Bahnhof und rief, dann hinüber zur Kaserne und rief und rief und rief.

Nach Einbruch der Dunkelheit erschien Tellmann erstmals seit vielen Monaten allein zum Abendessen in Wendt's Biergarten. Er saß stumm bei Tisch, knetete seine Hände und starrte auf seinen Teller, und auch später, als die Gäste träge auf den geflochtenen Matten lagen und halblaut Lieder sangen, miteinander scherzten und die Ereignisse des Tages besprachen, redete er mit niemandem ein Wort, sondern hielt den Blick unablässig auf die Lücke im Stachelverhau gerichtet, ob da nicht endlich Veronika auftauchen möge, und lief alle paar Minuten in die Nacht hinaus, um nach ihr zu rufen.

»Jetzt gib endlich Ruhe und setz dich zu uns«, sagte Wendt. »Dein Kätzchen wird schon irgendwann heimkommen.«

Tellmann gab keine Antwort, aber er gehorchte und setzte sich hin.

»Sie ist ein Wildtier, Rudi«, sagte Rüter. »Da ruft gelegentlich die Natur, besonders im Frühling. Das weißt du doch, du als Jäger. Wenn sie Hunger hat, kommt sie dann von allein heim.«

In Tellmanns Blick leuchtete Hoffnung auf, und um seine Mundwinkel spielte ein Lächeln.

Der junge Wendt lachte, vielleicht ein wenig zu laut. »Du stellst dich an, als wäre die Unschuld deiner Töchter in Gefahr! Jetzt trink noch ein Glas, dann gehen wir schlafen.«

Sie fanden Veronika acht Stunden später. Über den Bergen kündigte ein erstes Glimmen den neuen Tag an, im Dorf krähten die Hähne, aus den Häusern stieg der Rauch morgendlicher Herdfeuer, auf den Straßen streunten Hunde und Schweine. Über den Trampelpfad, der auf die Landzunge hinausführte, rannten aufgeregt zwei Schatten, ein großer und ein kleiner. Der große Schatten war Kahigi, einer der beiden Bantumänner, die ihre Abende in Wendt's Biergarten verbrachten; der kleine Schatten war ein achtjähriger Junge aus dem Dorf. Sie schlichen in weitem Bogen um Tellmanns Haus herum, rannten achtlos an Anton Rüters Haus vorbei und klopften heftig an Wendts Tür.

»Rasch, Hermann!«, sagte Kahigi. »Dieser Junge hier hat Tellmanns Katze gefunden, als er seine Ziegen auf die Weide treiben wollte. Im Wäldchen hinter der Kaserne!«

»Veronika? Wieso habt ihr sie nicht hergebracht?«

»Komm mit und schau's dir an. Mach rasch, bevor die anderen aufwachen.«

Veronikas Fell lag mitten in der Waldlichtung, zum Trocknen aufgespannt zwischen vier Pflöcken. Ihr nackter, blutiger Schädel lag in einiger Entfernung und war schwarz vor Ameisengewimmel, und ihre schönen, goldbraunen Augen starrten ins Leere. Den Rest des Kadavers hatten wohl die Hyänen mitgenommen. Hermann Wendt kniete nieder und streichelte das Fell. Dann löste er die Stöcke aus der Erde, rollte das Fell ein und reichte es Kahigi. »Mach was damit, ja?«, sagte er leise. »Nimm's bitte mit und mach irgendwas damit.« Dann ging er hinüber zu Veronikas Schädel und hob mit einem der Stöcke eine kleine Grube aus. Gerade als er den Schädel hineinlegen und die Grube wieder zuschütten wollte, hörte er hinter sich im Wäldchen Schritte. Es war Rudolf Tellmann.

»Ach Rudi, verdammter Mist«, sagte Wendt.

Tellmann sah das Fell in Kahigis Arm, und er sah den Schädel mit den goldbraunen Augen. Er machte auf dem Absatz kehrt und ging steifen Schrittes zurück durch den Wald. Hermann Wendt, Kahigi und der Dorfjunge folgten ihm in einigem Abstand. Sie wagten es nicht, ihn einzuholen.

An jenem Morgen blieb Rudolf Tellmanns Tür verschlossen. Sie blieb verschlossen, als Anton Rüter anklopfte, und sie blieb auch verschlossen, als der junge Wendt ihn anflehte, doch bitte aufzumachen. Also gingen Rüter und Wendt ohne ihn zur Arbeit in der Annahme, dass er irgendwann von selbst auf der Helling auftauchen werde.

Das tat er nicht. Es wurde Mittag, dann Nachmittag und Abend, und Tellmann tauchte nicht auf. Und als Rüter und Wendt nach Feierabend bei ihm vorbeischauten, stand seine Tür offen. Das Haus war leer und sauber ausgekehrt, als ob nie ein Mensch darin gewohnt hätte, und die Beete im Gemüsegarten waren frisch geeggt und eingeebnet. Wendt und Rüter hielten Ausschau, ob Tellmann vielleicht irgendwo in der Landschaft hockte samt seinem Gepäck. Sie ließen ihre Blicke über die Landzunge und zu den Bergen hinaufschweifen, und dann schauten sie sogar auf den See hinaus, als ob sie ihm zutrauten, dass er im Kanu nach dem kongolesischen Ufer geflohen sein könnte. Aber er war nirgends zu sehen. Stattdessen tauchte in der Abenddämmerung eine weiß uniformierte Gestalt auf. Es war Kapitänleutnant von Zimmer.

»Haben Sie Rudi Tellmann gesehen?«, fragte Wendt.

»Deswegen bin ich hier. Und melden Sie sich gefälligst anständig an, Landsturmmann Wendt.«

»Jawohl, Herr Kapitänleutnant. Haben Sie Tellmann gesehen?«

»Ich bin gekommen, um Ihnen zu sagen, dass Landsturmmann Tellmann zur Truppe gestoßen ist und ab sofort in der Kaserne wohnt. Er ist gegen

Mittag anmarschiert und hat sein Gepäck und sein Gewehr im Mannschaftsraum abgestellt.«

»Wieso das denn?« Rüter war fassungslos.

»Er spricht kein Wort, mit niemandem. Nickt nur und schüttelt den Kopf. Hat von sich aus und ohne Befehl einen Besen genommen und den ganzen Exerzierplatz gekehrt. Ausgesprochen gründlich übrigens. Komischer Kauz. Aber sehr brauchbar.«

»Ich brauche Tellmann auf der Werft«, sagte Rüter. »Ohne ihn wird die *Götzen* nie fertig.«

»Sie werden die *Götzen* schon fertigstellen, Rüter.« Von Zimmer lächelte böse. »Sehr bald schon. Verlassen Sie sich drauf.«

»Ich danke Ihnen für das Vertrauen, Herr Kapitänleutnant, aber ohne Tellmann ...«

»Ich vertraue Ihnen nicht, Rüter, ganz gewiss nicht. Aber Sie werden die *Götzen* fertigstellen, weil ich es will, und weil ich nötigenfalls dafür sorgen werde. Wenn Sie dafür den Tellmann brauchen, schicke ich ihn tageweise hinunter zur Helling. Ansonsten absolviert er die Grundausbildung in der Kaserne. Und Sie beide, meine Herren, werden das auch bald tun. Zugschule, Kurzausbildung an leichter Artillerie. Salutieren, Achtungsstellung, Kniebeugen mit vorgehaltenem Karabiner. Schießen auf bewegliche Ziele. Nachtmarsch mit Sturmgepäck. Sobald die *Götzen* fertig ist. Wann ist es so weit – in zwei Wochen? Drei Wochen?«

»Herr Kapitänleutnant«, sagte Wendt und trat einen Schritt vor. »Jemand hat Tellmanns Gepardenweibchen getötet.«

»Die Katze, Ihr Maskottchen?«

»Richtiggehend abgeschlachtet.«

»Schade«, sagte der Kapitänleutnant. »Ein hübsches Tier. Männer brauchen ein Maskottchen, wenn sie lange unter sich sind, nicht wahr? Wir haben auch eins in der Kaserne. Eine kleine, weiße Ziege, die Leutnant Junge vor ein paar Monaten angeschleppt hat. Die Männer sind ganz vernarrt in das Tier.«

»Wir haben den Kadaver im Wäldchen hinter der Kaserne gefunden. Auf der Lichtung, auf der Ihre Soldaten sonntags gern Fußball spielen. Wissen Sie etwas darüber, Herr Kapitänleutnant?«

»Sagen Sie, Wendt, was ist denn das für ein Ton? Sie nehmen mich doch nicht etwa ins Verhör?«

»Ich bitte um Antwort.«

»Jetzt hören Sie mir gut zu, Sie Grünschnabel«, sagte von Zimmer leise und machte nun ebenfalls einen Schritt auf Wendt zu, sodass sie einander dicht gegenüberstanden. »Es ist Krieg, falls Sie das noch nicht kapiert haben. Sie und Ihre Freunde gehen mir schon lange auf die Nerven mit Ihren Privatunterkünften, Ihren Weibergeschichten, Ihren Massai-Kumpanen und Ihrer Sonderverpflegung. Ihr Zivilistengetue ist schädlich für die Moral der Truppe. Also verschonen Sie mich mit Ihrer Tierliebe und benehmen Sie sich wie Soldaten. Hier stelle ich die Fragen, und Sie antworten mit Jawohl und Nein und zu Befehl. Ist das klar?«

Wendt und Rüter schwiegen.

»Ist das klar?«

»Jawohl, Herr Kapitänleutnant.«

»Jawohl, Herr Kapitänleutnant.«

»Sonst stecke ich Sie in die Arrestzelle. Die ist um einiges ungemütlicher als Ihr Biergarten.«

»Zu Befehl, Herr Kapitänleutnant.«

»Dann ist es gut. Wir wollen uns nicht wegen einer toten Katze streiten. Nehmen Sie einfach zur Kenntnis, dass Landsturmmann Tellmann heute beschlossen hat, zur Truppe zu stoßen. Falls Sie beide den Wunsch haben sollten, schon vor Fertigstellung der *Götzen* ebenfalls in die Kaserne umzuziehen, sind Sie jederzeit willkommen.«

»Danke, Herr Kapitänleutnant.«

»Bis auf Weiteres, Herr Kapitänleutnant …«

»Übrigens geht die *Wissmann* morgen wieder auf Feindfahrt. Diesmal übernehme ich selbst das Kommando, Oberleutnant Horn wird den Landungstrupp leiten. Natürlich brauche ich wieder einen Ersten Maschinisten. Man weiß ja nie, wann die alte Dampfmaschine den Geist aufgibt. Wer von Ihnen fährt mit – Sie, Gefreiter Rüter? Oder Sie, Landsturmmann Wendt? Nein? Auch gut, dann nehme ich den Tellmann mit. Er ist ein ziemlich guter Schütze, nicht wahr?«

»Ach woher«, sagte Wendt. »Zielen kann er vielleicht, aber abdrücken tut er nie.«

»Sehr gut. Besser so als umgekehrt. Zielen muss man können, abdrücken nur wollen. Das kriegen wir schon hin. Ich werde ihn jedenfalls schon mal als Scharfschützen bei Oberleutnant Horn einteilen. Gute Nacht, meine Herren.«

Da Rudolf Tellmann von jenem Tag an monatelang kaum mehr ein Wort sprach, kann niemand wissen, was er auf seiner ersten Feindfahrt erlebt hat. Bekannt ist lediglich, dass an jenem 7. Oktober 1914 eingeborene Spione Kapitänleutnant von Zimmer zugetragen hatten, dass die Belgier ihre *Alexandre Delcommune* weiter den Strand hinaufgezogen hätten, um sie zu reparieren, und dass der Kapitänleutnant das keinesfalls zulassen wollte. Bekannt ist ferner, dass Rudolf Tellmann sich am Morgen des 8. Oktober in eine brandneue Schutztruppenuniform kleidete, und dass er im Gleichschritt mit fünfzig anderen Soldaten von der Kaserne hinunter zur *Wissmann* marschierte, als hätte er zeitlebens nichts anderes getan, und dass er Rüter und Wendt, die traurig und beschämt auf dem Pier standen, keines Blickes würdigte. Von dem Moment an aber, da die Askari die Leinen losmachten und das Schiff dem Horizont entgegendampfte, verlieren wir ihn aus den Augen. Um uns eine Vorstellung von den Ereignissen der folgenden Nacht zu machen, sind wir auf den Rapport Kapitänleutnants von Zimmer angewiesen, der im Militärarchiv in Freiburg im Breisgau nachzulesen ist.

Ich beschloss, sofort mit der Hedwig von Wissmann *hinzufahren*, schreibt von Zimmer, *den Dampfer abzuschleppen oder zu sprengen, bevor er wieder fahrtbereit wäre. Am 8./9. Oktober 1914 fand die nächtliche Sprengung der* Alexandre Delcommune *am Strande von Albertville statt. Die Ankunft bei den am Strande vorgelagerten Inseln hatte ich so spät angelegt, dass die Boote bei Tage von Land aus nicht gesehen werden konnten. Gegen 10 Uhr abends schickte ich eine Landungsabteilung von 30 Mann unter Oberleutnant zur See Horn mit Dampfpinasse und Schleppboot von der* Hedwig *an Land mit dem Befehl, von der Landungsstelle bis zum Liegeplatz der* Delcommune *vorzustoßen und an Ort und Stelle festzustellen, ob eine Aussicht des Abschleppens bestände. War sie nicht vorhanden, sollte die Abteilung den Dampfer sprengen.*

Die in Albertville stationierte belgische Kompagnie hatte ihr Lager halbkreisförmig um die Delcommune *aufgeschlagen. Oberleutnant z.S. Horn gelang es, mit allen Leuten durch den Postengürtel hindurch- und dicht an den Dampfer heranzuschleichen, bevor er bemerkt wurde. Sowie der Feind alarmierte, stieß Horn an den Dampfer vor. Dieser lag hoch mit dem Vorschiff auf dem Strand, ein aus Sand oder anderm Material hergestellter Wall schützte den Dampfer vor dem Wellenschlag der Brandung. An ein Abschleppen war daher nicht zu denken, er musste gesprengt werden. Maschinist Matuschek und Vicefeldwebel Knaak warfen 2 Dynamitkisten in den Heizraum und zündeten die Zündschnüre an, die an-*

deren Kisten konnten nicht mehr angebracht werden, da der vielfach überlegene Feind, nachdem er sich von seiner Überraschung erholt hatte, nunmehr so stark drängte und die Abteilung abzuschießen drohte, dass schleunigst Loslösung vom Feinde und Wiedereinschiffung geboten war. Von der Dunkelheit unterstützt, gelang beides ohne Verluste. Nach der Detonation fuhr ich nach Kigoma zurück.

13
Schwarze Spinnen im Gesicht

Wenige Tage nach Rudolf Tellmanns erster Feindfahrt begann am Tanganikasee die kleine Regenzeit. Der Regen setzte am 25. Oktober zu nachtschlafender Zeit ein, erst leise und zaghaft, dann immer kräftiger und lauter. Es war ein lauer und lauter Regen, der in dicken, fetten Tropfen fiel und einige Wochen anhalten würde, und er fiel wie ein bleicher Vorhang über die Welt. Am windstillen Himmel hingen schwere, schwarze Wolken und wollten tagelang nicht weiterziehen, und unten auf der Erde war alles matt und nass und klamm. Unaufhörlich flackerte Wetterleuchten über dem See, in der Ferne grollte der Donner. Den ganzen Tag herrschte Dämmerlicht. Die Blätter der Bäume waren fett und schwer, die kleinen Tiere versteckten sich in Erdhöhlen, die großen standen mit hängenden Ohren unter Bäumen. Wendt's Biergarten versank im Schlamm. Die waldlosen, kahlen Hänge über Kigoma gerieten ins Rutschen, klaffende Erdspalten öffneten sich auf den Wiesen, und in den Spalten zerrissen mit lautem Knall die Wurzeln der Bäume, die für den Eisenbahnbau gefällt worden waren. Menschen sah man nur selten. Die schwere, schwüle Luft war kaum zu atmen und auch am hellen Tag von Moskitoschwärmen erfüllt. Ab und zu huschte eine Menschengestalt von einem Haus zum nächsten. Manchmal stieg jemand aufs Dach, um ein Loch im Blätterwerk zu decken. Gelegentlich trieb einer seine Rinderherde von einem Gehege zum anderen. Wege und Straßen versumpften und wurden unpassierbar. Was jenseits der Berge in der weiten Welt geschah, wusste man nicht, da die Telegraphenleitung unterbrochen war. Auch die Eisenbahn fuhr nicht mehr, wahrscheinlich wegen eines Erdrutsches oder eines umgestürzten Baumes. Nur die Soldaten setzten ihre Patrouillenfahrten mit der *Hedwig von Wissmann* auf dem Tanganikasee fort.

Die *Götzen* lag auf der Helling, als würde sie die Sintflut erwarten. Der Regen prasselte aufs Deck und auf die Aufbauten, und das Getrommel dröhnte und hallte im Bauch des Schiffes, wo es dunkel, heiß und feucht war und hunderttausend Stechmücken Zuflucht vor dem Regen gefunden hatten. In dieser luftlosen Finsternis arbeiteten Anton Rüter und Hermann Wendt im Licht von Petroleumlampen. Sie verlegten Dampfrohre und elektrische Leitungen. Die großen, aufwendigen Arbeiten waren abgeschlossen, sie waren nun oft allein auf der Werft. Die zweihundert Hilfsarbeiter, für die es keine Beschäftigung mehr gab, hatte Rüter entlöhnen und nach Hause entlassen wollen; aber Kapitänleutnant von Zimmer hatte auf Erfüllung ihrer mehrjährigen Arbeitsverträge bestanden und die Arbeiter umgehend als Träger für die Schutztruppe verpflichtet. Nur mit Mühe hatte Rüter den Kapitänleutnant dazu bewegen können, wenigstens den zwölf Massai die Freiheit zurückzugeben und ihm die zwei Bantumänner Mkwawa und Kahigi, zu denen er während der langen Abende in Wendt's Biergarten eine herzliche Zuneigung entwickelt hatte, als Handlanger auf der Werft zu belassen.

In jenen Tagen wurde Anton Rüter erstmals krank. Es begann damit, dass er keinen Appetit mehr hatte und sich in zunehmendem Maß schwach und gliederschwer fühlte. Dann fing ihm der Schädel an zu brummen und zu glühen, und seine Körpertemperatur stieg auf über vierzig Grad. Nachts fand er keinen Schlaf, weil es unter dem Netz vor stickiger Schwüle ebenso wenig auszuhalten war wie außerhalb, wo sich die Moskitos wie toll gebärdeten. Er wälzte sich nackt auf seiner Bettstatt aus Zebralederstreifen und horchte in die drohend schweigende Nacht hinaus, zündete die Laterne an und nahm ein Buch unters Netz, um sich die langen Stunden bis zum Morgengrauen zu verkürzen, aber der Kopf war dumpf, und die Hände zitterten, und die Schrift verschwamm hinter undeutlichen Gedanken, die unaufhaltsam dorthin glitten, wo er nicht war: nach Papenburg, zu seiner Frau und seinen Kindern. Und wenn er dann fiebernd und schwitzend endlich einschlief, um tage- und nächtelang nicht mehr zu Bewusstsein zu gelangen, wurde er heimgesucht von Albträumen und Visionen, die ihn mal hinaus in die schwärzesten Tiefen des Universums, dann hinein zum weiß glühenden Mittelpunkt der Erde katapultierten. In seinen lichten Augenblicken sah er Samblakira, die ihm die Stirn abwischte, Brei einlöffelte und dazu »Kula, kula« brummte, und in der nächsten Sekunde befand er sich wieder auf einem Höllenritt durch Kanonendonner, Pulverdampf und spritzendes Blut. Dann stand er auf dem Kasernenhof und exerzierte in der Mittagshitze bis zum Umfallen, die *Götzen* war aus Papier und brannte lichterloh, und Kapitänleutnant von Zimmer schnitt sich seine Zebrahaut eigenhändig streifenweise vom Leib. Nächtelang hockten Rüter schwarze Spinnen im Gesicht, tagelang krochen rote Ameisen auf ihm herum – und nach zwei Wochen war alles vorbei. Seine Stirn war wieder kühl, der Blick klar. Anton Rüter stand auf, trank einen starken Kaffee und schleppte sich, noch ein wenig wacklig auf den Beinen, hinunter zur Werft, wo er von den wachhabenden Askari erfuhr, dass Wendt ebenfalls vom Fieber niedergestreckt worden war.

Der verstummte Rudolf Tellmann tauchte, da das Nieten nun beendet war, kaum mehr bei der *Götzen* auf, sondern blieb in der Kaserne. Er trug nun immer Uniform und tat klaglos Dienst bei der Truppe, und in seiner freien Zeit besserte er Mauerwerk aus, kümmerte sich um die Wartung der Lichtmaschine und grub auf dem Exerzierfeld Ablaufkanäle fürs unaufhörlich strömende Regenwasser. Wenn man ihn ansprach, hörte er einem zu und nickte, aber niemals kam ein Wort über seine Lippen. Er sprach mit niemandem, auch nicht mit Kapitänleutnant von Zimmer, der den Sonderling klugerweise in Frieden ließ und auf jede Maßregelung verzichtete. Wenn die *Wissmann* auf Patrouillenfahrt ging, fuhr Tellmann als Maschinenmeister mit. In Wendt's Biergarten zeigte er sich nicht mehr, und wenn er auf seinen Wegen zufällig Rüter oder Wendt begegnete, so tat er, als kenne er sie nicht, und lief rasch zurück in die Kaserne.

So wurde es einsam um Anton Rüter und Hermann Wendt. Da der Biergarten im Regen ertrank, trugen sie die Zebraledermöbel hinunter zur *Götzen* und richteten sich auf der Kommandobrücke eine gemütliche, luftige und durch Moskitonetze geschützte Ecke her, in der sie fortan ihre Abende verbrachten. Mamadou lieferte weiterhin das Hirsebier, Samblakira die Mahlzeiten. Manchmal kamen Mkwawa und Kahigi zum Essen, gelegentlich auch der schöne Massai Mkenge. Zur Schlafenszeit löste sich die Gesellschaft auf. Die Afrikaner gingen zurück ins Dorf, Rüter und Wendt nahmen allein den Trampelpfad hinauf zu ihren Häusern unter die Füße. Später, wenn es dunkel war und alles schlief, schlich manchmal im Regen Samblakira zur Landzunge hinaus und verschwand in einem der beiden Häuser – ob bei Rüter oder Wendt, wussten diese im voraus nie. Kurz vor dem ersten Hahnenschrei lief sie rasch ungesehen nach Hause. Und wenn Wendt und Rüter eine Stunde später Seite an Seite hinunter zur Helling gingen, verloren sie nie ein Wort darüber.

Große Aufregung herrschte an jenem Tag Mitte November 1914, an dem endlich wieder ein Zug über den Berg kam. Anton Rüter und Hermann Wendt waren tief im Innern der *Götzen* mit der Montage der Pleuelstangen an der zweiten Dampfmaschine beschäftigt, als sie durchs Regengetrommel das lauter werdende Stampfen und Pfeifen einer Dampflokomotive hörten. Sie stürmten hinauf an Deck und sahen, wie der Zug am Bahnhof vorbei geradewegs zum Hafen fuhr und unter dem Drehwippkran zum Stillstand kam. An die Lokomotive angehängt waren vier Tiefladegüterwagen. Auf ihnen lag, durch drei Querschnitte säuberlich in vier Teile zersägt, ein etwa fünfzehn Meter langes Dampfboot. Der Bug lag auf dem vordersten Wagen, die zwei Teile des Mittschiffs lagen in der Mitte, und das Heck befand sich auf dem hintersten Wagen.

Rüter ahnte, dass auch das nichts Gutes bedeutete. »Was ist das denn?«, sagte er ärgerlich. »Was zum Teufel soll das denn nun wieder sein?«

Das gevierteilte Boot war noch kleiner und noch armseliger als die *Wissmann.* Die Eisenplatten am Bug waren rostig, die Messingrohre mit Grünspan bedeckt, und das Holz der Deckaufbauten war grau und voller Risse. In welchem Zustand die Dampfmaschine war, konnte Rüter auf die Entfernung nicht sehen. Aber er konnte es sich vorstellen.

»Keine Ahnung, was das sein soll«, sagte Wendt. »Auf jeden Fall schwimmt's nicht.«

»Ich wette, wir müssen's zum Schwimmen bringen.«

»Das wird niemals schwimmen. Eine Würstchenbude können wir draus machen, oder ein Karussell für die Kinder. Zur Not auch einen Schweinekoben. Aber schwimmen tut's nicht. In hundert Jahren nicht.«

»Wir müssen's bestimmt zum Schwimmen bringen«, sagte Rüter. »Da, der Kapitänleutnant.«

Gustav von Zimmer sprang aus dem Führerstand der Lokomotive, schaute hinauf zur *Götzen* und winkte Rüter und Wendt mit zwei Fingern zu sich herunter.

»Na, Gefreiter Rüter, Sie sind heute wieder mal fröhlich, wie?«

»Ich habe nicht gelacht, Herr Kapitänleutnant.«

»Nicht so richtig, ich weiß schon, das können Sie gar nicht. Aber doch so ein bisschen, nach Ostfriesenart, nicht wahr?«

»Ich bin kein Ostfriese, Herr Kapitänleutnant.«

»Nein? Ich denke, Sie sind aus Papenburg?«

»Das liegt im Emsland.«

»Na, sehen Sie, das sage ich doch. Darf man wissen, was Sie heute so fröhlich stimmt? Ist es wieder unsere Marine?«

»Jawohl, Kapitänleutnant.«

»Ich verstehe. Meine Herren, was Sie hier sehen, ist das Zollschutzdampfschiff *Kingani*, das ab sofort die *Wissmann* bei der Verteidigung unseres Territoriums unterstützen wird.«

»Woher kommt sie?«

»Aus Daressalam. Zwanzig Jahre alt. Ich habe sie gerade noch rechtzeitig weggeschafft, bevor die Engländer den Hafen besetzt haben. Und in letzter Minute habe ich noch einen ganzen Güterwagen an persönlichen Ausrüstungsgegenständen mitgehen lassen. Jetzt kriegen Sie endlich Uniform. Kommen Sie heute Nachmittag zur Anprobe in die Kaserne. Sie natürlich auch, Wendt.«

»Jawohl, Kapitän. Das zersägte Schiff hier …«

»Die *Kingani*?«

»Wir sollen sie wieder flottmachen, nehme ich an.«

»Lassen Sie mal, der Tellmann macht das schon, ich habe das bereits mit ihm besprochen. Er nietet sie zusammen, dauert keine drei Tage – falls ich seine Mimik richtig gedeutet habe. Wie läuft es mit der *Götzen*?«

»Wir kommen voran«, sagte Rüter. »Es fehlen ein paar Teile. Wenn die wieder auftauchen, sind wir in zwei oder drei Wochen fertig. Danach brauchen wir noch mal etwa zehn Tage für die Sicherheitsprüfungen, und dann könnte man den Stapellauf …«

»Ihnen fehlen Teile?«, fiel ihm der Kapitänleutnant ins Wort. »Ihnen fehlen Teile, Gefreiter Rüter?«

»Leider.«

»Wichtige Teile?«

»Der Stromgenerator. Und eine Kiste mit Schaltern und Sicherungen.«

»Der Stromgenerator fehlt? Heißt das, er war nie da? Oder ist er verschwunden?«

»Bei der letzten Inventur vor drei Monaten war er noch da. Ganz hinten im zweiten Materialschuppen. Jetzt ist er weg.«

»Weg? Wie konnte das geschehen? Haben Sie eine Erklärung?«

»Leider nein.«

»Jetzt passen Sie gut auf, Gefreiter Rüter, und überlegen Sie sich genau, was Sie mir antworten.«

»Jawohl, Herr Kapitänleutnant.«

»Ich nehme an, Sie haben gründlich nach dem Generator gesucht.«

»Selbstverständlich.«

»Sie haben sämtliche Räumlichkeiten durchsucht und alle Leute verhört.«

»Jawohl.«

»Trotzdem blieb er auf mysteriöse Art verschwunden, und Sie haben keine Erklärung dafür.«

»So ist es.«

»Ich verstehe. Nun, das wird sich klären lassen. Wir werden den Generator finden, verlassen Sie sich drauf. Er ist ein unverzichtbarer Bauteil, nehme ich an?«

»Jawohl.«

»Was geschieht, wenn die *Götzen* keinen Generator hat?«

»Dann fallen sämtliche elektrischen Einrichtungen aus: die Beleuchtung, die Lüftung, die elektrischen Hebekräne und die Eismaschine. Und vor allem die Ruderanlage.«

»Das Schiff ist nicht mehr steuerbar?«

»Wir haben noch das Handruder, aber das reicht nicht.«

»Verstehe. Wie schwer ist der Generator?«

»Einskommadrei Tonnen.«

»Ziemlich schwer, wenn man so was durch den Busch schleppen muss, nicht wahr? Damit kommt man nicht weit.« Kapitänleutnant von Zimmer sah hinüber zum Drehwippkran, der gerade den Bug der *Kingani* vom Güterwagen hob. »Wissen Sie, was ich mich frage? Wieso einer einen Stromgenerator stiehlt. Was könnte man damit anstellen, mitten im Busch?«

»Gar nichts, Herr Kapitänleutnant. Im Busch ist der Generator komplett nutzlos.«

»Nicht wahr? Sonderbar. Haben Sie eine Erklärung?«

»Leider nicht.«

»Das dachte ich mir, dass Sie dafür keine Erklärung haben. Jedenfalls wär's das Beste für uns alle, wenn der Dieb ihn zurückbringen würde – vorzugsweise nachts, wenn niemand ihn sehen kann. Meinen Sie nicht auch?«

»Jawohl, Kapitän.«

»Und zwar am besten gleich heute Nacht. Ich rate das dem Dieb dringend. Es wäre wirklich gut, wenn ich mich nicht auf die Suche machen müsste.«

Anton Rüter schwieg.

»Aber wenn es sein muss, werde ich es tun, und dann werde ich den Generator finden. Verlassen Sie sich drauf, Rüter.«

* * *

Natürlich blieb es nicht unbeobachtet, dass mitten in London Gebäude in die Luft flogen und Kanonen ins Wasser fielen. Aber Commander Spicer Simson achtete streng darauf, dass seine Mission geheim blieb. Er verschloss sorgfältig die Bürotür, wenn potenzielle Expeditionsteilnehmer bei ihm vorstellig wurden, und bevor er ihnen die Einzelheiten des Unternehmens auseinandersetzte, verpflichtete er sie zu äußerster Verschwiegenheit. Auch seine Gattin Amy verriet niemandem außer ihrer Freundin Shirley Hanschell ein Sterbenswort. Trotzdem tauchten schon wenige Tage nach den ersten Rekrutierungsgesprächen zwielichtige Gestalten in Spicers Büro auf, die in der Kneipe von der Expedition gehört hatten und gern dabei sein wollten, wenn ein Kriegsschiff durch den Dschungel geschleppt wurde.

In jenen Augenblicken wünschte Spicer sich sehr, dass ihn mindestens ein echter Freund, dem er vertrauen konnte, auf der Reise begleitete. So verfiel er eines Morgens auf die Idee, Doktor Hanschell als Expeditionsarzt anzuwerben. Dieser war zwar Zivilist und nicht gerade das, was man einen engen Freund nannte, aber immerhin war er der Ehemann der besten Freundin seiner Frau, und zudem verfügte der Doktor über jahrelange Erfahrung als Tropenarzt in Afrika. Spicer ging zum Telephon, ließ sich mit dem Seemannshospital an den Royal Albert Docks verbinden und Doktor Hanschell ausrichten, dass die Admiralität ihn dringend auffordere, auf der Stelle in streng geheimer Angelegenheit in Whitehall bei Commander Spicer Simson vorstellig zu werden. Die Krankenhaustelephonistin machte eine Notiz und rief einen Laufburschen herbei, und der brachte den Zettel dem Doktor auf die Station.

Hanschell las die Nachricht, lachte leise auf und ging ans Fenster. Dringliche Aufforderung. Streng geheim. Vorstellig werden. Eigentlich hatte er keine Zeit für Spicers Kapriolen, sein Arbeitstag war reichlich angefüllt; gleich musste er zum Rapport mit den Assistenzärzten, dann standen Krankenvisiten und drei kleine chirurgische Eingriffe auf der Tagesordnung. Andererseits war er neugierig, was für eine streng geheime Angelegenheit sein exzentrischer Freund wohl ausgeheckt hatte, und es machte ihm Spaß, als Zivilist im Kasernenhofton herbeizitiert zu werden.

»Hallo, lieber Doktor!« Spicer Simson wirkte verjüngt und aufgedreht. Er begrüßte Hanschell herzlich und ohne zu näseln, was darauf schließen ließ, dass er guter Dinge war. »Das hier ist mein Bürokollege Major Thompson, vor dem wir keine Geheimnisse zu haben brauchen. Er war ursprünglich als Führer unserer Mission vorgesehen, konnte sich aber nicht dazu entschließen. Ist es nicht so, Major?«

»Wie geht es Ihnen«, sagte der Major und schaute kurz von seinen Akten auf.

»Danke sehr«, sagte Hanschell. »Entschuldigen Sie, dass ich Sie bei der Arbeit störe.«

»Unsinn, wir stören doch nicht«, rief Spicer und legte Hanschell, was er noch nie getan hatte, die Hand auf die Schulter. »Wenn wir erst unterwegs sind, wird der Major so viel Ruhe haben, wie er sich nur wünschen kann.«

»Unterwegs?«, fragte Hanschell.

»Wir gehen auf geheime Mission«, sagte Spicer. »Sie und ich. Marineexpedition. Über Land ins Herz Afrikas.«

»Nach Afrika?«

Nun sah Major Thompson wiederum von seinen Akten auf, tippte sich an die Stirn und sagte: »Das-ist-ein-ganz-und-gar-unmögliches-Unterfangen.«

»Sie meinen die Tanganika-Sache?«, fragte Hanschell. »Da soll ich mitgehen?«

»Sie … sind auf dem Laufenden?« Spicer war unangenehm berührt.

»Meine Frau hat etwas erwähnt.«

»Shirley?«

»Ganz recht.«

»Sie weiß … Bescheid?«

»Man will ein Schiff auf dem Landweg zum Tanganikasee bringen, nicht wahr? Ihre Frau hat meiner Frau davon erzählt.«

»Ich verstehe«, sagte Spicer, trat ans Fenster und wandte dem Doktor und dem Major den Rücken zu. Als er die Fassung wiedererlangt hatte, drehte er sich um, wischte mit einer Handbewegung seine

Verärgerung beiseite und sagte: »Umso besser! Dann müssen wir nicht um den heißen Brei herumreden. Hanschell, Sie sind der Mann, den ich brauche. Sie sind Spezialist für Tropenkrankheiten und haben Afrikaerfahrung, und ich kenne Sie als zuverlässigen Mann. Ich will, dass Sie als Expeditionsarzt mitkommen, im Rang eines Leutnants der königlichen Marine. Vier Monate, höchstens sechs, dann sind Sie wieder zu Hause. Was sagen Sie dazu?«

»Ich bin alles andere als Soldat, Commander.«

»Dann werden Sie jetzt eben einer! Die Langeweile im Krankenhaus hat für Sie ein Ende. Stehen Sie mal gerade. So. Nein, so. Und jetzt salutieren Sie. Na los, salutieren Sie!«

Hanschell wehrte erst ab, ließ sich dann aber auf die Komödie ein und salutierte.

»Na?«, sagte Spicer. »Was sagen Sie?«

»Ihr Angebot ehrt mich.«

»Und?«

»Ich werde darüber nachdenken.«

»Da gibt's nichts nachzudenken, mein Lieber, wir ziehen in den Kampf! Seite an Seite, für Gott, König und Vaterland! Zu den großen Seen Afrikas, auf den Spuren von Livingstone und Stanley!«

»Das klingt sehr verlockend«, sagte Hanschell, der erst jetzt Gewissheit hatte, dass Spicer es tatsächlich ernst meinte. »Ich werde darüber schlafen, dann gebe ich Ihnen Bescheid.«

»Sie können nicht darüber schlafen, Leutnant Hanschell, dafür haben wir keine Zeit. In zehn Tagen lichten wir Anker. Die Sache eilt, wir müssen vor Beginn der Regenzeit am Ziel sein. Sie müssen sich jetzt entscheiden. Hier und jetzt.«

»Bedaure, dann muss ich absagen. In zehn Tagen kann das Krankenhaus unmöglich Ersatz für mich finden.«

»Niemand ist unersetzbar, mein lieber Hanschell!« Spicer triumphierte. »Die Admiralität hat alles Notwendige in die Wege geleitet. Man sucht schon nach einem erfahrenen Arzt, der Sie vertreten kann.«

»Man sucht bereits?«

»Was Sie brauchen, ist eine Uniform. Gehen Sie zu Gieves, der weiß Bescheid. Kennen Sie Gieves?«

»In der Bond Street. Die Admiralität sucht tatsächlich schon nach einem Ersatzmann?«

»Seit heute Morgen. Sagen Sie Gieves, dass Sie von mir kommen und eine Marineuniform brauchen. Helles Khaki. Graublaues Hemd. Blaue Rangabzeichen. Passen Sie auf, dass er den Säbel nicht vergisst.«

»Den Säbel?«

»In meiner Einheit hat jeder Offizier einen Säbel.«

»Verzeihung, Commander, aber ich bin Arzt. Was soll ich denn mit einem Säbel – Blinddarmoperationen durchführen?«

Da trat Spicer Simson dicht an Hanschell heran, reckte das Kinn und kniff die Augen zu zwei schmalen Schlitzen zusammen. »Wenn ich Ihnen sage, dass Sie einen Säbel am Gürtel tragen, Leutnant Hanschell, dann tragen Sie einen Säbel am Gürtel.«

»Ich verstehe.«

»Und ab sofort melden Sie sich anständig, wenn Sie das Wort an einen Vorgesetzten richten. Haben Sie mich verstanden?«

»Jawohl, Commander«, sagte Hanschell.

»In Zukunft verzichten Sie auf witzige Kommentare und geistreiche Bemerkungen außerhalb Ihres ärztlichen Fachgebiets. Konzentrieren Sie sich darauf, meinen Befehlen zu gehorchen. Wegtreten.«

»Jawohl, Commander.« Verwundert nahm Hanschell zur Kenntnis, dass die Entscheidung, ob er an Spicers Dschungelmission teilnehmen werde, soeben gefallen war.

14
Eine Armee mit knallbunten Negersocken

Die kleine Regenzeit neigte sich ihrem Ende zu, schon zeigte sich stundenweise die Sonne. Anton Rüter und Hermann Wendt hatten es sich gerade im Schutz der Moskitonetze auf der Kommandobrücke der *Götzen* zur Neunuhrpause gemütlich gemacht, als auf der Eisentreppe das Klang-Klang von Soldatenstiefeln erdröhnte. Sekunden später tauchte über der obersten Treppenstufe Korporal Schäfflers runder, mit rotblonden Borsten übersäter Schädel auf. Das war ungewöhnlich. Seit der Korporal keine Hilfsarbeiter mehr zu eskortieren hatte, war er nie mehr auf der Werft erschienen. Besorgt nahm Anton Rüter zur Kenntnis, dass er nicht grinste und sich nicht mit dem Zeigefinger an den Mützenrand tippte, sondern die Daumen im Gürtel verhakt hatte, die Lippen aufeinander presste und stoßweise durch die Nase schnaufte. Sein Blick ging aus schmalen Sehschlitzen sorgenvoll zu den Hügelkämmen hinauf, als sei dort jeden Augenblick der Einmarsch feindlicher Truppen zu erwarten. Es war augenscheinlich, dass der Korporal nicht privat, sondern in offizieller Mission unterwegs war. Und zwar in einer unangenehmen.

»Herr Kapitänleutnant von Zimmer lässt Ihnen beste Grüße ausrichten«, sagte er, ohne die Hügelkämme aus den Augen zu lassen. »Sie möchten so freundlich sein, ihn in der Kaserne aufzusuchen.«

»Wir beide?«, fragte Wendt.

»Wieso?«, fragte Rüter.

»Sie haben heute Mittag Schlag zwölf Uhr vorstellig zu werden. Herr Kapitänleutnant von Zimmer wird in Ihrem Beisein persönlich dafür sorgen, dass der verschwundene Stromgenerator wieder auftaucht.«

»Wie das denn?«

»Länger als eine halbe Stunde wird es nicht dauern. Danach können Sie wieder verfügen.«

Korporal Schäffler machte grußlos auf dem Absatz kehrt und polterte die Eisentreppe hinunter, wie er gekommen war.

Die Kaserne von Kigoma befindet sich unmittelbar hinter dem Strand in der Nyassa-Bucht, einen knappen Kilometer südlich des Hafens. Heute dient sie als Polizeistation und Distriktsgefängnis. Äußerlich hat sie sich in den hundert Jahren, die seit ihrem Bau durch die deutsche Schutztruppe vergangen sind, kaum verändert. Vier im Quadrat angeordnete, zinnenbewehrte Ecktürme sind verbunden durch viereinhalb Meter hohe, etwa fünfundzwanzig Meter lange Wehrmauern. Der Torbogen zur Straße hin wird verschlossen durch eine dicke, zweiflügelige Tür aus Eichenbohlen, deren Oberkante mit spitzen Eisendornen besetzt ist, und hinter dem Tor hängt ein schmiedeeisernes Fallgitter. Das Mauerwerk ist gleißend weiß getüncht, und in ihrer ganzen Anlage hat die Kaserne das Aussehen einer Sandburg, wie sie auf allen Sandstränden der Welt von kleinen Jungen gebaut werden.

Anton Rüter und Hermann Wendt sprachen nicht viel, als sie an jenem 10. Dezember 1914 kurz vor Mittag auf dem Trampelpfad die Landzunge überquerten, um über den Strand zur Kaserne zu gelangen. Beide waren noch geschwächt vom kürzlich überstandenen Fieber, und Rüters Verdauung war seit Monaten durcheinander, und Wendt hatte einen schmerzhaften Abszess am linken Auge und Sandflöhe unter den Zehennägeln. Sie murmelten abwechselnd kleine Bemerkungen über das Wetter und den See und die Arbeit, vermieden aber jede Andeutung auf die bevorstehende Begegnung und gingen dem Unvermeidlichen langsamen Schrittes und mit gesenkten Köpfen entgegen.

Als sie sich dem Eingangstor auf zehn Schritte genähert hatten, schwangen die Flügeltüren zurück und gaben den Weg in den Innenhof frei. Links und rechts hatte in der sengenden Mittagssonne eine Kompanie Askari Aufstellung genommen. In der Mitte standen, die Gesichter dem Tor zugewandt, in einer Reihe dreizehn Massai, die durch Halseisen und Ketten miteinander verbunden waren. Am rechten Ende der Kette stand Anton Rüters Freund Mkenge. Er hob zum Zeichen des Erkennens die Brauen und lächelte. Rüter und Wendt blieben stehen. Beide sahen sich nach Rudolf Tellmann um, aber der war nirgends zu sehen.

Kapitänleutnant von Zimmer saß hinter den Massai unter dem Schattendach, umgeben von acht weiteren Offizieren. Mit der linken Hand streichelte er eine kleine, weiße Ziege, die neben ihm angepflockt war. »Treten Sie näher, meine Herren, und nehmen Sie Platz«, rief er mit gespielter Munterkeit und deutete auf zwei leere Klappstühle, die links und rechts von ihm standen. »Sie sind pünktlich, das ist erfreulich. Dann wollen wir im Dienste der Sache gleich anfangen.«

»Kapitän, das dürfen Sie nicht tun«, sagte Rüter leise. »Lassen Sie die Männer frei.«

»Sie vergessen sich, Gefreiter Rüter. Schweigen Sie und setzen Sie sich hin. Sie auch, Landsturmmann Wendt.«

Von Zimmer gab zwei Askari einen Wink, worauf diese die dreizehn Massai mit einem einzigen Ruck an der Eisenkette zu Boden rissen. Die Massai stürzten in zwei gegenläufigen Wellenbewegungen in den Staub, zuerst jene an den Enden der Kette, zuletzt jene in der Mitte. Dann streckten sie sich lang aus, legten ihre Gesichter in stolzer Schicksalsergebenheit in den Staub und hielten still. Es machte ganz den Anschein, als ob ihnen der weitere Verlauf der Prozedur bekannt sei.

»Ich habe Sie heute rufen lassen«, hob von Zimmer mit schneidender, weit über den Platz hallender Stimme an, »weil es eine Frage zu klären gilt, die nach meiner Einschätzung von allergrößter, nicht überschätzbarer Bedeutung ist. Das folgende Verfahren wird für uns alle schmerzhaft und unangenehm sein. Es ist mir deshalb wichtig, Ihnen meine

Beweggründe verständlich zu machen.« Von Zimmer stand auf, trat unter dem Schattendach hervor und schritt schweigend die Reihe der am Boden liegenden Massai ab. Dann blieb er abrupt stehen und kehrte an seinen Platz zurück, als sei er zu einem neuen Entschluss gelangt.

»Wissen Sie was, Rüter, eigentlich will ich nur mit Ihnen reden. Es ist längst an der Zeit, dass wir uns ernsthaft unterhalten.« Von Zimmer neigte den Kopf seitlich zu Rüter hin, als seien sie alte Freunde, und sprach leise und zutraulich, aber doch laut genug, dass man ihn über den ganzen Platz hören konnte. »Es wäre für uns beide von Nutzen, wenn Sie mich nicht als Ihren Feind betrachten würden. Wir befinden uns beide in einer ganz ähnlichen Lage, ist es nicht so? Sie und ich sitzen hier draußen im Busch am Ende der Welt inmitten von Krokodilen und Affen und Negerjungs und schlagen uns mit albernem Kram herum, und dabei möchten wir doch beide längst nur noch nach Hause.«

»Ich habe hier ein Schiff zu bauen, Herr Kapitänleutnant«, erwiderte Rüter vorsichtig und behielt dabei die Askari und die im Staub liegenden Massai im Auge. »Wenn das erledigt ist, werde ich sehr gern heim nach Papenburg fahren.«

Von Zimmer nickte nachdenklich. »Papenburg, richtig«, sagte er und schmunzelte, als sei Papenburg ihm ein Ort köstlichster Jugenderinnerungen. »Ich bin aus Regensburg, Sie sind aus Papenburg. Sie bauen Schiffe, ich versenke Schiffe. Wir haben einiges gemeinsam.«

»Wie Sie meinen, Herr Kapitänleutnant.«

»Jeder von uns macht seine Arbeit. Jeder grillt sein Hähnchen, macht mittags sein Nickerchen und gibt acht, dass er nicht von den Hyänen gebissen wird. Wir sitzen im selben Boot.«

»Mag sein«, erwiderte Rüter. »Aber Sie haben das Steuer in der Hand.«

»Meinen Sie?« Von Zimmer lachte. »Glauben Sie wirklich, dass ich den Kurs bestimme?«

»Wer sonst, Herr Kapitänleutnant.«

»Seien Sie nicht wehleidig, Rüter. Sie sind nicht der Einzige, der hier gelegentlich unpässlich ist. Von all meinen Offizieren sind zurzeit nur zwei fieberfrei. Wir haben Durchfall, Fieber, Würmer, Typhus, Schwarzwasser und die Schlafkrankheit, unsere Uniformen und unsere Betten sind voller Läuse, und wir haben unsere Frauen seit Jahren nicht mehr gesehen und wissen schon gar nicht mehr, wie Schwarzbrot schmeckt. Wir sind genau wie Sie seit Monaten vom Nachschub abgeschnitten und ohne Nachrichten von der Außenwelt. Es fehlt uns am Allernotwendigsten, was jede Armee unverzichtbar braucht, und dabei rede ich noch nicht einmal von Waffen und Munition, die uns sehr rasch ausgehen werden, wenn erst mal das Kämpfen losgeht. Ich rede beispielsweise von Socken, Rüter. Es fehlt uns an Socken. Du lieber Himmel, wir reißen den Negerweibern ihre knallbunten Baströcke vom Leib und stricken uns daraus Socken. Wir sind eine Armee mit knallbunten Negersocken, und wir warten auf einen Feind, von dem wir nicht einmal wissen, wo er steckt und ob es ihn überhaupt gibt … Glauben Sie im Ernst, dass hier noch irgendwer den Kurs bestimmt?«

»Sie haben das Kommando, Herr Kapitänleutnant. Sie haben soeben befohlen, dass man diese Männer an der Kette in den Staub reißt.«

»Jawohl, das habe ich. Und gleich werde ich den Befehl zum Auspeitschen geben.«

Von Zimmer machte erneut eine Handbewegung, worauf drei Askari vortraten, von denen der mittlere eine Nilpferdpeitsche in der Rechten hielt. Rüter schnellte hoch und wollte protestieren, aber der Kapitänleutnant packte ihn mit raschem Griff an der Schulter und zwang ihn, sich wieder hinzusetzen.

»Reißen Sie sich zusammen und hören Sie mir zu. Ich bilde mir doch nicht ein, dass ich hier mit meinem Kasperletheater den Krieg entscheide. Während in den Schützengräben und Granattrichtern an der Marne Hunderttausende junger Männer verrecken, tuckern wir über den See wie Vergnügungsreisende und spielen Verstecken mit belgischen Kasperlebooten. Glauben Sie bitte nicht, dass mir das Spaß macht. Ich bin seit zwanzig Jahren Marineoffizier und habe mir den Höhepunkt meiner Laufbahn anders vorgestellt.«

»Wenn das so ist, Herr Kapitänleutnant, befehlen Sie bitte …«

»Was ich am liebsten befehlen würde, ist Strandurlaub für alle. Wenn ich es nicht tue, so nur aus einem einzigen Grund: weil doch die winzig kleine Möglichkeit besteht, dass unser Kasperletheater eben nicht nur kindisch ist, sondern vielleicht doch der Weltgeschichte eine neue Wendung geben könnte.«

»Der Weltgeschichte, Kapitän?«

»Spotten Sie nicht.«

»Ich spotte nicht.«

»Jawohl, das tun Sie. Sie sind ein Spötter. Sie verspotten die *Wissmann*, Sie verspotten die *Kingani* und den braven Korporal Schäffler. Sie verspotten auch mich, Ihren Kommandanten, und wollen ums Verrecken nicht lernen, mich korrekt anzureden. Sie verspotten Gouverneur Schnee und Deutsch-Ostafrika, und wahrscheinlich verspotten Sie auch den Indischen Ozean und unseren Kaiser mit seinem verkrüppelten linken Arm. Ich kenne Sie, Typen wie Sie gibt es in jeder Kompanie. Leute Ihres Schlages leiden daran, dass die Welt ihren Ansprüchen nicht genügt, und deshalb verspotten sie sie und wollen nichts mit ihr zu schaffen haben.«

»Im Gegenteil, Herr Kapitänleutnant. Ich liebe sehr vieles auf der Welt. Ich liebe meine Frau und meine Kinder, und ich liebe meinen Beruf und bin stolz …«

»Ich weiß schon.« Von Zimmer winkte ab. »Sie lieben Ihre Familie, weil sie Ihr eigen Fleisch und Blut ist, und sie lieben die *Götzen*, weil sie Ihr Werk ist. Aber der arme Kahn muss dann gleich das größte, schönste und beste Schiff werden, das die Welt je gesehen hat, nicht wahr? Denn eitel sind Sie schon. Ich wünschte, Sie könnten mir gleichgültig sein, aber ich bin auf Sie angewiesen. Ich kann es mir nicht leisten, dass Sie mich sabotieren.«

»Das würde mir nie einfallen.«

»Heucheln Sie nicht, wir wollen offen reden. Sie würden mich jederzeit sabotieren, wenn es Ihnen nützlich wäre. Und mit der *Götzen* ist es in letzter Zeit verdammt langsam vorwärtsgegangen.«

»Es fehlen wichtige Teile, Herr Kapitänleutnant.«

»Sie würden alles tun, um Ihre Haut zu retten. Sie glauben, dass hier alles sinnlos ist, weil wir von der Welt abgeschnitten sind und auf verlorenem Posten stehen, und Sie wollen mit dem Krieg nichts zu schaffen haben und einfach nur heil davonkommen. Alles andere ist Ihnen egal.«

»Das muss ich allerdings zugeben.«

»Sie werden mich bei der ersten Gelegenheit sabotieren, vielleicht haben Sie es schon getan. Ich nehme Ihnen das nicht übel, aber ich kann es nicht zulassen, und deswegen rede ich mit Ihnen. Ich will Ihnen beweisen, dass es noch immer drauf ankommt, was wir hier tun und lassen, auch wenn die Telegraphenstation tot und die Eisenbahnlinie unterbrochen ist. Ich will Ihnen zeigen, dass jede unserer Handlungen ihre Ursache, ihr Ziel und ihre Wirkung hat, auch die kleinste und unscheinbarste.

Sie haben doch verstanden, weshalb wir die *Götzen* so rasch als möglich fertigstellen müssen?«

»Um die Kontrolle über den See zu behalten.«

»Richtig. Wenn der See unser ist, gehört uns auch das Ufer, und dann möglicherweise alles Land hinter den Ufern. Das ist eine Menge Land, Rüter. Rhodesien, Kongo, Ruanda, Urundi, eventuell sogar Uganda und Kenia – mithilfe der *Götzen* können wir uns die Kontrolle über ein schönes Stück Afrika sichern. Und je stärker wir in Afrika sind, desto schwächer wird der Feind auf dem europäischen Schlachtfeld. Je mehr Soldaten die Briten gegen uns nach Afrika schicken müssen, desto weniger haben sie an der Marne zur Verfügung. Können Sie mir folgen? Und Sie auch, Wendt?«

Anton Rüter schwieg, und Hermann Wendt, für den das Räderwerk marxistischer Geschichtstheorie längst zum Stillstand gekommen war, ebenfalls.

»Es ist also nicht auszuschließen, dass wir mit unserem Kasperletheater die Schlächterei in Europa erheblich beeinflussen, verstehen Sie? Deshalb muss der Stromgenerator wieder her – jetzt gleich, heute noch. Ich frage Sie beide noch mal, ich frage Sie ein letztes Mal: Wissen Sie etwas über dessen Verbleib?«

»Nein«, sagte Rüter. Hermann Wendt schüttelte den Kopf.

»Sind Sie sicher?«

»Ganz sicher.«

»Gut. Wie Sie vermutlich ahnen, habe ich Grund zur Annahme, dass diese dreizehn Massai etwas mit seinem Verschwinden zu tun haben. Sie kennen die Männer?«

Anton Rüter nickte.

»Der lange Dünne ist der Häuptling?«

»Ein Neffe des Königs der Wa-Taveta. Und mein persönlicher Freund. Lassen Sie ihn bitte unverzüglich frei, Herr Kapitänleutnant.«

»Ich werde Ihren Freund jetzt auspeitschen lassen, Gefreiter Rüter. Zweimal fünfundzwanzig Schläge mit der Nilpferdpeitsche. Dann lassen wir ihn laufen, soweit er dazu noch in der Lage ist. Die anderen zwölf bleiben über Nacht hier, und dann wollen wir alle hoffen, dass der Generator im Schutz der Dunkelheit aus dem Busch zurückkehrt. Falls nicht, treffen wir uns morgen wieder zur selben Prozedur mit dem nächsten Delinquenten, und dann übermorgen und überübermorgen, jeweils um dieselbe Uhrzeit, am selben Ort, in identischer Aufstellung, und zum selben Zweck.«

Kapitänleutnant von Zimmer schlief einen unruhigen Schlaf in jener mondlosen Nacht. Es quälten ihn die Mücken, das Fieber und der Durchfall sowie die Frage, ob der Stromgenerator schon unterwegs sei, und ob er vielleicht einen Fehler gemacht habe, als er den Häuptling hatte auspeitschen lassen. Wenn dieser seinen Stolz höher gewichtete als die körperliche Unversehrtheit seiner Männer, würde er sich für die fünfzig Peitschenhiebe rächen; und nach der langen Ansprache, die von Zimmer gehalten hatte, wusste jetzt ganz Kigoma, wie man ihn am empfindlichsten treffen konnte. Der Kapitänleutnant fuhr von seinem Kissen hoch beim Gedanken, dass vielleicht gerade in diesem Moment ein Trupp Massai auf den See hinausruderte, um den Generator an einer tiefen Stelle zu versenken. Er erwog einen Augenblick, die *Wissmann* auf nächtliche Patrouille zu schicken und sämtliche Fischerboote auf dem See durchsuchen zu lassen, sah dann aber die Sinnlosigkeit des Unterfangens ein. Ebenso gut konnte der Generator schon irgendwo sechs Fuß unter der Erde liegen, oder ein Bantu-Schmied konnte ihn längst zu Speerspitzen oder Pflugscharen verarbeitet haben.

Solange es dunkel war, gab es nichts, was der Kapitänleutnant tun konnte. Falls der Generator aber wirklich verloren war, standen ihm große Schwierigkeiten bevor. Erstens würde sich der Stapellauf der *Götzen* um Monate verzögern, und zweitens wäre der Kapitänleutnant gezwungen, an jedem einzelnen der folgenden zwölf Tage jeweils zur Mittagsstunde einem gefangenen Massai fünfzig Peitschenhiebe verabreichen zu lassen. Das wäre zwar sinnlos und würde nicht das Geringste dazu beitragen, den Generator aus den Tiefen des Seegrunds zurück ans Tageslicht zu befördern; aber wenn er nicht das Gesicht und seine Autorität als Kommandant verlieren wollte, würde er seine Drohung wahr machen müssen, und deshalb würde an zwölf Tagen hintereinander mit uhrwerkhafter Unausweichlichkeit zwölf Unglücklichen die Rückenhaut zerfetzt und die Muskulatur zu Brei geschlagen, dass das Blut in weitem Umkreis spritzte und schwarz im roten Staub versickerte, und die Schmerzensschreie der Gemarterten würden jeden Mittag kilometerweit zu hören sein. Zwölf Tage lang würde er diese Prozedur öffentlich aufführen müssen, zwölf Tage lang würde man in Kigoma von nichts anderem mehr reden, und zwölf Tage lang würden die Einheimischen klatschen und tratschen und zischeln, und ihr versteckter Unmut gegen ihn, den Kapitänleutnant, würde sich zu offenem Trotz und Zorn und schließlich zu lautstarker Empörung steigern, und von da wäre es nicht mehr weit bis zur gewalttätigen Revolte, die ihn leicht das Leben kosten konnte. Die Nilpferdpeitsche waren die Leute zwar gewöhnt – nicht aber deren Einsatz zwecks methodischer, wochenlang voraussehbarer Folter. Der Kapitänleutnant ahnte, dass das weder die Weißen noch die Schwarzen hinnehmen würden. Eine Meuterei unter seinen Offizieren aber, ein Werftarbeiterstreik oder ein Eingeborenenaufstand war das Letzte, was er jetzt brauchen konnte. Vielleicht hatte er tatsächlich einen Fehler gemacht.

Lang vor dem Morgengrauen lag er wach und kämpfte gegen den Drang, mit der Laterne hinauszugehen und nachzuschauen, ob der Generator schon vor dem Tor stand. Er blieb liegen und zwang sich, nicht dauernd nach der Uhrzeit zu sehen, und wenn er nach Ewigkeiten die Kerze anzündete und seine Taschenuhr aus der Uniformjacke zog, waren doch stets nur ein paar Minuten vergangen. Immer wieder bildete er sich ein, dass es allmählich hell werde, weil die Umrisse des Klappstuhls, des Schranks und des Fensterkreuzes doch unbestreitbar deutlicher zu erkennen seien als eben gerade noch; aber dann war es immer erst viertel nach zwei oder fünf vor drei oder halb vier Uhr, und die Nacht dauerte noch Stunden. Dann tat der Kapitänleutnant einen langen Zug aus der Wasserflasche, kühlte sich das Gesicht mit einem feuchten Tuch und dirigierte im Geiste, um seine kreiselnden Gedanken zum Stillstand zu bringen, das Alt-Solo aus Gustav Mahlers Dritter Symphonie.

Als dann endlich der Hahn krähte, schlief er wie zu tiefster Mitternacht. Er schlief, während draußen auf der Wehrmauer die wachhabenden Askari ins erste Licht des beginnenden Tages hinausstarrten, und er schlief auch noch, als zwischen den Wachtürmen aufgeregte Rufe hin und her flogen und eiliges Getrappel über den Wehrgang dröhnte, und er erwachte erst aus tiefem Traum, als schnaufend und prustend Korporal Schäffler vor seinem Feldbett stand. »Herr Kapitänleutnant!«, keuchte er und deutete mit ausgestrecktem Arm zur Tür. »Der Generator! Rasch!«

Der Generator stand – augenscheinlich unversehrt – draußen auf der Straße, und zwar derart nah am Tor und zwischen den beiden Wachttürmen, dass es ein Hohn war. Genau genommen stand er nicht am Tor, sondern lehnte in dessen Mitte an den Eichenbohlen. Als die Wachen auf Befehl von Zimmers die Flügeltüren öffneten, kippte er um und fiel dem Kapitänleutnant mit dem ganzen Gewicht seiner tausendzweihundert Kilogramm krachend vor die Füße. Der Kapitänleutnant wich ein paar Schritte zurück und spähte durch die Staubwolke, ob draußen vor dem Tor sonst noch etwas zu sehen sei. Und da war etwas: Mitten auf dem Gehweg lag eine preußische Pickelhaube. Von Zimmer winkte zwei Askari zu sich und trat vorsichtig hinaus. Von Nahem erkannte er die Pickelhaube – es war seine eigene, die ihm vor einigen Monaten abhandengekommen war. Sie steckte mit der Spitze nach unten in der Erde, und sie war gestrichen voll mit menschlichen Exkrementen.

Kapitänleutnant von Zimmer war heilfroh, mit seiner erpresserischen Strafmaßnahme, vorläufig wenigstens, so glimpflich davongekommen zu sein. Er ließ die zwölf Gefangenen laufen und gab, um die Besiegten milder zu stimmen, jedem von ihnen eine Ananas und ein Säckchen Reis als Proviant mit auf den Weg. Dann befahl er Korporal Schäffler, den Generator auf einem Karren zur Werft zu schaffen und sich den Empfang von Anton Rüter persönlich quittieren zu lassen.

Die beschmutzte Pickelhaube ließ er ohne Aufheben in den See werfen. Es war ihm klar, dass er sie als Prophezeiung späterer Rache zu verstehen hatte, und dass in nächster Zeit sein gefährlichster Feind nicht hinter den Bergen oder jenseits des Sees lauerte, sondern hier in Kigoma, vielleicht sogar im Innern der Kaserne. Er beschloss, sich für eine Weile unsichtbar zu machen und auf Blockadefahrt ans belgische Ufer zu gehen, und brach gleichentags auf. Mit an Bord waren fünfundzwanzig Askari und sieben Offiziere, aber kein Maschinist. Die *Wissmann* war jetzt in ziemlich gutem Zustand und würde wohl ein paar Tage pannenfrei durchhalten, und die drei zimperlichen Papenburger wollte sich der Kapitänleutnant in nächster Zeit lieber vom Leib halten.

Wie in Gustav von Zimmers Rapporten nachzulesen ist, nutzte die Besatzung der *Wissmann* diese Blockadefahrten, um am feindlichen Ufer Ruderboote zu sprengen, kilometerweise Telegraphendraht zu stehlen und sich auf Scharmützel mit belgischen Geschützstellungen einzulassen, bei denen aber kaum je Menschen zu Schaden kamen. Manche Fahrten führten geradewegs nach Westen ans gegenüberliegende Ufer, andere über viele hundert Kilometer ans südliche Ende des Sees.

Tage- und wochenlang fuhr die *Wissmann* ohne die geringste Feindberührung die Küste entlang und kämpfte mit dem Südwind, der besonders nachmittags kräftig übers Wasser blies. Jeden Abend musste man an Land gehen und Brennholz für den folgenden Tag schlagen, und manchmal paddelten spätabends noch Eingeborene in ihren Einbäumen herbei, um ein paar Hühner oder ein Viertel Rind gegen eine Handvoll Kaurimuscheln oder ein halbes Dutzend Nägel zu tauschen.

Als die *Wissmann* nach Kigoma zurückkehrte, bot sich Kapitänleutnant von Zimmer bei der Einfahrt in den Hafen ein erhebender Anblick. Hinter der zur Hälfte zusammengebauten *Kingani* lag die *Götzen* auf der Helling, genauso wie seit vielen Monaten schon – aber jetzt quoll dichter, schwarzer Rauch aus ihrem Schornstein. Die *Götzen* stand unter Dampf, erstmals seit ihrer Taufe in Papenburg vor mehr als einem Jahr. Ihre zwei Schiffsschrauben drehten sich sachte in der Luft und glitzerten golden am schwarzen Rumpf, die Deckaufbauten waren leuchtend weiß, das Unterwasserschiff blutrot gestrichen, und am spitz zulaufenden, schroff in die Höhe steigenden Bug prangte beidseits in goldenen Lettern auf schwarzem Grund ihr Name: GÖTZEN. Ganz zuvorderst auf der Back stand hoch erhobenen Hauptes und mit dem Rücken in Fahrtrichtung ein Mann. Der Mann war Anton Rüter. Er umklammerte mit beiden Händen steuerbord und backbord die Reling, als sei er auf großer Fahrt und müsste sich festhalten, oder als müsste er nicht sich, sondern das Schiff festhalten, das jeden Augenblick seitwärts ins Wasser zu rutschen drohte.

Kigoma, 22. Dezember 1914. Der Militärbefehlshaber Kigoma an den Kaiserlichen Gouverneur von Deutsch-Ostafrika. Betrifft: Bewaffnung der Götzen. Dampfer Götzen kurz vor der Fertigstellung. Stapellauf vorgesehen 25. Januar. Gefechtsbereit, sobald Geschütze und zugehörige Munition hier eintreffen. Erbitte umgehende Lieferung gemäß Bestellung.

Gezeichnet: Gustav von Zimmer,
Kapitänleutnant z. See.

15
Für Gott und den König

So geschah es, dass Doktor Hother McCormick Hanschell, zweiunddreißig Jahre alt, verheiratet und praktizierender Oberarzt im Seemannshospital an den Royal Albert Docks, der zeitlebens Zivilist gewesen war und keinen einzigen Tag Militärdienst geleistet hatte, am 15. Juni 1915 in der Uniform eines Marineleutnants, die zwar unorthodoxerweise blaue statt rote Rangabzeichen aufwies, dafür aber maßgeschneidert war, als Teilnehmer einer streng geheimen Marineexpedition vor der prachtvollen gotisch-viktorianischen Fassade des Londoner St. Pancras-Bahnhofs aufmarschierte. Hanschell war der Drittvorderste in einer Kolonne von achtundzwanzig Mann, und weil er keinerlei Erfahrung im militärischen Exerzieren hatte, gab er scharf acht, was seine Vordermänner taten. Als diese eine Vierteldrehung nach rechts machten und dazu übergingen, mit ihren schweren Stiefeln auf der Stelle zu treten, trat er mit seinen schweren Stiefeln ebenfalls auf der Stelle – dies unter den belustigten Blicken seiner Gattin Shirley, die in einer Ansammlung von Schaulustigen neben ihrer Freundin Amy Spicer Simson stand und nicht aufhören wollte, zu salutieren und ihm gänzlich unmilitärische Kusshände zuzuwerfen. Als die Soldaten sich in einer schnurgeraden Reihe ausrichteten und mit angewinkelten Ellbögen Distanz zueinander nahmen, tat er es ihnen nach. Und als alle die Hacken zusammenschlugen, das Kinn reckten und die Hände gegen die Hosennähte pressten, erfüllte Doktor Hanschell auch diese Pflicht nahezu vorschriftsgemäß und mit nur geringer Verzögerung. Dann hatte Commander Geoffrey Basil Spicer Simson seinen Auftritt. In feierlichem Ernst schritt er seine Truppe ab, reckte das Kinn und musterte aus schmalen Augenschlitzen jeden einzelnen Mann von oben bis unten, und als er am Ende der Reihe angelangt war, inspizierte er deren Kehrseiten. In seiner Rechten hielt er – ein unübliches Accessoire für einen Marineoffizier – eine schwarzlederne Reitpeitsche, mit der er sich im Takt seiner Schritte in die linke Handfläche schlug. Nach vollendeter Umrundung baute er sich vor der Truppe auf, schaute allen achtundzwanzig Mann nacheinander scharf in die Augen und sagte schließlich in verdrießlichem Ton, als sei er ihres Anblicks unsagbar müde: »Nun gut, Männer – wegtreten«, worauf die Reihe sich auflöste. Hanschell und Spicer liefen nebeneinander zu ihren Frauen.

»Hier, bevor ich es vergesse!«, rief Shirley und nahm ihren Operngucker aus der Handtasche. »Nimm den mit, man weiß nie.«

Hanschell nahm den Operngucker und steckte ihn in die Jackentasche, und dann drückte er Shirley fest an sich.

»Komm heil wieder, mein starker Krieger«, sagte sie und küsste ihn lange. Dann verschwand er mit den anderen Soldaten unter den gotischen Spitzbögen des Bahnhofsgebäudes. Der Eilzug, der sie zum Hafen von Tilbury an der Themsemündung bringen würde, stand schon unter Dampf.

Die Fahrt dauerte fünfzig Minuten. Spicer Simsons Expeditionskorps hatte drei Abteile zweiter Klasse zugewiesen erhalten. Hanschell saß an einem Fensterplatz in Fahrtrichtung und betrachtete die vorbeiziehende sommerliche Vorstadtlandschaft. Ihm gegenüber saß gut gelaunt Commander Spicer und gab in beiläufigstem Plauderton zum Besten, dass er am Vortag noch bei König George V. zum

Tee gewesen sei, da Seine Majestät aus erster Hand über die Expedition hatte informiert werden wollen. Natürlich sei ihm das mitten in den letzten Reisevorbereitungen äußerst ungelegen gekommen, aber er habe dem König ja schlecht einen Korb geben können. Doktor Hanschell mimte höflich Interesse und dachte derweil an Shirley, die nun eine ganze Weile ohne ihn würde auskommen müssen. Es beruhigte ihn, dass sie und Amy Spicer Simson beschlossen hatten, die Wartezeit gemeinsam zu verbringen. Sie würden die Zimmer am Russell Square aufgeben und nach dem südenglischen Badeort Swanage umziehen, wo Spicer eine hübsche Wohnung in der Newton Road angemietet hatte. Da sein Salär sich dank Auslands- und Funktionszulage verdoppelte, hatte er darauf bestanden, dass die beiden ihre Arbeitsstellen in der Munitionsfabrik kündigten. Und als die Frauen unter Verweis auf ihre patriotische Pflicht Protest einlegten, entgegnete Spicer näselnd, dass ein Staat, der seine Bürgerinnen auf offener Straße blutig schlagen lasse, vom weiblichen Geschlecht keinerlei Loyalität einzufordern habe.

Als Hanschell sich Shirley erstmals in Uniform präsentierte, hatte sie Tränen gelacht über die Maskerade, und keinen Augenblick hatte sie sich vorstellen können, dass sein Säbel wirklich scharf und die Pistole tatsächlich geladen sein könnte. Trotzdem hatte es seiner Eitelkeit gutgetan, sich ihr als Soldat zu zeigen. Der Gedanke, dass sie ihn während seiner Abwesenheit in derart männlich-militärischer Aufmachung vor sich sehen würde, schmeichelte ihm sehr. Noch besser hätte ihm sein neuer Status als Soldat gefallen, wenn Shirley in den letzten Augenblicken des Abschieds ihre Komödie kurz unterbrochen und für eine Minute oder zwei die weinende Soldatengattin gegeben hätte.

Tatsächlich war der Doktor alles andere als ein Krieger, sondern ein höflicher und zurückhaltender Mann, ein kluger und einfühlsamer Arzt und ein freundlicher und sanfter, manchmal etwas abwesender Ehegatte. Hanschell war einer jener Menschen, für die es auf der Welt nicht sehr viele Gewissheiten gab. Er lebte im Bewusstsein, dass so ziemlich jede Entscheidung, die er im Leben traf, sich auf diese oder jene Art als falsch herausstellen würde, und er hatte sich längst damit abgefunden, dass alles, was der Mensch auf Erden wünschen, hoffen und unternehmen kann, über kurz oder lang zum Scheitern verurteilt ist.

Zu Beginn seiner Freundschaft mit Spicer Simson hatte er sich darüber gewundert, dass er die Gesellschaft dieses pompösen Gesellen nicht nur ertrug, sondern sie sogar suchte und nachgerade schätzte; bald aber war ihm aufgegangen, dass gerade dessen argloser Optimismus und kindlicher Tatendrang, sein naiver Idealismus ihm in der Seele guttaten. Natürlich war er ein vulgärer Aufschneider und ungehobelter Wichtigtuer – aber war dieser polternde Prahlhans letztlich nicht bescheidener und demütiger als er selbst, der kultivierte, ewig zögerliche und zaudernde Doktor, der sich selbst immerhin wichtig genug nahm, um eitel an der Sinnlosigkeit seines Daseins zu leiden?

Der Doktor hatte sich selbst schon vor Jahren durchschaut. Sein Arztberuf war ihm vor langer Zeit – lange vor der Bekanntschaft mit Spicer – verdächtig geworden. An der Selbstlosigkeit seines Helfertums hatte er noch während des Studiums zu zweifeln begonnen, und die ostentative Menschenfreundlichkeit seines Berufsstandes hatte er seit je als hohl und aufgesetzt empfunden. Es war ihm peinlich, dass seine Patienten ihn als eine Art Heiligen sahen, der die Macht hatte, mit seinem Zauberstab über Leben und Tod zu entscheiden, was übrigens in groteskem Widerspruch stand zum Gefühl der Hilflosigkeit, mit dem er, der immerhin mit Auszeichnung in Cambridge promoviert hatte, an den allermeisten Krankenbetten stand. Oh, er sah sich nicht als Versager, denn er hatte als Arzt unbestreitbar seine täglichen Erfolge, wenn er gebrochene Knochen richtete, Fleischwunden nähte oder Abszesse aufschnitt; die große Mehrheit der Kranken aber litt an rätselhaften Infektionen und Geschwüren, mysteriösen Kreislaufstörungen, Koliken und Atembeschwerden, die er mit den Mitteln der zeitgenössischen Schulmedizin bestenfalls erkennen und benennen, aber nur selten auf ihre Ursache zurückführen und noch viel seltener mit rationalen Mitteln heilen konnte. So beschränkte sich Doktor Hanschells Alltag im Großen und Ganzen – das hatte er sich längst eingestanden – auf teilnehmende Beobachtung, freundlichen Zuspruch und viel Hokuspokus unter Einsatz seines weißen Arztkittels, des Stethoskops und einer breiten Palette bunter Placebo-Pillen. Auch was den Heilungserfolg betraf, machte er sich schon lange keine Illusionen mehr. Gewiss konnte er sich zugutehalten, im Lauf seiner Karriere Hunderte von Patienten vor dem unmittelbaren Tod gerettet zu haben; ebenso gewiss aber war, dass ein großer Teil der vielen Tausenden, die unter seinen Händen gesund geworden oder gestorben waren, dies mit exakt dem gleichen Erfolg auch zu Hause unter der Obhut ihrer Großmutter getan hätten.

Die Expedition nach Afrika war für Doktor Hanschell deshalb ein Akt der Befreiung. Endlich würde er alle Zweifel und Sinnfragen hinter sich lassen und ein paar Monate seines Lebens einer Aufgabe widmen, die an Klarheit nichts zu wünschen übrig ließ. Zwei Schiffe mussten nach Afrika zu einem See gebracht werden, und Hanschell hatte dafür zu sorgen, dass alle Expeditionsteilnehmer heil heimkehrten. Er würde sich den schlichten, jederzeit klaren Spielregeln militärischen Zusammenlebens unterwerfen, er würde laufen, schwitzen und ums Überleben kämpfen, und keine Sekunde würde er überlegen, ob das, was er tat, sinnvoll sei oder nicht. Hanschell hatte sich fest vorgenommen, der offenkundigen Absurdität des Unternehmens keinerlei Beachtung zu schenken. Er würde nicht den Kopf darüber schütteln, dass man zwei kleine Schiffe auf ein großes Schiff verlud und trockenen Kiels über sechstausend Seemeilen, also über ein Viertel des Erdumfangs, nach Kapstadt an die Südspitze Afrikas brachte, um sie anschließend in entgegengesetzter Richtung per Bahn wieder zweitausendsiebenhundert Meilen nordwärts zu verfrachten. Er würde nicht in Gelächter ausbrechen, wenn zwei Boote der königlichen Kriegsmarine weitab von jedem Gewässer über staubtrockenen Steppenboden geschleppt würden, und er würde keine moralischen Bedenken anmelden, wenn mitten in Afrika und ohne erkennbaren Anlass Briten, Belgier und Deutsche einander mit Spielzeugbooten zu Tode schossen. Doktor Hanschell war festen Willens, sich über nichts zu wundern. Er würde sein Bestes geben, damit sämtliche Expeditionsmitglieder gesund blieben, und ansonsten würde er sich keine unnützen Gedanken machen. Und vor allem würde er Spicers Empfehlung folgen und darauf verzichten, geistreiche Kommentare außerhalb seines ärztlichen Fachgebiets abzugeben.

Nach nur zweiundzwanzig Meilen Eisenbahnfahrt aber, kurz nach der Ankunft im Hafen von Tilbury an der Themsemündung, wurde seine soldatisch-stoische Fügsamkeit ein erstes Mal auf eine harte Probe gestellt. Kaum waren sie dem Zug entstiegen, ließ nämlich Spicer Simson seine achtundzwanzig Mann, die er eben erst einer eingehenden

Inspektion unterzogen hatte, schon wieder zur Inspektion antreten. Er führte sie in Formation hinunter zum *International Cruise Terminal*, wo die großen Linienschiffe anlegten. Dort mussten sie sich mitten im Gewimmel der Passagiere in einer schnurgeraden Reihe aufstellen und mit den Ellbogen Distanz zueinander nehmen, und dann unterzog Commander Spicer erneut Mann für Mann einer eingehenden Musterung, als sei zu befürchten, dass der Zustand der Truppe sich während der anderthalbstündigen Bahnfahrt wesentlich verschlechtert habe.

Gern hätte Hanschell den Commander darauf hingewiesen, dass das militärische Schauspiel, welches das Expeditionskorps einer rasch wachsenden Menge von Schaulustigen bot, der Geheimhaltung nicht unbedingt dienlich sei. Da er sich aber keine geistreiche Bemerkung außerhalb seines Fachbereichs zuschulden kommen lassen wollte, fügte er sich nach überstandener Inspektion kommentarlos in die Einerkolonne und stieg in der sicheren Vorahnung, dass sich bald eine äußerst peinliche Szene ereignen werde, hinter dem Commander das Fallreep des königlichen Postschiffs hinauf, auf dessen Vorschiff gründlich verpackt und fest vertäut die

Mimi, auf dem Achterdeck ihr Schwesterboot *Toutou* stand.

Die *Llanstephen Castle* war bereit, auszulaufen und Albion hinter einem Schleier aus Nieselregen und Nebel zurückzulassen. Schon machten die Schiffsjungen die Leinen los, und die Stewards liefen durch die Korridore und riefen: »Letzter Aufruf zum Landgang! Muss noch jemand an Land? Letzter Aufruf zum Landgang!« Oben auf dem Hauptdeck aber sah sich Spicers Expeditionskorps plötzlich von einer aufgeregten Menschenmenge umringt. Würdige Bürgersfrauen fuchtelten drohend mit ihren Schirmen, junge Männer traten vor und krempelten die Ärmel hoch, ältere Herren zwirbelten ihre Schnurrbärte. »Das ist ein Postschiff und kein Truppentransporter!«, rief ein anglikanischer Geistlicher und hielt sich mit beiden Händen an seiner Hutkrempe fest. »Wir wollen keine Militärs an Bord!«, schrie eine dürre, kleine Alte in schwarzem Rock und Witwenhaube. Doktor Hanschell wunderte sich, aber dann verstand er. Die Leute befürchteten, falls Militär an Bord käme, einen Torpedoangriff. Erst im Monat zuvor war die *HMS Lusitania* mit zwölfhundert Passagieren von einem deutschen U-Boot versenkt worden, weil sie die Laderäume voller Munition hatte. Doktor Hanschell erwog, den Leuten ein paar besänftigende Worte zu sagen, ließ es dann aber bleiben, da dies eindeutig Aufgabe des Commanders war. Hanschell wandte sich nach Spicer um in der Erwartung, dass dieser gleich sprechen werde, und erschrak: Der Commander hatte die Augen geschlossen und lächelte genüsslich. Das war eine Szene, wie er sie liebte. Da war Leidenschaft, Drama, großes Gefühl, und im Epizentrum des Tumults stand kein anderer als er selbst. Spicer genoss das. Er badete in der Angst, in der Wut und im Hass, die sich über ihn ergossen, und er wartete auf den geeigneten Anlass, das Drama dem Höhepunkt entgegenzuführen und seine Widersacher mit einem Schlag zu vernichten.

Der Anlass kam in Gestalt einer hübschen jungen Frau mit dunkelbraunen Zöpfen, feurig schwarzen Augen und einem Säugling im Arm, die mit stampfenden Schritten auf ihn zustürmte. Doktor Hanschell sah, dass die Frau wild entschlossen war und keinesfalls zurückweichen würde, und er wusste, dass sie verloren war. Es gab nichts, was er zu ihrer Rettung hätte unternehmen können.

»Scheren Sie sich von Bord!«, spuckte die Frau, und ihre Stimme überschlug sich.

»Guten Tag, Madam«, näselte Spicer und sah verträumt hinaus in die dunstige Weite des Ärmelkanals. »Kann ich etwas für Sie tun?«

»Allerdings! Packen Sie Ihre Männer zusammen und scheren Sie sich von Bord. Sofort!«

»Wieso das denn?«

»Auf der Stelle, hören Sie? Ich habe für eine zivile Passage bezahlt und nicht für einen Truppentransport!«

»Ich verstehe, Madam, Sie befürchten einen Torpedoangriff. Nun, dieses Risiko besteht in der Tat, fürchte ich. Wir befinden uns im Krieg, nicht wahr? Da kann es leider durchaus sein, dass die Deutschen uns auf offener See abschießen und ersäufen, ist es nicht so? Die Hunnen machen bekanntlich keine Gefangenen. Ein wirklich hübsches Baby haben Sie da, Madam, Kompliment.«

»Wollen Sie uns alle umbringen? Runter von diesem Schiff, und zwar sofort!«

»Andererseits, Madam, müssen Sie doch einsehen, dass ich und meine Männer dieses Risiko ganz offensichtlich klaglos eingehen, nicht wahr? Gibt es da irgendeinen Grund, weshalb man das Gleiche nicht auch von Ihnen erwarten könnte? Ist Ihr Leben und das Ihres Kindes vielleicht kostbarer als meines? Sind Sie mehr wert als meine Männer hier?«

»Sie … Sie sind …« Die junge Frau war sprachlos.

»Na sehen Sie! Nur Mut, Madam! Wissen Sie was, ich kann Sie beruhigen: Die Deutschen werden dieses Schiff nicht torpedieren. Die haben keine Ahnung, dass ich und meine Männer an Bord sind. Unsere Mission ist geheim, Madam, streng geheim. Außer Ihnen und mir weiß nur noch der König, dass wir hier sind. Und falls es, was Gott verhüten möge, trotzdem zum Äußersten kommen sollte, wäre es für Sie und Ihr Baby doch eine große Ehre, gemeinsam mit der königlichen Marine unterzugehen. Habe ich nicht recht?«

Sprach's und verschwand gespreizten Schrittes im Innern der *Llanstephen Castle*, während die Schiffssirenen das Auslaufen des Schiffes verkündeten und jedes weitere Gespräch unmöglich machten.

16
Pampige Süßkartoffeln

In den Tagen nach Mkenges Auspeitschung wurde es still in Wendt's Biergarten. Mkenge selbst kam nie wieder zu Besuch, und die zwei Bantumänner Mkwawa und Kahigi spielten ihr Brettspiel woanders. Ein herber Schlag für Hermann Wendt und Anton Rüter war auch, dass der Hirsebierbrauer Mamadou seine Lieferungen von einem Tag auf den anderen einstellte. Am schwersten aber wog, dass auch Samblakiras Besuche ausblieben. Sie brachte kein Frühstück mehr und auch kein Mittagessen, weder zur Werft noch in den Biergarten, noch kam sie abends oder in der Nacht – weder zu Anton Rüter noch zu Hermann Wendt.

Die beiden stellten sich ihrer unverschuldeten Einsamkeit mit ruhiger, handwerklicher Entschlossenheit. Da keine Lebensmittel mehr vorhanden waren, musste man welche beschaffen, und weil sie nun auf sich allein gestellt waren, rückten sie näher zusammen. Anton Rüter sorgte dafür, dass ihnen täglich Brennholz, Bohnen, Süßkartoffeln sowie ab und zu ein Hähnchen geliefert wurden. Anfangs zierten sich die arabischen Händler zwar und versuchten das Geschäft zu vermeiden, bei dem man so leicht die Nilpferdpeitsche des Kapitänleutnants zu spüren bekommen konnte; aber da Rüter andererseits immer noch Werftleiter und ein wichtiger Kunde war, und weil er die orientalische Diplomatie von unterwürfiger Freundlichkeit und sanfter Nötigung perfekt beherrschte, lieferten sie ihm das Gewünschte schließlich in vollem Umfang, wenn auch zu überhöhten Preisen.

Der junge Wendt, der von Samblakira einiges über die Zubereitung afrikanischer Speisen gelernt hatte, übernahm die Küche. Zu Beginn gerieten ihm die Hähnchen noch zäh, die Bohnen fad und die Süßkartoffeln pampig, aber das war für ihn kein Grund aufzugeben, sondern Anlass zum Nachdenken; rasch fand er heraus, dass sich in den Kochtöpfen keinerlei Metaphysik, sondern nur das dialektische Wechselspiel von Garzeiten und Kochtemperaturen, Salzmengen und Topfvolumina abspielte. Und als er auch noch entdeckte, dass die Küchenmechanik – genauso wie jene des Schiffbaus oder der Weltgeschichte – erst unter Beifügung einer Prise Wahnsinn zum gewünschten Erfolg führt, gerieten ihm die Hammelragouts und Gemüseeintöpfe bald beinahe so gut wie jene von Samblakira.

Schwieriger zu beheben war die Einsamkeit. Rüter und Wendt hatten rasch begriffen, dass Samblakira, Mkenge, Mamadou, Mkwawa und Kahigi sich nicht etwa deshalb von ihnen fernhielten, weil sie ihnen die Freundschaft gekündigt hätten, sondern weil sie um ihr Leben fürchteten. Das war verständlich. Denn bevor der Kapitänleutnant auf Feindfahrt gegangen war, hatte er auf dem obersten Punkt der Landzunge, von dem aus man einen schönen Ausblick auf Wendt's Biergarten hatte, einen bewaffneten Kontrollposten einrichten lassen, der Tag und Nacht doppelt besetzt und offensichtlich beauftragt war, jeden Passanten, der sich hinaus auf die Landzunge wagte, unter Festhaltung der Personalien und der Uhrzeit zu protokollieren. Auch die Werft und die *Götzen* wurden nun rund um die Uhr streng bewacht, und die Lagerhäuser wurden nachts von allen Seiten mit Fackeln beleuchtet.

Rüter und Wendt taten, als sähen sie das nicht. Jeden Morgen bei Sonnenaufgang gingen sie mit grimmiger Entschlossenheit an den Wachen vorbei zur Werft, um bis zur Abenddämmerung an der *Götzen* zu arbeiten. Nur einen Steinwurf von ihnen entfernt nietete auf Geheiß des Kapitänleutnants Rudolf Tellmann auf einer behelfsmäßigen Helling die zersägte *Kingani* zusammen. Dabei würdigte er die *Götzen* keines Blickes. Rüter und Wendt riefen und winkten ihm zu, liefen mehrmals täglich hinüber und boten ihm ihre Hilfe an, redeten übers Wetter oder luden ihn zum Essen ein, aber Tellmann nietete stets stumm weiter, als würde er nichts hören und nichts sehen. Eines Tages hatte er die letzte Niete gesetzt, und die *Kingani* stand wiederhergestellt auf der Helling, als sei sie nie in vier Teile zersägt worden. Die Schnittstellen waren nicht mehr zu sehen, und auf ihrer Back stand ein nagelneues Maxim-Maschinengewehr. Da winkte Tellmann die wachhabenden Askari zu sich und drückte ihnen ein paar Trossen in die Hand, schlug die Pallen weg und ließ das Schiff ohne jedes Zeremoniell zu Wasser. Und als er sah, dass sie gut im Wasser lag und die Askari keine Schwierigkeiten haben würden, sie zum Kai hinüberzuziehen und festzubinden, ging er grußlos weg, verschwand in der Kaserne und kehrte nicht mehr zur Werft zurück.

Ihre Abende verbrachten Rüter und Wendt beisammen im Biergarten, den sie nun, da die kleine Regenzeit vorbei war, wieder hergerichtet hatten. Sie aßen die Eintöpfe, die der junge Wendt kochte, und sie tranken das Hirsebier, das Rüter nun selber braute, und gaben sich in allem ganz unbefangen, als bemerkten sie den Wachtposten nicht, der Tag und Nacht sein Maschinengewehr auf den Biergarten gerichtet hielt. Sie erzählten einander lauthals Papenburger Geschichten, die sie schon hundertmal gehört und erzählt hatten, und sie sangen plattdeutsche Lieder, und immer wieder versicherten sie einander, dass der Krieg nicht mehr lange dauern könne, und dass sie schon bald heim nach Papenburg fahren würden.

Eines Abends, als sie dem Hirsebier besonders ausdauernd zugesprochen hatten, schlief Rüter auf einer geflochtenen Matte vor Wendts Haustür ein, und dieser deckte ihn mit einer Decke zu. Anderntags holten sie Rüters Bett aus dessen Bretterbude und stellten es in Wendts Hütte auf, und von da an wohnten die beiden unter einem Dach.

Der Kapitänleutnant besichtigte die Baustelle nun täglich. Manchmal, wenn Wendt und Rüter Arbeiten im Freien ausführten, setzte er sich in den Schatten einer Würgefeige, steckte sich eine Zigarette an und schaute zu. Arbeiteten sie im Innern, kam er an Bord und erkundigte sich in höflichem, aber misstrauischem Ton nach dem Fortgang der Arbeiten. Eines Tages aber kam er gerade hinzu, als Wendt und Rüter eine Antriebswelle aus dem Heck der *Götzen* herauszogen; Wendt bediente den Drehwippkran, Rüter stand am Bug und dirigierte durch Handzeichen.

»Gefreiter Rüter, was soll das – Sie sollen das Schiff zusammenbauen, nicht auseinandernehmen!«

»Die Antriebswellen sind verbogen, Kapitänleutnant. Wir müssen sie auswuchten.«

»Stopp, Halt! Das ist ein Befehl. Sie auch, Wendt.« Der Kapitänleutnant musterte misstrauisch die Antriebswelle, die zur Hälfte im Freien schwebte. »Das Ding macht mir eigentlich einen recht geraden Eindruck.«

»Die Unwucht ist mit bloßem Auge natürlich nicht zu erkennen. Trotzdem verursacht sie starke Vibrationen.«

»Ach ja?«

»Sehr starke Vibrationen, Kapitän. Wenn Sie sich selbst einen Eindruck verschaffen wollen, kann ich die Welle gern wieder einbauen und die Maschine einheizen. Das wird allerdings einen oder zwei Tage dauern.«

»Werden Sie nicht keck. Wie ist das möglich – wie kann sich derart dicker Stahl verbiegen?«

Rüter zuckte mit den Schultern. »Die afrikanische Hitze vielleicht.«

»Quatsch. Das Klima macht dem Stahl nichts, das wissen Sie genau. In ganz Afrika ist es nirgends so heiß wie in Ihrem Maschinenraum.«

»Ein Fabrikationsfehler möglicherweise. Oder unsachgemäße Lagerung während des Transports. Oder fehlerhafte Montage.«

»Interessant. Wer wäre dafür verantwortlich?«

»Ich, in jedem Fall. Bis zum Stapellauf bin ich, was immer geschieht, für das ganze Schiff verantwortlich.«

»Was passiert, wenn wir die Welle einfach drin lassen und sie nicht auswuchten?«

»Das wäre sehr gefährlich. Unter derart starken Vibrationen würden die Nieten brechen und die Schrauben sich lösen.«

»Sicher?«

»Ganz sicher. In kürzester Zeit.«

»Na gut, dann machen Sie weiter, bauen Sie das Ding aus.«

Der Kapitänleutnant zog sich den Tropenhelm tief ins Gesicht und wandte sich zum Gehen, und Rüter gab Wendt ein Zeichen, mit dem Kran nach links zu schwenken. Nach wenigen Schritten aber blieb von Zimmer erneut stehen und fasste sich mit den Fingerspitzen an die rechte Schläfe, als sei ihm gerade noch etwas eingefallen.

»Sagen Sie, Rüter, wo ich schon mal hier bin: Gibt es sonst noch etwas, was ich wissen müsste?«

»Wie meinen Sie, Kapitän?«

»Gibt es noch andere Schwierigkeiten, die uns Zeit kosten könnten?«

»Wie man's nimmt. Es verschwinden Dinge.«

»Was für Dinge, verflucht noch mal?«

»Aus den Materialschuppen werden dauernd Sachen gestohlen.«

»Dauernd? Was soll das heißen, Mann?«

»Fast jede Nacht. Es verschwinden kistenweise Lichtschalter, Messingschrauben, Dichtungsringe.«

»Das ist unmöglich. Die Schuppen werden streng bewacht.«

»Wahrscheinlich schleicht sich jemand an den Wachen vorbei. Oder die Wachen sind bestochen. Letzte Woche waren plötzlich die Bullaugen nicht mehr da. Dann die Davits, die Blöcke und die Halterungen für die Rettungsboote. Und seit gestern fehlt der große Anker.«

»Und Sie sagen mir das jetzt erst?«

»Sie haben mich nicht danach gefragt, Herr Kapitänleutnant.«

»Keine Frechheiten, Rüter, ich warne Sie ein letztes Mal!«

»Jawohl, Herr Kapitänleutnant.«

»Und nun?«

»Wendt und ich tun unser Möglichstes, die fehlenden Teile zu ersetzen. Wir basteln Lichtschalter und drehen neue Schrauben. Wir bauen einen Anker aus überzähligen Eisenbahnschienen. Anstelle der Bullaugen setzen wir runde Blechstücke ein. Das braucht natürlich Zeit. Aber das Schiff wird schon fertig, machen Sie sich keine Sorgen.«

»Wann?«

»In einem Monat vielleicht. Falls nicht noch mehr Sachen verschwinden.«

»Das ist zu spät.«

»Wenn uns Tellmann zur Hand gehen könnte, kämen wir rascher voran.«

»Sie wollen den Tellmann wiederhaben, wie?«

»Damit wäre uns allen gedient.«

»Sie treiben es wirklich auf die Spitze, Rüter.«

»Ich kann Ihnen nicht garantieren, dass wir in einem Monat fertig sind. Vielleicht dauert es auch zwei oder drei Monate, das kommt ganz drauf an.«

»In Ordnung, Sie bekommen Tellmann. Aber damit ist meine Geduld am Ende, nehmen Sie sich in acht.«

»Das tue ich.«

»Sie können das Spotten nicht lassen, wie? Das ist Ihre große Schwäche, Gefreiter Rüter. Ihr Hochmut wird Sie noch mal den Kopf kosten.«

»Zu Befehl, Herr Kapitänleutnant. Erlauben Sie mir vorzuschlagen, dass man in nächster Zeit die Wachen verstärken und mit den zuverlässigsten Männern besetzen sollte.«

17
Paraden in der Steppe

Albertville, 28. Oktober 1915

Meine geliebte Shirley!

Vier Monate nach unserem letzten Kuss finde ich endlich Gelegenheit, Dir heimlich ein paar Zeilen zu schreiben. In der Zwischenzeit habe ich allerhand erlebt, was ich Dir gleich berichten will, aber eines vorweg: Nachdem ich nun den ganzen Atlantik von Nord nach Süd durchquert habe und dann in Gegenrichtung halb Afrika, wobei ich zweimal mit dem Fahrrad vor einer Horde wütender Paviane flüchten musste und einmal versehentlich einen Steppenbrand entfachte, weil ich zum Schutz unserer Gesundheit eine verseuchte belgische Polizeistation in Brand steckte, worauf beinahe unsere zwei hölzernen Kanonenboote in Flammen aufgegangen wären – nach all diesen und vielen anderen Erlebnissen, während derer ich mehr von diesem Globus gesehen habe, als alle meine Ahnen zusammengenommen haben sehen dürfen – nach all dem muss ich Dir sagen, dass im Grunde genommen während der gesamten Reise mein Abenteuer immer nur einen Namen trug: Geoffrey Basil Spicer Simson. Ich hatte mich ja, Du erinnerst Dich, vor der Abreise auf allerhand gefasst gemacht. Aber dem Commander ist es doch während der ganzen vier Monate stets ein Leichtes gewesen, mich Tag für Tag aufs Neue zu verblüffen.

Das fing schon am ersten Abend auf See an, beinahe noch in Sichtweite der englischen Küste, als ich mich nach dem Dinner in eine Ecke des Rauchsalons setzte, um mein Versprechen, Dir so oft als möglich zu schreiben, ein erstes Mal einzuhalten. Plötzlich stand wie aus dem Boden gewachsen Commander Spicer vor mir, türmte sich himmelhoch auf und fragte mich streng, ob ihn der Eindruck etwa täusche, dass ich hier einen Brief schreibe? Der Eindruck sei richtig, entgegnete ich wahrheitsgemäß, ich sei tatsächlich im Begriff, ein paar Zeilen an meine Gattin zu verfassen. Da beugte er sich zu mir herunter, bis seine Stirn beinahe die meine berührte, und näselte gefährlich leise, mir müsse doch bekannt sein, dass unsere Expedition geheim sei, und dass er mich wegen Hochverrats vors

Kriegsgericht bringe, wenn die Zensur auch nur das kleinste Schriftstück von meiner Hand abfange. Liebling, stell Dir bitte vor – Spicer kam mir mit Geheimhaltung, ausgerechnet er! Er, der seit Wochen in ganz London mit seiner geheimen Mission geprahlt hatte! Und als ich ihn im Namen unserer Freundschaft bat, Dir wenigstens ein kleines Telegramm schicken zu dürfen, um Dir den Grund meines Schweigens mitzuteilen, sagte er nur: »Auf Hochverrat, Leutnant Hanschell, steht die Todesstrafe. Wenn die Zensur Sie erwischt, sind Sie dran.« Das Risiko konnte ich nicht eingehen. Du kennst Spicer; er wäre tatsächlich imstande gewesen, mich vors Erschießungskommando zu bringen.

Tags darauf folgte das nächste Drama. Da ihm während der langen Nachmittagsstunden langweilig wurde, befahl er uns alle aufs Vordeck, wo *Mimi* stand, zu einer Lektion über Funktionsweise und Bedienung der Dieselmotoren. Während Leutnant Cross die Abdeckplanen entfernte und sich über unseren Köpfen auf dem Promenadendeck ein Pulk von schaulustigen Passagieren bildete, steckte Spicer sich eine Zigarette an, worauf mehrere Zivilisten ebenfalls ihre Zigaretten aus den Brusttaschen holten. Das aber beobachtete von der Kommandobrücke aus der Kapitän der *Llanstephen Castle*, und er war damit gar nicht einverstanden. Während Leutnant Cross *Mimis* Dieselmotoren anwarf, stürmte der Kapitän hinunter aufs Promenadendeck, bahnte sich einen Weg durch die Schaulustigen und rief: »Zigaretten weg! Explosionsgefahr!«, worauf wir unsere Zigaretten über die Reling schnipsten – alle außer Spicer, dem es sichtlich unangenehm war, dass es nebst ihm sonst noch jemanden gab, der anderen Leuten Befehle erteilte.

»Nonsense«, näselte er. »Was soll denn hier explodieren?«

»Die Dieseltanks und die Motoren!«, erwiderte der Kapitän. »Alles Rauchzeug wird sofort ausgemacht. Das gilt auch für Sie, Commander!«

Da breitete Spicer die Arme aus wie Jesus Christus bei der Bergpredigt, ließ einige Sekunden verstreichen und vergewisserte sich mit einem Blick in die Runde, dass aller Umstehenden Aufmerksamkeit auf seiner Person ruhte. Dann nahm er einen langen, selbstvergessenen Zug von seiner Zigarette, und während ihm der Rauch aus Mund und Nase strömte, sagte er im höchstmöglichen, näselndsten, zerdehntesten Singsang: »Sie vergreifen sich im Ton, mein lieber Kapitän, ist Ihnen das klar? Ich weiß, Sie meinen es gut und sind ein braver Handelskapitän. Aber ich, mein lieber Junge, bin Offizier der Royal Navy und als solcher jederzeit Ihr Vorgesetzter. In Kriegszeiten, und in solchen befinden wir uns leider, habe ich bekanntlich die Befugnis, bei Bedarf jedes zivile Schiff zu requirieren und meinem Kommando zu unterstellen, wann immer es mir gefällt.«

Das war natürlich Unsinn, aber es tat seine Wirkung. In den Sekunden ungläubigen Schweigens, die darauf folgten, machte er auf dem Absatz kehrt und lehnte sich über die Reling, sah verträumt hinaus auf den Ozean und zog genüsslich an seiner Zigarette, die übrigens in einem ziemlich langen Elfenbeinmundstück steckte. Und als man schon glaubte, dass er jedes Interesse am Kapitän und an Dieselmotoren verloren habe, sagte er über seine linke Schulter hinweg: »Denken Sie in Zukunft daran, Kapitän, ja? Lassen Sie es sich nicht noch einmal einfallen, mir Befehle zu erteilen. Für diesmal will ich ein Auge zudrücken, ich bin ja kein Unmensch.«

So ging das weiter. Du kannst Dir vorstellen, dass Spicers Ansehen – und das seiner Mannschaft – unter Auftritten dieser Art dramatisch rasch irreparablen Schaden nahm, beim Kapitän zuallererst, dann aber auch bei der Besatzung und den Passagieren. Bald rümpften die jungen Damen nur noch ihre vornehmen Näschen, wenn sie eine Marineuniform sahen, und die Kellner bedienten uns mit beleidigender Langsamkeit, und die Kinder liefen uns hinterher und leierten zotige Reime. Immerhin gelang es mir an einem der folgenden Abende, die Bekanntschaft eines netten, allein reisenden Herrn zu machen. Wir kamen ins Gespräch, weil wir in einer unbeleuchteten Ecke des Sonnendecks, ohne einander zu bemerken, sozusagen Schulter an Schulter den Sternenhimmel betrachteten. Als dann der eine hustete und der andere sich rührte, tauschten wir ein paar Belanglosigkeiten über die Großartigkeit des Kosmos und die Nichtigkeit des Erdenmenschen und so weiter aus, und dann traten wir einen Schritt ans Licht, schüttelten einander die Hände und stellten uns vor. Zu meinem Glück erwies es sich, dass mein neuer Reisegefährte auf dem Heimweg von einem Astronomischen Kongress nach Kapstadt war. An den folgenden Abenden trafen wir uns jeweils nach dem Dinner auf dem Sonnendeck, wo er mir unter freiem Sternenhimmel schwer verständliche Dinge über das Wesen des Lichts, die Krümmung des Raumes und die rasende Ausweitung des Kosmos erklärte. Mein neuer Freund war wohl in meinem Alter, vielleicht sogar zwei oder drei Jahre jünger, aber er stand mit der kalten Poesie des stellaren Räderwerks, unter dem alle menschlichen Leidenschaften null und nichtig sind, derart heiter und gelassen auf vertrautem Fuß, dass er mir gleichzeitig uralt und ewig jung erschien. Am letzten Abend vor der Ankunft in Kapstadt standen wir wiederum beisammen in der lauen Sternennacht, als aus der Dunkelheit Spicer Simson an uns herantrat, um nun seinerseits ein Referat über Galaxien, gefrorene Sterne und Sonnensysteme zu halten. Mein neuer Freund hörte eine Weile zu, dann sagte er höflich: »Verzeihen Sie, wenn ich Ihnen nicht zustimmen kann. Die Sterne sind sozusagen mein Beruf.«

»Ach ja?«, versetzte Spicer. »Nach dem Unfug zu urteilen, den Sie in den letzten Tagen erzählt haben, möchte man das aber nicht glauben. Ich selbst bin ausgebildeter Navigationsoffizier und weiß, wovon ich rede.«

Der Fremde musterte Spicer verwundert, verabschiedete sich von mir und verschwand im Dunkeln, worauf Spicer sich neben mich an die Reling stellte.

»Einen komischen Vogel haben Sie da aufgegabelt, Hanschell«, sagte er.

»Ganz wie Sie meinen, Commander«, erwiderte ich. »Wenn Sie mir die außerdienstliche Bemerkung erlauben: Der komische Vogel ist Sydney Samuel Hough, Direktor des königlichen Observatoriums am Kap der Guten Hoffnung und Vorsitzender der Philosophischen Gesellschaft Südafrikas.«

»Was Sie nicht sagen!«, sagte Spicer und lachte laut heraus. »Na, immerhin kann er dort keinen Schaden anrichten. Als Navigationsoffizier könnte ich ihn nicht gebrauchen.«

Auf diese Weise zum Gespött der *Llanstephen Castle* geworden, waren wir froh, in Kapstadt endlich wieder an Land zu kommen. Kaum aber hatten wir festen Boden unter den Füßen, ließ uns Spicer auf der Hafenmole – und unter dem hämischen Grinsen der Besatzung – wieder einmal in Paradeformation Aufstellung nehmen. Dann paradierten wir durch die ganze Stadt bis zum Hotel, und in den folgenden Tagen reihte sich eine Parade an die andere: Wir paradierten vor der altehrwürdigen Burg der Guten Hoffnung, dann auf dem Paradeplatz selbst und über die gesamte Länge der Long

Street, dann paradierten wir noch mal vor dem Hotel und je einmal vor den Botschaften Großbritanniens, Frankreichs und Australiens, und eine letzte Parade hielten wir kurz vor der Weiterreise auf dem Bahnhofsplatz ab. Nie in der Militärgeschichte der Menschheit hat ein hochgeheimes Expeditionskorps derart viele Paraden abgehalten. Du kannst Dir meine Erleichterung nicht groß genug vorstellen, als wir nach einer letzten Parade über den Bahnsteig endlich in den eigens für uns bereitgestellten Sonderzug paradieren durften. Erst als die Lokomotive anfuhr und uns hinauszog in die menschenleere, tausend mal tausend Meilen große Kalahari-Wüste, konnte ich einigermaßen sicher sein, dass Spicer Simson bis auf Weiteres keinen Vorwand zum Paradieren mehr finden würde.

Die Fahrt dauerte zwei Wochen und war köstlich. Die Lokomotive arbeitete zuverlässig, *Mimi* und *Toutou* fuhren gut verpackt auf zwei Güterwagen mit, und unsere Truppe verfügte über einen komfortablen Salonwagen, in dem wir bequem alle Platz fanden. Der Zug durchquerte grandiose Landschaften, mit deren Beschreibung ich Dich erst nach meiner Heimkehr langweilen werde. Tagsüber war es, da die Trockenzeit noch andauerte, freundlich warm, und nachts angenehm kühl. Zu den Essenszeiten hielt der Zug für eine Stunde oder zwei irgendwo auf offener Strecke, damit die Köche ihre Feldküchen aufstellen und wir uns im Schatten der Güterwagen hinlegen konnten.

Da Spicer sich große Sorgen machte, dass Sprühfunken aus dem Schornstein *Mimi* und *Toutou* in Brand setzen könnten, mussten über die gesamten zweitausend Meilen beständig zwei Mann rittlings auf den Booten sitzen und jeden Funken, der auf die Abdeckplanen fiel, sofort wegwischen. Derart schutzlos der Sonne, dem Wind und dem Rauch der Lokomotive ausgesetzt zu sein, mochte auf den ersten Blick als eine recht unbequeme Art des Reisens erscheinen, aber schon bei meiner ersten Funkenwache fiel mir auf, dass man draußen die Stimme des Commanders nicht hören konnte, der drinnen im Salonwagen während der gesamten zweiwöchigen Fahrt nur selten davon abließ, Kostproben seiner Heldentaten und seiner Sangeskunst zum Besten zu geben. So übernahm ich freiwillig jede Wache, die ich kriegen konnte, saß und lag über viele hundert Meilen bequem wie in einer Hängematte auf den Abdeckplanen und hatte ausgiebig Zeit, mich tagsüber an der herrlichen Fauna Afrikas, nachts an der Pracht des südlichen Sternenhimmels sattzusehen. Übrigens fielen nicht sehr viele Funken auf die Abdeckplanen. Und da sie im Fahrtwind rasch verglommen, wischte ich sie bald gar nicht mehr weg.

Leider nahm die Herrlichkeit am Nachmittag des 5. August 1915 ein plötzliches Ende. Wir hatten mit unserem Sonderzug bereits ein Drittel des afrikanischen Kontinents in nördlicher Richtung durchquert, und ich wollte schon glauben, dass wir immer weiterfahren und nacheinander den Kongo, Kenia, Äthiopien, Sudan und Ägypten durchqueren und irgendwann in Alexandria am Mittelmeer anlangen würden – aber dann führten die Schienen hinter Elizabethville über einen letzten Fluss, eine letzte Ebene dürren Graslands und einen letzten kleinen Hügelzug, um in Fungurume, auf viertausendzweihundert Fuß über Meer im südlichsten Zipfel Belgisch-Kongos, einfach aufzuhören. Einen Bahnhof gab es nicht, nur ein paar Bretterstapel und Baubaracken. Aber einen tiefschwarzen Bahnhofsvorsteher namens Monsieur gab es, der eine Art Uniform trug und französisch mit rollendem R sprach.

Nie werde ich den Augenblick vergessen, da Spicer Simson aus dem Zug stieg. Er machte ein paar Schritte auf dem staubigen, rot verbrannten Steppenboden, ging in die Hocke und zerrieb etwas Erde zwischen den Fingern, stand wieder auf und drehte sich um sich selbst. Dann ließ er den Blick aus halb geschlossenen Lidern in die Ferne schweifen, hob dazu witternd die Nase und sagte:

»Das ist gut. Das ist sehr, sehr gut.«

Dann rief uns Monsieur zum Kaffee in seine Wellblechbaracke, die das einzige einigermaßen beständige Bauwerk in Fungurume darstellte. Sein Kaffee war ausgezeichnet, und dazu servierte er wundersamerweise die frischesten und zartesten Croissants, die ich je gegessen habe.

Wie sich herausstellen sollte, war Monsieur nicht der einzige Bewohner Fungurumes. In der Abenddämmerung näherte sich auf der Straße, die vom Schienenende geradeaus auf die Berge zuführte, eine Staubwolke, und aus der Wolke heraus trat, angeführt von fünf oder sieben weißen Männern in Tropenanzügen, eine endlose Kolonne erschöpfter, verschwitzter Eingeborener, die Schaufeln, Spaten und Pickel, Sägen, Äxte und Brecheisen auf ihren Schultern trugen. Manche stießen Schubkarren, andere trieben Ochsengespanne vor sich her, und insgesamt zählten sie wohl an die fünfhundert Mann; das war der Bautrupp, der den vor uns liegenden Trampelpfad verbreitern sollte, damit *Mimi* und *Toutou* mit ihren Dampftraktionsmaschinen passieren konnten. »Das ist gut«, sagte Spicer, während die Straßenbauarbeiter vor der Eisenbahn stehen blieben und skeptisch die zwei Boote betrachteten. »Das ist sehr, sehr gut.«

Nach und nach zogen sich die Arbeiter in Gruppen von vier oder fünf Mann in die Steppe zurück und entzündeten ihre Lagerfeuer. Spicer und ich stiegen hinauf aufs Dach des Salonwagens, um uns einen Überblick zu verschaffen; das Lichtermeer der Lagerfeuer erstreckte sich weit in die Nacht hinaus, und ich musste an das Volk Israel am Abend vor dem Auszug aus Ägypten denken. Da Spicer auffällig ruhig neben mir stand und erstaunlich lange schwieg, nehme ich an, dass auch ihn dieser Anblick tief bewegte.

In den folgenden Tagen strömten immer noch mehr Menschen herbei, und die Lagerfeuer dehnten sich in der Ebene immer weiter dem Horizont entgegen. Zu den fünfhundert Straßenarbeitern kamen tausend Träger hinzu, die unsere fünfzig Tonnen schwere Expeditionsausrüstung auf ihre Schultern nehmen sollten, und da sie fast alle ihre Frauen und Kinder mitbrachten, scharten sich um *Mimi* und *Toutou* bald an die fünftausend Menschen. Schließlich brachte die Bahn die zwei Dampftraktionsmaschinen herbei, die die Boote durch die Wildnis schleppen würden, und gleichentags tauchten aus dem Nichts fünfhundert prachtvolle südafrikanische Zugochsen mit gewaltigen Hörnern auf, welche die Boote weiterziehen sollten, wenn die Dampfmaschinen versagten.

Spicer sah, dass alles für den Auszug bereit war. »Das ist gut«, sagte er immer wieder. »Das ist sehr, sehr gut.«

Der Aufbruch der Karawane begann im Morgengrauen des 3. September und zog sich über sieben Stunden hin. An der Spitze fuhr ein Lastwagen, der Wasserfässer für die Dampfmaschinen geladen hatte. Dann folgten singend und in einer Einerkolonne, die sich über anderthalb Kilometer hinzog, die tausend Träger mit den Proviant- und Munitionskisten, Treibstoffkanistern und Sanitätskoffern, Kanonen und Gewehren und Ersatzteilen und persönlichen Ausrüstungsgegenständen der Offiziere. Als Nächste brachen die hundertzwanzig Askari auf, die die belgische Kolonialverwaltung zum

Schutz der Expedition zur Verfügung gestellt hatte, und dann die drei- oder viertausend Frauen und Kinder der Träger und Straßenbauarbeiter. Als die fünfhundert Ochsen den Weg unter die Hufe nahmen, stand die Sonne schon hoch am Himmel. Und als ganz zuletzt fauchend und rauchend auf mächtigen Stahlrädern die zwei Dampftraktionsmaschinen anfuhren, um *Mimi* und *Toutou* an das Gebirge heranzuführen, gab zehn Meilen weiter vorn an der Spitze der Karawane Commander Spicer Simson schon das Signal zur Mittagsrast.

Was der Karawane nun bevorstand, war eine sechswöchige Reise, die erst über ein dreitausend Fuß hohes Gebirge führte, dann durch dichten Dschungel, gefolgt von einer zweihundert Meilen langen Floßfahrt über den Oberlauf des Kongoflusses und schließlich noch mal über Land bis ans Ufer des Tanganikasees. Dass jeder einzelne Tag voller Beschwerlichkeiten, Gefahren und Überraschungen war, kannst Du Dir gewiss vorstellen. Für die größte aller Überraschungen aber sorgte – soweit es mich betrifft – einmal mehr Commander Spicer Simson, und zwar Tag für Tag aufs Neue bis zur Ankunft am Ziel. Es begann Minuten nach dem Aufbruch und wenige hundert Yards hinter Fungurume, als die vordere Dampftraktionsmaschine ein erstes Mal zur Seite kippte, weil sie mit einem Vorderrad in die Höhle eines Ameisenlöwen eingesunken war. Die Maschine hatte ein Leergewicht von acht, bei vollen Wassertanks von fünfzehn Tonnen; sie mit Muskelkraft wieder aufzurichten, war ganz ausgeschlossen. Bis hierher war die Expedition ohne die geringsten Schwierigkeiten verlaufen, jetzt stand Spicer erstmals vor einem ernsthaften Problem. Zu meinem größten Erstaunen aber fing er in dieser Lage nicht an zu näseln, drohte dem Fahrer nicht mit Kriegsgericht und ließ auch keine Eingeborenen auspeitschen, sondern beschaute ruhig das Problem, fand dessen Lösung und ließ die umgekippte Maschine unter Einsatz der zweiten Dampfmaschine sowie von Stahlseilen und Flaschenzügen wieder aufrichten. Dass Spicer in dieser Notlage, die ohne Weiteres das Ende der Expedition hätte bedeuten können, derart die Contenance bewahrte, hätte ich nie erwartet, und ich bewunderte ihn sehr dafür. Aber ich war mir sicher, dass er seine Nervenkraft nun aufgebraucht hatte, und dass er, falls sich in absehbarer Zeit ein weiterer Zwischenfall ereignen sollte, unausweichlich Amok laufen musste. Leider wollte es das Schicksal, dass keine zehn Minuten später dieselbe Dampfmaschine unter Getöse und großer Staubentwicklung abermals zur Seite kippte. Die Vögel in den Bäumen verstummten, die Menschen hielten den Atem an in Erwartung von Spicers Ausbruch, es wurde still wie auf der dunklen Seite des Mondes – aber nichts geschah. Spicer griff in die Pistolentasche, in der er seine monogrammbedruckten Zigaretten verwahrte, steckte eine in sein Elfenbeinmundstück und sagte: »Vorwärts, Männer! Macht alles genau so wie vorhin.«

Zahllos waren die Schwierigkeiten, die sich uns in den Weg stellten, und Spicer Simson bewältigte sie alle. Mindestens zehnmal täglich kippte eine Dampfmaschine zur Seite. Die Maschinen versanken im Schlamm, sie fielen auf einstürzenden Brücken ins Wasser, blieben mit verschlammten Heizkesseln stehen. Die Ochsen verendeten dutzendweise an Tsetse-Fieber und Erschöpfung. Tag für Tag mussten Brücken über Bäche und Flüsse gebaut werden, hundertfünfzig insgesamt. Manchmal wurde das Wasser knapp, dann gaben die Dampfmaschinen den Geist auf, Menschen und Vieh litten Durst. Wir durchquerten Gegenden, die entvölkert waren von Schlafkrankheit, Ruhr und Schwarzwasserfieber. Aber Spicer verlor nie den Mut, sondern ging stets zuversichtlich an der Spitze der Karawane. Ich erkannte ihn nicht wieder: Plötzlich war er nicht mehr der großsprecherische Hanswurst, der uns vor aller Welt hundertfach blamiert hatte, sondern ein ruhiger, kluger und umsichtiger Anführer. Spicer war Moses in der Wüste, Alexander in Persien, Cäsar in Gallien, Dschinghis Khan auf seinem langen Marsch. Er prahlte und paradierte nicht mehr, gab nicht den Sonnenkönig und schikanierte keine Untergebenen, sondern versah fleißig, aufmerksam und geradezu demütig seine Aufgabe. Entbrannte in der Karawane ein Streit, so schlichtete er ihn mit salomonischer Weisheit, und war jemand ängstlich oder verzagt, sprach er ihm gütig zu. Nie habe ich einen Menschen gesehen, der glücklicher und näher bei sich selbst war als Spicer in jenen Tagen. Er liebte *Mimi*, *Toutou* und die zwei Dampfmaschinen mit zärtlicher Fürsorge, und uns fünftausend Menschen, die wir ihm blindlings vertrauten, war er ein strenger, aber gerechter Vater, der uns mit seiner Ernsthaftigkeit und seinem unbedingten Willen ansteckte. Allmählich umwehte etwas wie ein heiliger Ernst unser Expeditionskorps, und alle, die

Spicer auf der *Llanstephen Castle* noch verlacht hatten, zollten ihm nun unwillkürlich Respekt. Ich will es kurz machen: Spicers Willenskraft ist es zu verdanken, dass wir alle Schwierigkeiten überwanden und *Mimi* und *Toutou* unversehrt ans Ziel brachten.

Übrigens sind wir alle immer noch gesund und wohlauf. Dass uns die afrikanischen Krankheiten bisher verschont haben, verdankt die Expedition einerseits der trockenen Jahreszeit, zu einem schönen Teil aber auch, wenn ich das unbescheidenerweise erwähnen darf, mir und meinem Fahrrad. Zwar habe ich mit meinem Doktorkoffer bisher kein einziges Menschenleben retten können, und den Arzneischrank habe ich noch kaum geöffnet, aber mein Fahrrad hat uns alle schon unzählige Male vor einem vorzeitigen Ende bewahrt. Du musst Dir das dergestalt vorstellen, dass Dein Ehemann – immerhin stolzer Besitzer einer erschlichenen Leutnantsuniform und eines in Cambridge hart verdienten Doktortitels – dass ich also an jedem einzelnen Tag der Expedition es als meine wichtigste Aufgabe ansah, nachmittags mit dem Rad ein paar Meilen unter dem afrikanischen Himmel vorauszufahren, um einen Lagerplatz für die

Nacht zu finden. Möglichst jungfräulich, von Menschen unberührt sollte er sein, denn die gesündesten Flecken Erde sind nun mal jene, die noch nie eines Menschen Fuß betreten hat. Das ist das ganze Geheimnis unserer Gesundheit: Wo bis zum Horizont kein Mensch zu sehen ist, gibt es auch keine Erreger von Menschenkrankheiten – keine Malaria und keine Cholera, weder Dysenterie noch Diphtherie noch Syphilis. Alte Dschungeldoktorenweisheit. Natürlich war es meiner Popularität nicht gerade förderlich, wenn ich den ganzen Treck am Ende eines langen Tages, als schon das nächste Negerdorf in Sicht war, in dem uns Hirsebier und Hammelfleisch erwarteten, auf meilenweiten Umwegen in einsame, gottvergessene Einöden führte. Zwei oder drei Mal drohten die Männer mit Meuterei und machten Anstalten, mir davonzulaufen; ich hielt sie dann bei der Stange mit einer anschaulichen Schilderung der Krankheitssymptome, die sie nach einem Besuch im Negerdorf zu erwarten hätten.

Vorgestern, am 26. Oktober 1915, sind wir in Albertville, dem wichtigsten Hafen am belgischen Ufer des Tanganikasees, angelangt. Der Ort besteht aus nicht viel mehr als ein paar verwanzten und flohverseuchten Militärbaracken und einem natürlichen Hafen in der Mündung des Lukugaflusses, in dem ein arg zerschossener kleiner Dampfer liegt. Jenseits des Sees in achtzig Meilen Entfernung befindet sich der deutsche Hafen Kigoma, und dort liegt die *Wissmann*, die wir versenken sollen. Ich hoffe bei Gott, dass das für beide Seiten unblutig über die Bühne gehen wird, und dass wir dann alle heil nach Hause kommen. Das wird aber noch einige Monate dauern, und so lange kann und will ich Dich nicht ohne Nachricht lassen. Es gibt hier einen sehr vernünftigen flämischen Sanitätshauptmann namens Zetterland, mit dem ich mich ein wenig angefreundet habe. Er hat einen Cousin bei der belgischen Botschaft in London und will dafür sorgen, dass mein Brief mit Diplomatenpost an der Zensur vorbei in Deine Hände gelangt. Wenn Du diese Zeilen liest, wird der Plan gelungen sein. Der Überbringer wird Dir sagen, auf welchem Weg Du mir antworten kannst.

Lass mich wissen, ob Du wohlauf und fröhlich bist, mein Liebling, und vor allem: Sorge Dich nicht um Deinen Dir immer treu ergebenen Ehemann und Seelenfreund,

Hother McCormick Hanschell.

18
Siebenhundert seekranke Soldaten

So fanden Anton Rüter, Hermann Wendt und Rudolf Tellmann im Februar 1915 wieder zusammen, arbeiteten jeden Tag von früh bis spät einträchtig miteinander, und es war alles wieder beinahe wie früher. Zwar sprach Tellmann noch immer kein Wort, aber weil er seit je ein wortkarger Mensch gewesen war, beeinträchtigte dies das Arbeitsklima nicht wesentlich. Ein unabdingbares Mindestmaß an Verständigung stellte er mit Nicken und Kopfschütteln sicher, und gelegentlich, wenn dem jungen Wendt ein guter Scherz gelang, konnte man ihn lächeln sehen. Wenn abends am anderen Seeufer die Sonne hinter dem schwarzen Küstengebirge unterging, versorgte er bedächtig seine Werkzeuge im Materialschuppen, wusch sich am Strand gründlich mit Asche und Sand die Hände, kehrte zurück in die Kaserne und ließ sich bis zum nächsten Morgen nicht mehr blicken.

Die nächtlichen Diebstähle ließen nun, da der

Kapitänleutnant sämtliche nur irgend denkbaren Sicherheitsvorkehrungen getroffen hatte, allmählich nach; der unbekannte Dieb aber wurde nicht erwischt, und seine Beute tauchte nie wieder auf. Während einiger Zeit spielte von Zimmer mit dem Gedanken, die verschwundenen Teile wiederum unter Einsatz der Nilpferdpeitsche hervorzuzaubern; aber dann verzichtete er darauf, weil die Revolte, der er beim ersten Mal knapp entgangen war, diesmal wohl unausweichlich ausbrechen würde. In der Folge beschränkte er sich darauf, sämtliche Wachtposten doppelt und dreifach zu besetzen sowie am Strand und auf allen Wegen, die zur Landzunge hinausführten, rund um die Uhr scharfe Patrouillen zirkulieren zu lassen. Zwar gelang es dadurch nicht ganz, die Diebstähle zu unterbinden, aber immerhin verschwanden nachts nun jeweils weniger Teile, als die Papenburger tagsüber ersetzen konnten.

So näherte sich die *Götzen* langsam, aber stetig ihrer Vollendung. Der für den 25. Januar 1915 vorgesehene Stapellauf, zu dem Gouverneur Schnee mit Gattin Ada aus Tabora hatte anreisen wollen, musste wegen der verbogenen Schraubenwellen um zwei Wochen verschoben werden. Auch der

Termin vom 8. Februar musste verschoben werden, ebenso jener vom 12. April und der vom 18. Mai, und jedes Mal hatte der Kapitänleutnant die unangenehme Pflicht, telegraphisch den Gouverneur zu benachrichtigen, worauf dieser mit ärgerlichen Nachfragen antwortete und den Kapitänleutnant zu peinlichen Erklärungen zwang. Aus militärischer Sicht waren die Verzögerungen umso bedauerlicher, als am südlichen Ende des Tanganikasees rhodesische Einheiten in die Offensive gingen, während gleichzeitig am nördlichen Ende belgische Truppen sich anschickten, den See auf dem Landweg zu umgehen; dringender denn je war die deutsche Heeresleitung darauf angewiesen, ihre zahlenmäßig beschränkten Truppen auf einem großen Schiff rasch vom einen Ende des Sees zum anderen verschieben zu können.

Am 5. Juni 1915 waren Rüter, Wendt und Tellmann gerade damit beschäftigt, die Windschutzscheiben auf der Kommandobrücke einzusetzen, als Kapitänleutnant von Zimmer über die Landzunge kam. Anton Rüter sah ihm auf dreihundert Meter Entfernung an, dass er Neuigkeiten mitbrachte – und zwar solche, die schlecht für Rüter, aber gut für ihn waren. Der Kapitänleutnant triumphierte, das war nicht zu übersehen. Er marschierte nicht rasch und zielstrebig über den Trampelpfad, wie man es von ihm gewohnt war, sondern schlenderte gemächlich dahin, als sei er ganz für sich allein und ohne bestimmtes Ziel unterwegs, oder als genieße er den Beginn der Trockenzeit und wolle die Süße des Augenblicks bis zur Neige auskosten. Alle paar Schritte blieb er stehen und betrachtete nachdenklich die Wolken am Himmel, das Wellengekräusel auf dem See und die Blumen am Wegesrand, und wenn er weiterging, trat er tänzelnd nach den kleinen Steinchen, die auf dem Pfad lagen, und als er auf Augenhöhe mit der Kommandobrücke war, winkte er den Papenburgern ganz unmilitärisch zu. In der linken Hand hielt er ein Stück Papier. Wie sich herausstellen sollte, war es ein Telegramm von Gouverneur Schnee.

»Tja, mein lieber Rüter, jetzt ist es so weit«, sagte er, nachdem er zur Kommandobrücke hinaufgestiegen war. »Die *Götzen* läuft übermorgen zur Jungfernfahrt aus.«

»Nein, das tut sie nicht«, erwiderte Rüter.

»Doch, das tut sie. Wir wollen uns nicht mehr streiten, das ist nun vorbei. Die *Götzen* wird übermorgen um sechs Uhr früh auslaufen, der Gouverneur befiehlt es so.« Von Zimmer reichte Rüter das Telegramm. »Hier bitte, lesen Sie selbst.«

»Das Schiff ist noch nicht seetüchtig, Kapitän. Wir würden beim geringsten Seegang kentern.«

»Schweigen Sie und lassen Sie's gut sein. Wir werden auslaufen, da ist nichts mehr zu machen. Übrigens werden wir alle mit an Bord sein: Sie und Ihre Pappenheimer genauso wie ich und Oberleutnant Horn und Korporal Schäffler. Alle. Sagen Sie selbst, habe ich nicht recht behalten? Sitzen wir nicht alle im selben Boot?«

»Nur über meine Leiche.«

»Mit Verlaub, Gefreiter Rüter, Ihre Leiche interessiert hier niemanden. Daran sollten Sie sich nun wirklich allmählich gewöhnt haben.«

»Das Schiff wird kentern, Kapitän.«

»Meinen Sie?«

»Beim geringsten Seegang.«

»Das wäre schade. Aber auslaufen werden wir trotzdem, das hängt nun nicht mehr von Ihrem oder meinem Willen ab. In diesem Augenblick, da wir hier so nett miteinander plaudern, ist das dritte Bataillon unter General Wahle mit siebenhundert Askari im Sonderzug hierher unterwegs. Morgen Nachmittag werden die hier am Hafen stehen und darauf warten, dass wir sie zur Südspitze des Sees nach Bismarckburg bringen. Was schlagen Sie vor, Rüter – soll ich den Befehlshaber West um ein paar Monate Geduld bitten? Soll die deutsche Schutztruppe Urlaub vom Weltkrieg nehmen, bis der Herr Schiffbaumeister Rüter aus Papenburg sein Werk vollendet hat?«

»Wir werden es niemals bis Bismarckburg schaffen.«

»Machen Sie's möglich, Gefreiter. Wir brauchen das Schiff.«

»Nur über meine Leiche.«

»Jetzt lassen Sie mich mit Ihrer Leiche in Frieden, Mann. Und seien Sie nicht immer gleich beleidigt.«

»Kapitän …«

»Ich weiß, Rüter, ich verstehe Sie. Ich teile in allem Ihren Standpunkt und stehe ganz auf Ihrer Seite, haben Sie das wirklich noch nicht verstanden? Aber leider tut das nichts mehr zur Sache. Finden Sie sich jetzt einfach mit dem Unabänderlichen ab und tun Sie, was noch zu tun ist. In exakt sechsunddreißig Stunden und achtzehn Minuten laufen wir aus, ob wir wollen oder nicht.«

* * *

In der Morgendämmerung des 9. Juni 1915 hielt am gegenüberliegenden Seeufer der belgische Sergeant Stéphane Dequanter Wache bei einer der beiden 85-mm-Kanonen, welche die Küste Albertvilles bewachten. Es war ein kühler und trüber Morgen, und die Nacht war kalt gewesen, und Dequanter war müde, und über dem See lagen Nebelschwaden. Da zeichnete sich im Nebel ein Schemen ab, der größer und schärfer wurde und bald furchterregend schwarz und haushoch sich auftürmend an Dequanter vorbeifuhr. Der Sergeant zückte sein Notizbuch und fertigte von der Erscheinung in den wenigen Sekunden, da sie zu sehen war, eine Skizze an.

Außerordentlicher Rapport.

Heute um 6.15 Uhr ist ein riesiges deutsches Dampfschiff von Norden her kommend an unserer Stellung vorbeigezogen. Das Schiff hatte ganz die Form eines Hochseedampfers und war gewiss drei bis vier Mal so lang wie die Wissmann. *Ladebäume vorne und hinten, möglicherweise Funkantenne am hinteren Mast. Eine Art Geschützturm hinter dem Schornstein. Details waren wegen Nebels nicht zu erkennen. Der Dampfer bewegte sich südwärts mit etwa der gleichen Geschwindigkeit wie die* Wissmann. *Die ein-*

geborenen Arbeiter sagen, sie hätten das Schiff noch nie gesehen.

Beiliegend eine Skizze des Dampfers.

Der Postenkommandant:
S. Dequanter

Tatsache ist, dass die Jungfernfahrt der *Götzen* ein Desaster war. Laut Gustav von Zimmers Bericht legte sie um sechs Uhr früh ab und kam bis neun Uhr keine halbe Meile voran, weil sie schwer gegen den hohen Wellengang und den starken Südwind zu kämpfen hatte. Da die Dampfmaschinen mit grünem Holz statt mit Kohle befeuert wurden, baute sich nur ungenügender Dampfdruck auf, weshalb das Schiff kaum Vorwärtsschub entwickelte, sondern heftig rollte und stampfte. Da man es zudem aus Zeitmangel unterlassen hatte, ausreichend Ballast zu laden, war der Tiefgang unzureichend, und immer wieder hob sich das Heck derart in die Höhe, dass die Schiffsschrauben frei in der Luft drehten.

Derweil saßen und lagen unter Deck siebenhundert Askari dicht aneinandergedrängt in den unbeleuchteten, fensterlosen Zwischendecks in höllischer Hitze und totaler Finsternis inmitten rasender Moskitoschwärme auf dem vibrierenden Stahlboden, der glitschig-feucht war von Erbrochenem und von Exkrementen, und da der Schiffsbauch noch keine Zwischenwände hatte und unmöbliert war, rutschten und kullerten sie bei jedem Rollen, bei jedem Stampfen durch- und übereinander von einer Schiffswand zur anderen, hilflos und willenlos umhergeworfen wie Treibgut in der Brandung. Während der ersten halben Stunde drang ihr Stöhnen und Wehklagen noch aus dem Innern des Schiffes, dessen Aufgänge aus Sicherheitsgründen verriegelt waren, hinauf in die Kabinen der Offiziere; aber schon bald wurde es unheimlich still.

In große Gefahr geriet die *Götzen*, als um halb neun Uhr die Dampfruderanlage ausfiel und kurz darauf auch die Handsteuerung versagte, worauf das Schiff steuerlos dem Seegang ausgesetzt war und schwer ins Rollen geriet. Das war besonders gefährlich, weil weder die Ladeluken noch die Schotts wasserdicht verschließbar waren; zwei oder drei große Brecher hätten genügt, um das Schiff in Schieflage zu bringen, worauf es Wasser genommen und binnen weniger Minuten gesunken wäre. Dass das nicht geschehen sei, schrieb Kapitänleutnant von Zimmer später, als er wieder feste Erde unter den Füßen hatte, sei reine Glückssache gewesen.

Was Rüter, Wendt und Tellmann in diesen Stunden höchster Not unternahmen, weiß man nicht. Zu vermuten ist, dass sie hektisch daran arbeiteten, die Steuerung zu reparieren. Glücklicherweise legte sich in der dritten Stunde der Wind und beruhigte sich in der Folge auch der See, und kurz nach neun Uhr meldete der Steuermann, dass die Dampfruderanlage wieder funktioniere, worauf die *Götzen* Kurs auf Bismarckburg nahm und während achtzehn Stunden ohne weiteren Zwischenfall mit acht Knoten Geschwindigkeit südwärts fuhr. Um drei Uhr morgens des zweiten Tages aber fiel auf der Höhe von Utinta erneut die Steuerung aus, worauf das Schiff wiederum schwer zu stampfen und zu rollen anfing, sich um den Bug drehte und vom

Wind mit einer Geschwindigkeit von vier Meilen pro Stunde zurück nach Norden getrieben wurde, keine zwei Meilen von der zerklüfteten Küste entfernt und jeden Augenblick in höchster Gefahr, auf einen unsichtbaren Felsen aufzulaufen und mit Mann und Maus und samt den Millionen Stechmücken und Kakerlaken, die den Schiffsbauch seit dessen Kiellegung bevölkerten, abzusaufen.

Nach einer Stunde steuerlosen Treibens war die Steuerung aufs Neue repariert. Die *Götzen* wandte die Nase wieder gegen den Wind und gegen die Wellen, machte nun gleichmäßig Fahrt und erreichte Bismarckburg um sieben Uhr abends des dritten Tages.

Kapitänleutnant von Zimmer an Gouverneur Schnee

Bismarckburg, 8. August 1915

Exzellenz! In Ergänzung meines Rapports vom 20. Juli zur Jungfernfahrt der Götzen beehre ich mich, Ihnen befehlsgemäß folgende Mängelliste zukommen zu lassen, und erlaube mir die Empfehlung, die vorgeschlagenen Verbesserungen umgehend durch Schiffbaumeister Rüter vornehmen zu lassen sowie

diesem sämtliche hierfür benötigten Mittel zu gewähren, da andernfalls das Schiff nicht in Gefechtsbereitschaft versetzt werden kann.
Gezeichnet: Zimmer.

1. *Der Tiefgang ist ungenügend. Bei starkem Seegang ist die Götzen kaum steuerbar.*
2. *Einwandiger Rumpf ohne Doppelboden, deshalb große Gefahr des Kenterns, falls das Schiff gegen einen Fels schlagen sollte.*
3. *Die Schotts zwischen den einzelnen Gatts sind zu wenig zahlreich und zu schwach. Falls Wasser in ein Gatt eindringt, droht Totalverlust des Schiffs.*
4. *Wenn ein Doppelboden eingebaut wird, sollten Trimmtanks beigefügt werden, denn ohne solche lässt sich das Schiff nicht trimmen.*
5. *Die Zwischendecks sollten durch Trennwände unterteilt werden, um das Verschieben der Fracht bei hohem Seegang zu vermeiden.*
6. *Das Schiff ist, besonders bei großer Geschwindigkeit, starken Vibrationen ausgesetzt. Die Antriebswellen müssen ersetzt, verstärkt oder ausgewuchtet werden.*
7. *Die Maschinen sind, wenn mit Holz statt mit Kohle befeuert, zu schwach, um gegen die am Tan-*

ganikasee häufig auftretenden starken Winde anzukämpfen. Entweder muss Kohle in ausreichender Menge bereitgestellt werden, oder das Schiff muss auf Holzfeuerung umgerüstet werden.

8. *Die Steuerungsanlagen (britischer Provenienz) sind äußerst unzuverlässig.*
9. *Die Kojen sind zu kurz und zu eng. Beim Schlafen berühren Arme und Beine das Moskitonetz, was den Mücken, die in großer Zahl in den dunklen Ecken der Kabinen lauern, Gelegenheit zum Stechen gibt. Empfehle Ersatz der hölzernen Kojen durch großzügiger proportionierte und leicht zu reinigende Stahlbetten.*
10. *Beide Ladebäume sind zu kurz.*
11. *Der Luftzug des Schornsteins sollte verbessert werden, indem dieser um etwa zwei Meter verlängert wird.*

19
Ein sicherer Hafen

Es war ein großer Augenblick in Commander Spicer Simsons Leben, als er an der Spitze des Zuges einen Hügel erklomm und zu seinen Füßen den Tanganikasee erblickte, der sich meergleich und silbern schimmernd bis zum Horizont erstreckte. Er schloss für ein paar Sekunden die Augen, atmete tief durch und gab das Signal zum Anhalten. Hätte er seinem Temperament freien Lauf gelassen, so hätte er den Schwung des langen Marsches ausgenützt und *Mimi* und *Toutou* geradewegs ins Wasser werfen lassen, wäre ohne Zeitverlust hinüber ans deutsche Ufer gefahren und hätte die *Wissmann* in einem Überraschungsangriff zu Klump geschossen. Sechs Stunden Hinfahrt und zehn, allerhöchstens zwanzig Minuten Gefecht, dann sechs Stunden Rückfahrt, Ankunft im Hafen von Albertville spätestens im Morgengrauen des folgenden Tages. So hatte Spicer sich das tausendmal ausgemalt. Dann wäre die Aufgabe erledigt, die Mission erfüllt, die Schlacht

schaften seines Wesens kristallisieren würden. Sehr bald schon würden sämtliche Freuden und Leiden seiner bisherigen Existenz nichts weiter mehr gewesen sein als Vorbereitungen auf das Drama, das sich hier in den nächsten Tagen ereignen würde; und die Jahre, die hernach noch folgen mochten, würden eine einzige Rückschau sein.

Deshalb durfte jetzt nichts schiefgehen. Oft genug hatte er es erlebt, dass der böse Zufall, die blinde Ungerechtigkeit oder übelwollende Arglist ihm ein Bein stellten. Diesmal würde er mit größtmöglicher Umsicht ans Werk gehen und jeden Zufall, jedes Missgeschick und jeden bösen Streich ausschließen. Das Wichtigste war, sich Zeit zu nehmen und nichts zu überstürzen. Spicer würde nicht den Fehler machen, sich wie ein Grünschnabel hinunter an den See zu stürzen und den Deutschen ins offene Messer zu laufen. Bisher war die Expedition auf ihrer gesamten Länge von zehntausend Meilen zwar mühselig, aber insgesamt ziemlich risikolos gewesen. Richtig gefährlich, das wusste Spicer, würde die Reise erst auf ihren letzten hundert Yards werden. Denn während jener halben Stunde, da *Mimi* und *Toutou* über den Strand ins Wasser geschleppt wurden, würden die Boote weithin sichtbar und wehrlos sein, schutzlos jedem Angriff ausgesetzt wie frisch geschlüpfte Schildkrötenbabys, und ihre stärkste Waffe – ihre Geschwindigkeit – würden sie erst ausspielen können, wenn sie das Wasser erreicht hatten. Natürlich war es extrem unwahrscheinlich, dass der deutsche Dampfer, den zu versenken er hergekommen war, ausgerechnet während jener halben Stunde auftauchte, aber Spicer wollte auch dieses Risiko ausschließen und vorerst unsichtbar bleiben. Er ließ in der Talsohle vor dem letzten Hügelzug ein camoufliertes Nachtlager herrichten. Kein Feuer, kein Geschrei, kein Gehämmer, kein Laternenlicht.

Während die Männer die Zelte aufbauten, erkundete Spicer das umliegende Gelände. Hier würde er eine Maschinengewehrstellung bauen und dort einen Schützengraben ausheben lassen, und den Proviant würde man hoch im Geäst eines alten Affenbrotbaums in Sicherheit bringen. Um das ganze Lager müsste man eine massive Dornenhecke ziehen, und *Mimi* und *Toutou* würde man, bis der Zugang zum Hafen gesichert war, im Dickicht verstecken und gründlich mit Ästen und Zweigen zudecken.

Da näherte sich vom See her unter lautem Rufen

und Winken ein Mann. Der Mann trug einen rosa Damenschirm, sein Hemd flatterte über der Hose, er war barfuß und unrasiert, und das Haar stand ihm in Zotteln vom Kopf ab. An den Ärmeln hatte er schwer entzifferbare Rangabzeichen, und er roch nach Schnaps. Der Mann salutierte und stellte sich vor als Major Stinghlamber, Kommandant der belgischen Garnison in Albertville. Dann gab er seiner Freude über die lang erwartete Verstärkung Ausdruck, indem er seinen rosa Schirm über Spicer Simson hielt und ihn, bevor der sich zur Wehr setzen konnte, nach kontinentaleuropäischer Art auf beide Wangen küsste. Dieser ging zum Gegenangriff über, indem er unter dem Schirm hervortrat, die zottelige Gestalt des Belgiers mit einem eisigen Blick maß und sagte: »Jetzt hören Sie mir gut zu, mein lieber Junge …« Aber dann besann er sich und winkte ab. »Na gut, Major, an die Arbeit. Als Erstes wollen wir uns den Hafen und die Geschützstellungen ansehen. Leutnant Hanschell! Sie kommen mit.«

Die Sache war die, dass es keinen Hafen und auch keine Geschützstellungen gab. Spicer war außer sich. Noch vor dem Start der Expedition hatte ihm der belgische Militärattaché in London versichert, dass der Hafen bestens eingerichtet sei, und jetzt war überhaupt keiner da. Was die Belgier einen Hafen nannten, war nichts weiter als die Mündung des Lukuga-Flusses, an dessen Ufern beidseits ein paar Ruderboote und Segeldhaus auf dem Strand lagen, und mitten unter ihnen das Wrack der *Alexandre Delcommune*.

»Major Stinghlamber, ich verstehe nicht ganz«, sagte Spicer scharf. »Wo ist denn hier bitte der Pier? Wo versteckt sich die Artillerie, die uns vor gegnerischen Angriffen schützt? Wo sind die Wellenbrecher, die uns vor schwerer See bewahren?«

Der belgische Kommandant grinste unter seinem rosa Sonnenschirm hervor und rieb sich den Nacken. »Na ja, wir haben zwei 85-mm-Geschütze beidseits über der Flussmündung postiert, das eine da und das andere dort, sehen Sie? Und wenn ein Sturm aufzieht, ziehen wir die Boote ein bisschen weiter den Strand hoch.«

»Ich bin schockiert, Major. Ich werde Meldung an Ihre Vorgesetzten erstatten.«

»Meine Vorgesetzten wissen Bescheid, Commander. Verstehen Sie bitte, wir sind hier nicht in England, hier läuft nicht immer alles fein säuberlich nach Lehrbuch. Das hier ist Afrika, da muss man …«

»Ich weiß sehr gut, wo wir uns befinden, mein lieber Junge, und ich weiß, was man in Afrika muss und nicht muss. Solange ich noch aufrecht stehen kann, werden meine Schiffe nur dort zu Wasser gelassen, wo es einen anständigen Hafen gibt.«

»Es gibt hier aber keinen anständigen Hafen, Commander.«

»Das sehe ich.«

»Der einzige Hafen, den es an diesem See überhaupt gibt, ist jener in Kigoma, und der ist fest in der Hand der Deutschen.«

»Dann werden wir eben einen bauen.«

»Was sagen Sie, Commander?«

»Dann werden wir einen anständigen Hafen bauen.«

»Das wird Monate dauern.«

»Dann dauert's eben so lange, Major. Ein Grund mehr, keine Zeit zu verlieren und gleich heute damit anzufangen. Na, sagen wir morgen, heute zeichnen wir einen Plan. Ich habe noch zweihundert Eingeborene und achtundzwanzig weiße Männer unter meinem Kommando. Und Sie?«

»Etwa gleich viele.«

»Sehr gut. Meine Offiziere werden alle mit Hand anlegen, ich selbst ebenfalls. Wir brauchen einen

Steinbruch, und wir brauchen Sprengstoff, und wir brauchen Männer, die die Steine schleppen.«

Wie um Spicers Umsicht zu rechtfertigen, kam in der Nacht ein Sturm auf, der turmhohe Palmen knickte und tausendjährige Affenbrotbäume krachend zu Boden stürzen ließ, Zelte und Lehmhütten mit sich fortriss und den Regen horizontal übers Land peitschte. Der sonst so friedliche See bäumte sich zu schäumender Gischt auf, und haushohe Brecher stürzten ans Ufer, warfen die Segelboote auf den Strand und rissen Felsen, Bäume und Fischerhütten mit sich. Spicer genoss das Spektakel und empfand stille Genugtuung; wäre er seinem nachmittäglichen Impuls gefolgt und hätte die Boote bis ans Ufer geführt, so wären *Mimi* und *Toutou* jetzt verloren, gesunken oder am Riff zerschellt, und die Expedition wäre gescheitert und er selbst auch. Endgültig.

Telegramm 28. Oktober 1915 an die königliche Admiralität in Whitehall, London, gekabelt über Léopoldville und Kapstadt: Bin heute in Albertville am Tanganikasee angekommen. Da es weder hier noch an einer anderen Militärstation einen brauchbaren

Hafen gibt, lasse ich die Boote vorerst nicht zu Wasser und treffe Vorbereitungen für den Bau einer geeigneten Anlage. Es hat sich bereits die kleine Regenzeit mit den ersten Tornados bemerkbar gemacht, und der sogenannte Hafen von Albertville wird durch ein Riff versperrt, das nur zwei Fuß unter Wasser liegt. Bau eines Piers unumgänglich, Stapellauf von Mimi und Toutou verschiebt sich um sechs bis acht Wochen.

Es grüßt hochachtungsvoll Ihr ergebener Diener,
G. B. Spicer Simson, Acting Commander R. N.

Spicer machte in den Hügeln hinter der Küste eine Granitwand ausfindig und ordnete an, dass jeden Tag von Sonnenaufgang bis -untergang immer exakt zur vollen Stunde eine Sprengung durchgeführt wurde; diese rituelle Gleichförmigkeit würde die zeitraubende Warnerei vor der Zündung verkürzen, und es würde die Träger dazu anspornen, das losgesprengte Geröll während der Stunde, die bis zur nächsten Sprengung blieb, hinunter zur Bucht zu schaffen. Regelmäßig wie das Geläut einer Schweizer Kirchturmglocke erschütterten von da an Detonationen die Küste des Tanganikasees, und vom Steinbruch zum Ufer bewegte sich von früh bis spät eine doppelreihig-gegenläufige Karawane von vierhundertfünfzig Männern, die mit Schubkarren, Eimern und bloßen Händen Felsbrocken, Steine und Geröll zur Baustelle brachten. Nach einer Woche war der Pier, der sich in einem eleganten Bogen nach Nordosten wenden sollte, um größtmöglichen Schutz vor den Südstürmen zu bieten, schon fünfzehn Meter in den See hinausgewachsen. Bei den Eingeborenen kursierte das Gerücht, die Briten wollten einen Damm bis hinüber ans andere Ufer bauen, um die Deutschen auf dem Landweg angreifen zu können.

Und dann kamen die Deutschen herüber, um nachzusehen, was es mit den Explosionen, die bei Westwind bis ans östliche Seeufer zu hören sein mussten, auf sich hatte. Spicer hatte sie vom ersten Tag an erwartet und jedes Mal, wenn er seine Schubkarre über den Strand stieß, innegehalten und mit dem Fernglas den See abgesucht, ob nicht am Horizont die Rauchfahne eines deutschen Schiffs auftauche. Jetzt war es da, und zwar nicht am Horizont, sondern unverschämt nah, in höchstens einer Meile Abstand zur Küste, und kam von Norden her angedampft. Spicer sah sofort, dass es ein lächerlich harmloses Boot in armseligem Zustand war, das höchstens sechs Knoten Geschwindigkeit erreichte und unmöglich großkalibrige Geschütze an Bord haben konnte.

»He, Soldat!«, rief er seinen Vordermann, einen belgischen Sergeanten, auf Französisch an. »Ist das die *Wissmann*?«

»Nein, mon Commandant, das ist die *Kingani*. Die *Wissmann* ist ein bisschen größer.«

»Viel größer?«

»Nein, nur ein bisschen.«

»Und die *Götzen*?«

»Die ist noch mal größer.«

»Ein bisschen größer?«

»Nein, mon Commandant, viel größer.«

Spicer hatte erst nach seiner Ankunft in Albertville erfahren, dass es auf dem See nicht nur ein feindliches Boot, sondern gleich drei deutsche Dampfschiffe gab. Bisher hatte sein Befehl gelautet, herzukommen und ein altersschwaches Dampferchen zu versenken; wenn daraus nun zwei Dampferchen wurden, machte ihm das nicht viel aus. Etwas ganz anderes aber war die *Götzen*, von deren Existenz bis vor kurzem niemand – auch kein Belgier – gewusst hatte. Wenn sie tatsächlich so groß und stark und schnell war, wie man sich erzählte, und wenn sie wirklich so furchterregend große Kanonen an Bord hatte, würden *Mimi* und *Toutou* es im Kampf schwer haben, das war Spicer klar. Vorläufig aber mochte er sich darüber nicht den Kopf zerbrechen. Sein Auftrag lautete, die *Wissmann* zu versenken, und den würde er ehrenvoll erfüllen. Alles Weitere würde sich weisen. Spicer nahm das Fernglas aus dem Futteral und unterzog die *Kingani* einer eingehenden Musterung. Der stählerne Rumpf war rostig, die hölzerne Kabine hinter dem Schornstein verwittert. Auf der Back stand ein Geschütz, vor dem Schornstein standen zwei Offiziere in weißen Uniformen und mit weißen Tropenhelmen. Der eine hielt wie Spicer ein Fernglas vor den Augen, der andere einen Photoapparat.

»Schaut ihr nur«, dachte Spicer. »Guckt nur her, ihr kleinen Oberleutnants, und macht Photos, solange ihr wollt. Alles, was ihr hier sehen könnt, sind vierhundert Eingeborene und ein paar Weiße, die Steine schleppen, nicht wahr? Natürlich wüsstet ihr gern, was die Schlepperei soll. Eine Art Hafen bauen wir hier, so viel ist euch schon klar, aber wozu? Für welches Schiff? Das fragt ihr euch und kratzt euch am Schädel, denn das einzige Schiff, das die Belgier hatten, habt ihr ihnen ja zusammengeschossen, nicht wahr? Dass es die Royal Navy ist, die hier einen Hafen baut, könnt ihr nicht sehen, denn ich habe meinen Männern befohlen, zur Arbeit Hemden und Hosen ohne Rangabzeichen anzuziehen, und meine Schiffe könnt ihr auch nicht sehen, weil ich, Acting Commander Spicer Simson, den Weitblick hatte, *Mimi* und *Toutou* im Gebüsch zu verstecken. Wartet nur, ihr Oberleutnants, wartet nur ein wenig, bis der Hafen fertig ist und meine zwei Schiffchen im Wasser liegen, und dann kommt noch mal vorbei mit eurer Rostschüssel und fahrt mir noch mal frech vor der Nase herum!«

Spicer verstaute sein Fernglas im Futteral, packte die Schubkarre an beiden Griffen und schob sie entschlossen an. Vier Wochen Steineschleppen noch, höchstens fünf, dann würde die Stunde des Ruhmes schlagen.

Telegramm vom 11. Dezember 1915 an den Staatssekretär in Kapstadt. Ein schwerer Sturm hat unseren Hafen beschädigt. Stapellauf der Boote verschiebt sich um eine weitere Woche.

Gezeichnet: Acting Commmander G. B. Spicer Simson R. N., Albertville.

20
Demütiger Sieger und großmäuliger Verlierer

Albertville, 27. Dezember 1915

Meine geliebte Shirley!
Eben hat mein belgischer Freund und Sanitätshauptmann Zetterland mich benachrichtigt, dass er endlich, endlich wieder einen Kurier zur Hand hat, der geheime Post mit nach Europa nimmt. Ich beeile mich, ihm die Briefe, die ich Dir die letzten Monate über geschrieben habe, mitzugeben. Wie Du siehst, habe ich sie mit Rotstift in chronologischer Reihenfolge nummeriert; dies für den Fall, dass Du Dir die spannende Frage, ob ich am Leben geblieben sei, bis zum Schluss offenhalten möchtest. Nun ist es heraus, ich bin noch da – ich bin immer bei Dir, das weißt Du ja. Meinen ersten Atemzug habe ich getan, als wir uns begegneten, und meinen letzten werde ich tun, wenn Du mich verlässt. – Zetterland wartet vor der Tür, ich muss rasch, rasch schreiben!

Hier also in aller Eile mein Bericht über die letzten Tage, die ich als die absonderlichsten Weihnachtstage meines Lebens in Erinnerung behalten werde. Wie glücklich wir waren, als nach zweimonatiger Plackerei der Hafen endlich fertig war, habe ich Dir in meinem vorletzten Brief geschrieben. Was für ein Fest es war, als wir *Mimi* und *Toutou* am 22. und 23. Dezember aus ihren Verstecken holten und in nur zwanzig Minuten zu Wasser ließen, steht im letzten Brief. Jetzt bleibt mir nur noch, Dir meine Weihnachtstage zu rapportieren, in denen ziemlich viel los war. Ich selbst habe zwar immer nur tatenlos zugeschaut, wie es nun mal meine Art ist – aber immerhin bin ich Augenzeuge glänzendsten Heldenmuts und erbärmlichster Barbarei geworden, habe einen genialen Feldherrn am Werk gesehen, einem demütigen Sieger in die Seele geschaut und einem großmäuligen Verlierer – und all dies, Du ahnst es, vereint in der unergründlich schlichten Person von Commander Geoffrey Basil Spicer Simson. Aber lass Dir der Reihe nach berichten (rasch, rasch! Hauptmann Zetterland steckt sich draußen gerade die zweite Zigarette an).

Weihnachten begann fröhlich. Selbstverständlich gab es viel Gejohle und gegenseitige Schulterklopferei, als *Mimi* und *Toutou* endlich im Wasser lagen. Wir hatten es geschafft. Es mag komplett sinnlos sein, zwei Wasserfahrzeuge zweitausend Meilen über Land zu schleppen, aber eine nicht geringe Leistung ist es ohne Zweifel, weshalb wir einander bei einer improvisierten Feier beglückwünschten und verdientermaßen mit ungekühltem, körperwarmem Champagner anstießen, den der Commander eigens für diesen Anlass hatte mitführen lassen. Sonderbar war nur, dass Spicer selbst nicht mittrank. Er beteiligte sich nicht an der Schulterklopferei, sondern hielt sich ein wenig abseits, und er trank nicht mit, sondern nippte nur an seinem Glas, und wenn man ihn ansprach, lächelte er abwesend und behielt stets seine zwei Boote im Auge. Er war so still, dass ich mich um seine Gesundheit zu sorgen begann. Aber als ich ihn fragte, ob er sich nicht wohlfühle, sagte er: »Im Gegenteil, mein lieber Hanschell, im Gegenteil.« Während die Feier noch im Gange war, stellte er leise sein Glas beiseite und ging hinunter zum Kai, um sich persönlich davon zu überzeugen, dass *Mimi* und *Toutou* nicht leckten, und dass die Motoren störungsfrei liefen und die Geschütze ordnungsgemäß montiert waren.

Der folgende Tag war Heiligabend und hatte so wenig Weihnachtliches, wie Du Dir nur denken kannst. Unbarmherzig brannte schon frühmorgens die Sonne auf die Strohdächer unserer Lehmhütten, die Zikaden kreischten in den Affenbrotbäumen, und weit und breit gab es keinen Tannenbaum, keine Weihnachtsgans und keine leuchtenden Kinderaugen. Einzig mein Nachbar, ein rothaariger Matrose irischer Abstammung, hatte seine Hütte mit allerhand Grünzeug geschmückt. Ich putzte mir gerade vor meiner Hütte die Zähne, als der Commander hinzukam und die Dekoration entdeckte. »Was ist das«, näselte er, »ein Hurenhaus? Nehmen Sie das Zeug sofort herunter und verbrennen Sie es.«

Nachmittags standen die ersten Probefahrten und Schießversuche auf dem Programm, und Spicer bestand darauf, dass ich an seiner Seite mitfuhr. Die Boote hielten dicht und bewegten sich leicht und wendig übers Wasser, erreichten aber nur eine Geschwindigkeit von dreizehneinhalb Knoten, was doch deutlich weniger war als die zwanzig Knoten beim Probelauf auf der Themse ein halbes Jahr zuvor. Spicer verfolgte stirnrunzelnd, wie die Mechaniker hektisch an den Einlassventilen schraubten,

Diesel- und Luftfilter reinigten und die Kabelzüge überprüften, und ich selbst behielt den Commander im Auge in Erwartung eines quichottesken Auftritts. Als aber alle Schrauberei nichts nützte und die Höchstgeschwindigkeit auch im zweiten Anlauf bei dreizehneinhalb Knoten blieb, überraschte er mich aufs Neue, denn er sagte nur: »Gentlemen, bitte beruhigen Sie sich, das liegt am Seegang, der hier naturgemäß stärker ist als auf der Themse. Das ist uns jetzt einfach egal, wir sind auch so noch doppelt so schnell wie die Deutschen. Lassen Sie uns zum Schießversuch übergehen und hoffen, dass die Verschlussringe an den Lafettensockeln diesmal ordentlich verriegelt sind, damit Schütze und Geschütz an Bord bleiben. Der See ist, wie Sie wissen, voller Krokodile.«

Darauf beschleunigten die Bootsführer *Mimi* und *Toutou* auf Höchstgeschwindigkeit, und beide Kanoniere gaben je einen Schuss ab. Sie blieben an Bord, die Geschütze ebenso.

Der Weihnachtstag verging ereignislos. Die Arbeit war erledigt, wir hatten alles getan, was zu tun war. Jeder von uns wusste, dass jetzt nur noch das Warten blieb, und dann würde das Schießen beginnen, das Töten und das Leiden und das Sterben in einem fremden Land unter fremden Menschen für eine Sache, die jedem Einzelnen von uns im Grunde genommen fremd und unverständlich war. Nachmittags spielten wir Kricket, abends betranken wir uns mit schottischem Whisky und gingen früh zu Bett, wie es in den Tropen üblich ist.

Da der Stephanstag ein Sonntag war, döste ich weit in den Morgen hinein, ließ mir von meinem Boy einen Tee bringen und stand erst auf, als dieser mir zuraunte, der Commander empfange dauernd Eilboten und sende welche aus, und zweimal schon sei er zum Hafen hinuntergelaufen und habe die Bootsmotoren angeworfen, um sie gleich wieder auszuschalten. Da wusste ich, dass hier etwas im Busch war. Ich zog mich rasch an und lief zu ihm, aber Spicer ließ sich nichts anmerken, sondern begrüßte mich mit der gewohnten distanzierten Höflichkeit, die er sich während der Expedition angeeignet hatte. Beim gemeinsamen Frühstück in der Offiziersmesse, die aus nicht viel mehr als einem langen Tisch unter einer Zeltplane besteht, fragte er seine Tischnachbarn mit väterlicher Fürsorglichkeit nach deren Befinden, machte kleine Bemerkungen übers Wetter und die Qualität des schottischen Whiskys, der dem irischen doch immer noch weit überlegen sei, und erzählte eine Schnurre aus seiner Kadettenzeit, in der es um ungenießbares Pökelfleisch, einen begriffsstutzigen Schiffskoch und einen angriffslustigen Ziegenbock ging. Um halb zehn Uhr hatten alle Mann auf dem Exerzierplatz anzutreten zur morgendlichen Inspektion, dann zum Fahnenaufzug und zum sonntäglichen Gottesdienst. Wir ließen uns zum Gebet auf die Knie nieder und sangen »O little town of Bethlehem«, und dann las Spicer wie jeden Sonntag ein paar Seiten aus der *Genesis* vor. Dabei wandte er dem See den Rücken zu, während wir Soldaten, die wir in Formation vor ihm strammstanden, freie Sicht bis hinüber ans deutsche Ufer hatten. Gerade als Spicer zu der Stelle kam, an der die Sintflut zurückgeht und Gott erkennen muss, dass Noahs Nachfahren genauso verderbt sind wie dessen Vorfahren, tauchte in unserem Blickfeld fröhlich prustend und rauchend ein kleiner deutscher Dampfer auf – es war die *Kingani*. Diese Erscheinung verursachte in unseren Reihen natürlich einige Unruhe, die sich durch Gescharre, Geflüster und Gehüstel bemerkbar machte. Der Commander aber sah nur kurz von der Bibel auf, sagte: »Bitte, Gentlemen« und kehrte in aller Ruhe an die Stelle zurück, an der Gott den

Menschen verspricht, nie wieder eine Sintflut über die Welt zu bringen, und ihnen als Zeichen des Bundes den Regenbogen schickt. Als Spicer geendet hatte, hob er die Hand, um anzuzeigen, dass wir noch nicht entlassen seien, wandte uns den Rücken zu und betrachtete ausgiebig die *Kingani*, die bis auf zwei Meilen herangekommen war. Dann machte er erneut auf dem Absatz kehrt, musterte gereckten Kinns unsere Reihen und rief: »Alle Mann abtreten und saubere Kleidung anziehen! Boote klarmachen zum Gefecht!« Worauf alle Mann unter mächtigem Stiefelgetrappel davonstoben. Commander Spicer Simson ging gemessenen Schrittes hinunter zum Hafen, der etwa vierhundert Yards vom Exerzierplatz entfernt lag. Ich holte ihn ein und fragte, ob ich an seiner Seite mit an Bord dürfe, aber er lachte nur und sagte: »Unsinn, Doktor, Sie sind viel zu kostbar! Wir brauchen Sie womöglich hernach hier an Land!« Also begnügte ich mich mit meiner gewohnten Rolle als Zuschauer, holte Deinen Operngucker und meinen Klappstuhl aus der Hütte und ging zusammen mit allen anderen Zaungästen hinauf zu einer Anhöhe, von der aus man eine schöne Übersicht über den See hat. Manche hatten Tee dabei und andere Zwieback, und wieder andere gaben

Zigaretten aus, und einen Steinwurf hinter uns versammelten sich schaulustige Eingeborene, erst einzelne, dann Dutzende und schließlich Hunderte. Alle beobachteten wir gespannt, wie die *Kingani* von Norden herankam und sich immer mehr der Küste näherte, bis sie am Hafen vorbeifuhr und sich in südlicher Richtung entfernte.

Schon schien es, als würde das feindliche Schiff hinter der nächsten Landzunge verschwinden, ohne dass unsere Boote aus ihren Verstecken hervorkamen, und schon fingen links und rechts von mir die ersten Zuschauer an zu murren, als wohnten sie einem faden Fußballspiel bei; ich aber beobachtete in atemloser Spannung das unvergessliche Schauspiel, wie Commander Spicer Simson in kerzengerader Haltung und eherner Ruhe am äußersten Ende des Piers stand und durchs Fernglas die südwärts fahrende *Kingani* verfolgte; ich wusste, dass er mit dem Angriff warten wollte, bis er ganz sicher sein konnte, dem feindlichen Schiff den Rückweg nach Kigoma abzuschneiden. Und als es so weit war, ging er ohne jede Eile zurück zum Anlegeplatz, schwang sich an Bord der *Mimi* und nahm ganz zuvorderst im Bug Aufstellung, und dann schossen beide Boote hinaus auf den See und näherten sich rasch der *Kingani*, die unbeirrt und offensichtlich nichts ahnend südwärts dampfte.

Es war ein freundlicher und klarer Morgen, aber der See war ziemlich kabbelig, und die Boote tanzten aufgeregt übers Wasser wie flache Kiesel. Von meiner Anhöhe aus konnte ich Spicer deutlich sehen, wie er ruhig, aufrecht und freihändig im Bug stand, durchs Fernglas schaute und dem Steuermann mittels Handzeichen Anweisungen gab. Er blieb auch aufrecht stehen, als die *Kingani* plötzlich eine halbe Drehung machte und ihr Bordgeschütz gegen *Mimi* richtete, und er blieb genauso aufrecht, als links und rechts deutsche Granaten ins Wasser schlugen und Fontänen in die Höhe spritzten. Ich will Dich nicht mit Schlachtenbeschreibungen langweilen, nur so viel: Commander Spicer Simson hat mir das größte Spektakel geboten, das ich je gesehen habe, und er ist in jenen Minuten der große Feldherr gewesen, der er zeitlebens hatte sein wollen. Er hat kühl berechnend den richtigen Augenblick abgewartet, um dann furchtlos und klug zu handeln und den Feind mit einem einzigen, gut geführten Schlag zu besiegen. Nachdem die ersten Schüsse gefallen waren, ließ Spicer *Mimi* und *Toutou* einen weiten Bogen fahren, um die *Kingani*, die nur eine einzige Kanone vorne auf der Back hatte, von hinten anzugreifen. Für uns Zuschauer war die Seeschlacht, kaum dass sie begonnen hatte, schon wieder vorbei. Nach ein paar Fehlschüssen schlug eine Granate im Vordeck der *Kingani* ein, es gab eine Stichflamme und ziemlich viel Rauch, und dann holte jemand die Flagge mit dem Reichsadler ein, und jemand anderes schwenkte ein weißes Tuch.

Wir Zuschauer oben auf dem Hügel brachen in Jubel aus und liefen hinunter zum Hafen, um die Helden gebührend zu empfangen. Als Erstes traf *Mimi* ein, dann *Toutou*, welche die *Kingani* im Schlepptau hatte. Das deutsche Schiff hatte ein großes Loch im Bug und drohte zu sinken, weshalb es an den Strand geschleppt wurde und in sieben Fuß tiefem Wasser auflief.

Ich vergewisserte mich, dass die elf Gefangenen und alle unsere Leute heil und unverletzt waren, und dann suchte ich im allgemeinen Gewimmel und Jubelgeschrei nach Commander Spicer Simson. Ich fand ihn dreihundert Meter südlich des Hafens, wo er allein am Strand saß und Steinchen ins Wasser warf.

»Herzlichen Glückwunsch, Commander!«, rief

ich, während ich auf ihn zulief. »Sie haben gesiegt!«

»Ja, nicht wahr?«, antwortete er leise und rieb sich verlegen die Nase.

»Commander, ich habe alles gesehen. Sie waren großartig. Die Deutschen hatten nicht den Hauch einer Chance.«

»Danke, Hanschell.« Spicer warf ein weiteres Steinchen ins Wasser. »Ich glaube wirklich, es war in Ordnung, nicht wahr?«

»Die Leute rufen nach Ihnen, Commander. Sie wollen Sie sehen.«

»Na, dann wollen wir mal.«

Und dann reichte Commander Geoffrey Spicer Simson im Moment seines größten Triumphs, da all seine Träume wahr geworden waren und sein Lebenszweck sich erfüllt hatte, mir wie ein alter Mann die Hand, damit ich ihm auf die Beine half. Und als wir Schulter an Schulter zurück zum Hafen liefen, konnte ich aus den Augenwinkeln sehen, wie er immer wieder leicht den Kopf schüttelte.

Die Ersten, die uns entdeckten, waren zwei Leichtmatrosen, die auf *Toutou* dabei gewesen waren. Ihre Gesichter waren feucht vom Siegesrausch, und jeder von ihnen streckte mir ein Fläschchen entgegen, das etwa zur Hälfte mit Blut und Fleischklümpchen gefüllt war. Im einen Fläschchen steckte ein halber Finger.

»Was soll das denn?«, fragte ich.

»Ein Souvenir, Doktor!«, schrien die beiden begeistert. »Blut vom deutschen Kapitän! Damit wir zuhause was herzeigen können! Würden Sie bitte Chemie reinmachen, damit's nicht zu stinken anfängt?«

Ich wollte protestieren und die zwei Rohlinge zum Teufel schicken, aber als ich den Mund aufmachte, drückte mir der Commander sachte, aber unnachgiebig den Oberarm. Da öffnete ich meinen Koffer und füllte die zwei Flaschen mit Thymol, das eine ausreichend bakterizide und fungizide Wirkung haben sollte.

Da nun aber klar war, dass auf der *Kingani* Blut geflossen war, lief ich so rasch als möglich hin, konnte dort aber auf den ersten Blick sehen, dass es für mich nichts mehr zu tun gab. Eine Granate hatte den hölzernen Schutzschild der Bordkanone durchschlagen und die drei Männer dahinter – den Bootsführer und seine zwei Ersten Offiziere – buchstäblich in Fetzen gerissen. Es roch beißend scharf nach Pulverdampf, das ganze Schiff war über und über mit Blut besudelt, und mittendrin stand zitternd, meckernd und unverletzt – das musst Du mir wirklich glauben – eine blütenweiße kleine Ziege. Da die Ziege das einzige lebendige Wesen an Bord war, packte ich sie am Halsband und ging mit ihr zur Reling, um sie an Land zu bringen; da neigte sich unter meinem Gewicht und jenem der Ziege die *Kingani* zur Seite, und die verstümmelte Leiche des deutschen Kapitäns, die bis dahin am Schutzschild gelehnt hatte, fiel hart vornüber.

In diesem Augenblick kletterte Spicer Simson an Bord, gefolgt von einer unübersichtlichen Menge von Offizieren, Soldaten und Eingeborenen, die alle aufgeregt durcheinanderredeten, schrien und lachten. Erstaunt nahm ich zur Kenntnis, dass Spicer, der eben noch still und verzagt am Strand gesessen hatte, jetzt plötzlich in ganz aufgeräumter Stimmung war, und dass er das Bad in der Menge genoss. Er paradierte über den eroberten Dampfer, dessen Deck eine einzige große Blutlache war, saugte die Wangen zwischen die Zähne ein, hob die Augenbrauen und nahm unter halb geschlossenen Lidern lauthals eine Zählung der Einschüsse vor, wobei er auf ein Total von zwölf Treffern kam.

»Kanonier Waterhouse! Wie viele Schüsse haben wir abgegeben?«

»Dreizehn, Sir.«

»Und zwölf Einschüsse! Zwölf Treffer bei dreizehn Schüssen – das nenne ich eine ziemlich gute Leistung, nicht wahr?«

»Wie man's nimmt, Sir. Ich fürchte, wir haben doch ein paar Mal ins Wasser geschossen.«

»Unfug, mein lieber Junge! Sie sehen doch die Einschläge.«

»Mit Verlaub, Sir«, antwortete Waterhouse, der ein aufrichtiger und bescheidener Mensch ist. »Die meisten Einschläge stammen, wenn ich mich nicht irre, von Granatsplittern, die würde ich nicht einzeln als Treffer zählen. Und dann hat *Toutou* ja wohl auch ein paar Projektile abgefeuert.«

»Mein lieber Junge«, näselte Spicer, »Sie müssen noch viel lernen. Erstens war *Toutou* viel zu weit entfernt, und zweitens bin ich doch wohl noch in der Lage, einen Splittereinschlag von einem richtigen Treffer zu unterscheiden, meinen Sie nicht? Die ganze Sache erinnert mich übrigens an jenes Seegefecht vor Schanghai, an dem ich als junger Kanonier bei Windstärke zwölf und ziemlich schwerer See mit meinem Siebenpfünder …«

Und während er erzählte, beugte er sich zur Leiche des deutschen Bootsführers hinunter, der bäuchlings mit weit ausgestreckten Armen im eigenen Blut lag, nahm ihm den Siegelring vom Finger und steckte ihn sich an den Ringfinger der rechten Hand. –

Meine geliebte Shirley, jetzt steht Hauptmann Zetterland vor mir – die Geduld ist ihm ausgegangen, und Zigaretten hat er auch keine mehr! Ich liebe Dich, ich küsse Dich und verzehre mich nach Dir. Lang kann's nicht mehr dauern, dann bin ich wieder zuhause. Gesundheitlich geht es mir übrigens bestens, abgesehen von gelegentlichen Malariaschüben, gegen die aber meine tägliche Dosis von einem Gramm Chinin Wunder wirkt.

Immer Dein: Hother McCormick Hanschell.

21
Was für ein hübscher Flecken Erde!

Dann kam der Tag des Wiedersehens mit Ada Schnee, der blütenweißen Gouverneurin. Sie reiste im Salonwagen der Mittellandbahn nach Kigoma, und als Gastgeschenk für Kapitänleutnant Gustav von Zimmer brachte sie in einem offenen Güterwagen die zwei größten Kanonen mit, die sie in ganz Ostafrika hatte finden können. Die Kanonen schimmerten bleiern unter dem wolkenverhangenen Himmel, als der Zug in einer letzten Schleife der Hafenbucht entlang in den Bahnhof einfuhr. Übrigens reiste die Gouverneurin nicht allein, sondern in Gesellschaft ihres Gatten, und am Ende des Zuges waren zwei Mannschaftswagen angehängt, in denen als Geleitschutz die 4. Feldkompanie unter dem Kommando Hauptmann Karl Ernst Görings mitfuhr. Der Zug kam an genau jener Stelle zum Stillstand, an der der Kapitänleutnant mit sämtlichen einigermaßen gesunden Männern Aufstellung genommen hatte. Anton Rüter, Hermann

Wendt und Rudolf Tellmann standen in der vordersten Reihe, wie der Kapitänleutnant es angeordnet hatte, und waren von Kopf bis Fuß in vollständige, einwandfrei sitzende Uniformen der kaiserlichen Schutztruppe gekleidet. Alle Mann beobachteten, wie die Tür des Salonwagens aufging und die Gouverneurin erschien. Ada Schnee war wie gewohnt in strahlendes Weiß gekleidet. Ihre hellblauen Augen leuchteten jugendlicher denn je, und ihre perlenweißen Zähne zwischen den rosa Lippen waren makellos wie stets.

»Was für ein hübscher Flecken Erde!«, rief sie, während sie übers Treppchen hinunter in den roten Staub glitt. »Dieser Strand, die Bucht, die Bäume dort hinten – das erinnert ein wenig an Helgoland, nicht wahr?«

»Gewiss, meine Liebe«, erwiderte mit angestrengter Munterkeit der Gouverneur, der hinter ihr aus dem Salonwagen stieg. »Nur dass auf Helgoland, soviel ich weiß, die Flamingos und Krokodile seit ein paar Jahren ausgestorben sind.«

Da trat der Kapitänleutnant einen Schritt vor, salutierte und küsste der Gouverneurin die Hand.

»Meine Verehrung, Exzellenz«, sagte er. »Ich freue mich festzustellen, dass der Krieg Ihrer Schönheit nichts anhaben kann. Ihnen ist gewiss bekannt, dass man Sie in Offizierskreisen die Weiße Rose Afrikas nennt.«

»Sie sind ein Schmeichler, Kapitän!« Die Gouverneurin ließ ihr perlendes Lachen hören. »Selbstverständlich kann mir der Krieg etwas anhaben, wie jedem von uns, sogar eine ganze Menge! Letzten Monat beispielsweise hat er mir mein Zuhause weggenommen!«

»Den Gouverneurspalast?«

»Schutt und Asche. Ein britisches Kanonenboot hat ihn für Zielübungen verwendet, als wir gerade nicht in Daressalam waren. Nicht dass das wichtig wäre, schließlich haben wir Krieg. Aber immerhin ist meine gesamte Garderobe verbrannt, alle Bettwäsche und sämtliches Geschirr, meine Fotoalben und meine Haarbürsten – einfach alles.«

»Mein Beileid.«

»Ach was, Beileid! Die Welt hat zurzeit weiß Gott andere Probleme. Ich habe mir halt ein paar neue Kleider aus Araberbaumwolle machen lassen. Unter den Linden würde ich damit wohl keine gute Figur machen, aber da ich nun sowieso Soldat werde und zu den Truppen gehe …«

»Sie sind uns als Rekrut jederzeit willkommen,

Exzellenz«, sagte der Kapitänleutnant und lächelte verbindlich. »Wann immer Sie wollen.«

Währenddessen stand Anton Rüter in Habtachtstellung in der Sonne und beobachtete das höfische Begrüßungszeremoniell mit unterdrückter Schadenfreude. Helgoland, der Handkuss, Offizierskreise, die Weiße Rose Afrikas – Rüter wusste, wie viel Selbstbeherrschung den Kapitänleutnant diese Galanterien kosteten, und wie schwer ihm, der seit Monaten unter rasenden Kopfschmerzen, brennendem Durchfall und beißendem Juckreiz litt, allein schon sein verbindliches Lächeln fallen musste.

Für den Gouverneur hingegen empfand Rüter keine Schadenfreude, sondern hauptsächlich Mitleid und ein wenig Verachtung. Seit der letzten Begegnung in Daressalam schien er stark gealtert; sein Blick wanderte ruhelos am Boden umher, und sein Mund verzog sich nach allen Seiten, als würde er mit der Zunge nach Speiseresten zwischen den Zähnen suchen. Mit der linken Hand hielt er die rechte fest – wahrscheinlich, um ein Zittern zu verbergen.

Was nun aber die Gouverneurin betraf, die äußerlich ganz unverändert schien und augenscheinlich Wert darauf legte, sich ungeachtet des Krieges, des mörderischen Klimas und der feindseligen Natur jederzeit wie eine Romanheldin von Jane Austen zu benehmen, so stellte Rüter fest, dass er ihr gegenüber keinerlei Faszination mehr empfand, sondern nur noch sexuelle Gier. Die Gouverneurin war ein Weib mit Schenkeln und Brüsten und einem Hintern, und er war ein Mann, der schon sehr lange allein war. Rüter wartete gespannt auf den Moment, da sein Blick sich mit ihrem kreuzen würde. Aber noch war es nicht so weit.

»Schauen Sie, was wir Ihnen mitgebracht haben, Kapitän!«, rief sie und fasste von Zimmer am Ellbogen. »Die Bordgeschütze der *Königsberg*, die uns die Engländer versenkt haben. Wir haben sie eigens für Sie geborgen.«

»Kaliber hundertfünf Millimeter, Reichweite acht Seemeilen«, fügte der Gouverneur erklärend hinzu, während der Kapitänleutnant auf den Tieflader kletterte und einen fachmännischen Blick in die Mündungen der Kanonenrohre warf. »Damit versenken Sie jeden Belgier und jeden Briten, der sich dem Hafen in unfreundlicher Absicht nähert, bevor er weiß, was los ist. Die eine Kanone stellen Sie am Hafen auf, die andere auf der *Götzen*, die braucht endlich mal ein anständiges Geschütz. Läuft mit dem Kahn jetzt eigentlich alles rund?«

»Die Schiffbauer geben ihr Bestes«, erwiderte der Kapitänleutnant.

In der Zwischenzeit war Hauptmann Göring aus dem vorderen Mannschaftswagen gesprungen und hatte seine Askari mit zwei, drei heiseren, halblauten Befehlen antreten lassen. Ihm gegenüber empfand Anton Rüter unwillkürlich Hochachtung. Zwar waren Görings Augenringe schwärzer denn je und die Lippen noch immer ungesund rot, aber seine Gestalt und seine Bewegungen waren leicht und jugendlich, sein Elan offensichtlich ungebrochen; fast schien es, als habe der Krieg, der alle anderen ihrer Jugend und ihrer Ideale beraubte, ihn im Gegenteil verjüngt und gestärkt.

Schließlich wandten sich die Herrschaften von den Kanonen ab, um die Reihen der Soldaten abzuschreiten. Der Gouverneur und die Gouverneurin gingen Arm in Arm voraus, in respektvollem Abstand folgten der Kapitänleutnant und Hauptmann Göring. Anton Rüter beobachtete, wie die Gouverneurin Schritt um Schritt auf ihn zukam. Sie bewegte sich mit der gewohnten fraulichen Grazie und musterte mit beherrschter Munterkeit jedes einzelne Soldatengesicht, an dem sie vorbeizog, die schwarzen genauso wie die braunen, die roten und die kränklich fahlen – und als sie bei den drei Papenburgern anlangte, die sie anderthalb Jahre zuvor mit mütterlicher Zärtlichkeit umsorgt hatte, musterte sie auch diese mit exakt demselben amüsierten Interesse und ohne das geringste Zeichen des Wiedererkennens.

Nachdem sie vorbeigegangen war, tauschten Wendt und Rüter ironische Blicke aus, und sogar der alte Tellmann, der noch immer kein Wort sprach, zwinkerte ihnen mit dem rechten Auge belustigt zu. Aber dann kamen der Kapitänleutnant und Hauptmann Göring näher, und die Papenburger standen wieder stramm. Göring schien die Truppe keines Blickes zu würdigen, aber als er bei Rüter angelangt war, blieb er abrupt stehen.

»Schau an, die drei Ostfriesen! Na, jetzt auch bei der Truppe?«

»Jawohl, Herr Hauptmann«, sagte Rüter.

»Die Herren sind aus dem Emsland«, murmelte der Kapitänleutnant.

»Sag' ich doch, Ostfriesland. Brav, sehr brav. Und Ihr Schiff ist fertig geworden, wie ich sehe! Der große Kahn dort hinten ist die *Götzen*, nicht wahr?«

»Jawohl, Herr Hauptmann.«

»Und das kleine Boot, das aussieht wie eine Keksdose?«

»Die Keksdose ist die *Wissmann*«, sagte Rüter. »Es gibt noch eine zweite Keksdose, aber die ist seit ein paar Tagen verschwunden.«

»Verschwunden?«

»Kein Grund zur Sorge«, mischte sich der Kapitänleutnant aufs Neue ein. »Die *Kingani* ist auf Feindfahrt am belgischen Ufer. Wenn sie übermorgen nicht zurück sein sollte, macht sich die *Wissmann* auf die Suche. Hauptmann Göring, wünschen Sie eine Besichtigung der *Götzen*?«

Die vier Herrschaften gingen hinüber zum Hafen, um einen Rundgang durch das Schiff zu machen. Rüter atmete aus, trat einen Schritt beiseite und beobachtete, wie sie übers Fallreep zum Hauptdeck hinaufstiegen und dann zielstrebig zur Back gingen, um die Stelle zu besichtigen, an der man die 105-mm-Kanone anbringen würde.

Die Soldaten hingegen kehrten im Eilmarsch in die Kaserne zurück.

Nachmittags wollte die Gouverneurin Krokodile schießen, denn diese Tiere gab es nicht in Daressalam. Kapitänleutnant von Zimmer empfahl ihr eine Flussmündung unweit südlich der Kaserne, in der es von Krokodilen nur so wimmelte, und da Gouverneur Schnee unter Hinweis auf einen leichten Fieberschub um Dispens bat, erbot sich Hauptmann Göring, die Gouverneurin im Ruderboot hinzubringen.

Während also der Gouverneur im eigens für ihn erstellten Pavillon schlief und seine Gattin Krokodile schoss, dösten die Soldaten während der heißesten Stunden des Tages im Schatten des Palmenhains, der sich von der Kaserne hinunter zum Strand erstreckte. Manche hatten Hängematten aufgehängt, andere lagen auf geflochtenen Matten oder einfach im Sand. Die meisten schliefen, einige spielten Karten oder klaubten sich die Sandflöhe unter den Zehennägeln hervor, andere flickten ihre zerschlissenen Uniformen, schrieben Tagebuch oder schnitzten Schiffsmodelle aus dem mürben Holz der Sykomore. Der Kapitänleutnant las in der »Weltgeschichte in Umrissen« des Grafen Yorck von Wartenburg, die ihm Hauptmann Göring ausgeliehen hatte. Da geschah es, dass vom Strand her eine lange, schlaksige Gestalt über den blendend weißen Sand herankam, die einen Rock aus Antilopenfell und handtellergroße, flache Steine in den Ohrläppchen trug.

Der Kapitänleutnant ließ sein Buch sinken, stützte sich auf die Ellbogen und kniff die Augen zusammen, und dann erkannte er den Mann; er erkannte ihn, aber er traute seinen Augen nicht. Die Gestalt war niemand anderes als jener Massai-Prinz, den er vor ein paar Wochen hatte auspeitschen lassen. Allem Anschein nach war er unbewaffnet. In der linken Hand trug er einen golden glänzenden Gegenstand, eine Art Scheibe, in der rechten einen irdenen Topf. Von Zimmer sprang auf die Beine und knöpfte unauffällig seine Pistolentasche auf. Der Massai schlenderte zwischen den am Boden liegenden Soldaten hindurch und grüßte freundlich nach links und nach rechts. Sein Gang war geschmeidig und elegant; augenscheinlich hatte er sich von den Verletzungen, die ihm die Nilpferdpeitsche zugefügt hatte, gut erholt. Der Kapitänleutnant hob anerkennend die Brauen. Der Kerl hatte wirklich Schneid, das musste man ihm lassen.

»Guten Tag, Herr Kapitänleutnant«, sagte Mkenge, als er auf ein paar Schritte herangekommen war. »Wie geht es Ihnen?«

»Das ist hier militärisches Sperrgebiet«, erwiderte von Zimmer, der sich nicht auf Vertraulichkeiten einlassen wollte. »Zivilisten haben keinen Zutritt.«

»Mit Verlaub, ich bin kein Zivilist. Wir Massai sind genauso professionelle Krieger wie Ihre Soldaten, Herr Kapitänleutnant, und ich bin ein ebenso hochrangiger Führer wie Sie. Mindestens.«

»Sie sind kein Angehöriger der Kaiserlichen Schutztruppe.«

»Da muss ich Ihnen allerdings vorbehaltlos recht geben. Aber ich habe hier einen Gegenstand gefunden, der möglicherweise Eigentum der Kaiserlichen Schutztruppe ist. Da hielt ich es für richtig, ihn der Kaiserlichen Schutztruppe zurückzugeben, damit die Kaiserliche Schutztruppe nach Gutdünken über ihn verfügen kann.«

»Quatschen Sie nicht, Mann, und geben Sie her.« Dem Kapitänleutnant stieg der Ärger zu Kopf, dass ihm die Adern am Hals und an den Schläfen schwollen. Er ärgerte sich erstens, dass der Massai ihn in rheinländischer Mundart ansprach, deren gequälter Frohsinn ihm schon bei den Kölnern, viel mehr noch aber bei einem Afrikaner auf die Nerven ging. Zweitens ärgerte er sich über sich selbst, dass er dem frechen Kerl nicht sofort eine geschmiert hatte, sondern ihn im Gegenteil auch noch siezte; der Kapitänleutnant war sich bewusst, dass er wohl weltweit der einzige deutsche Kolonialbeamte war, der jemals einen Eingeborenen gesiezt hatte. Er nahm die golden glänzende Scheibe an sich und betrachtete sie misstrauisch. Sie bestand aus einer Glasscheibe, die von einem Messingring eingefasst war, und dieser war durch ein Scharnier mit einem zweiten Messingring verbunden.

»Ich vermute, dass es sich hierbei um ein Bullauge handelt, Herr Kapitänleutnant.«

»Das sehe ich auch, Sie Kanaille. Wo haben Sie's her?«

»Gefunden, mitten im Busch. Ich hielt es für richtig, Ihnen das Bullauge unverzüglich zu bringen. Es gehört vermutlich zur *Götzen*, nicht wahr?«

»Klappe halten. Da, wo Sie's gefunden haben, liegt nicht zufällig noch mehr Zeug rum?«

»Leider nein.«

»Und der Krug, den Sie da in der Hand haben?«

»Der enthält gepökeltes Hammelfleisch, Herr Kapitänleutnant, scharf gewürzt mit erstklassigem Curry aus Sansibar. Möchten Sie kosten?«

»Quatschen Sie nicht. Weshalb führen Sie das Hammelfleisch ausgerechnet hier spazieren?«

»Das soll ich den Herren Schiffbauern als Geschenk überreichen. Von einer Dame – einer einheimischen.«

»Meinetwegen. Dort drüben sind die drei, bei den Bananenstauden. Und jetzt scheren Sie sich zum Teufel.«

»Zu Befehl, Herr Kapitänleutnant.«

»Und lassen Sie sich nie wieder in der Kaserne blicken.«

»Danke für den Rat, Kapitän, und alles Gute. Passen Sie ebenfalls gut auf sich auf. Besonders außerhalb der Kaserne.«

22
Spicer nimmt ein Bad

Zu Spicer Simsons Erstaunen schmeckte der Triumph längst nicht so süß, wie er sich das zeitlebens ausgemalt hatte. Gewiss war es ein Augenblick unermesslicher Genugtuung gewesen, als nach so vielen Monaten entbehrungsreicher Plackerei endlich das feindliche Schiff in Sicht kam und auch gleich in Flammen aufging, und selbstverständlich war er erleichtert gewesen, dass nicht er selbst, sondern der Feind hatte dran glauben müssen. Aber auf den Siegesrausch folgte sehr bald die Ernüchterung. Immer und immer wieder spielte sich das Gefecht vor seinem geistigen Auge ab, hundert Mal jeden Tag und tausend Mal jede Nacht schossen *Mimi* und *Toutou* über den See hinaus und heulten die Projektile durch die Luft, und in dieser endlosen Wiederholung beobachtete er mit besonderer Aufmerksamkeit stets sich selbst, unterzog jeden seiner Befehle, jede Geste und jeden Schritt einer strengen Prüfung vom Beginn der Aktion bis zur triumphalen Einfahrt in den Hafen – und kam stets zum Resultat, dass sein Verhalten als Offizier und Kommandant ganz und gar tadellos, einwandfrei und vorbildlich gewesen war.

Trotzdem war er enttäuscht.

Denn eines musste er sich eingestehen: Der Sieg über die *Kingani* war alles andere als die heldenhafte Tat gewesen, die er seit frühester Jugend von sich gefordert hatte. Was hatte er denn Großes vollbracht? Mit dreizehn Knoten auf den See hinausgerast war er, und dann hatte er mit überlegener Feuerkraft ein praktisch wehrloses Dampferchen zusammengeschossen. Das war keine Leistung, auf die er besonders stolz sein konnte. Er hatte weder übermenschlichen Opfermut unter Beweis gestellt noch überlegenen Geist oder militärisches Genie, sondern einfach nur das Recht des Stärkeren durchgesetzt – nicht anders als beispielsweise ein jugendlicher Rowdy, der am Sonntagnachmittag im Hyde Park aus Jux und Tollerei einem spazierenden Greis den Gehstock unter der zittrigen Hand wegschlägt.

Besonders peinlich berührte Spicer der Blutrausch, dem seine Männer nach dem Sieg erlegen waren – das Gejohle, die Fläschchen voller Blut, die Beschimpfungen und die Fußtritte gegen die Leichen der deutschen Soldaten, die so belanglos gegenständlich im eigenen Blut gelegen hatten mit ihren hervorquellenden Gedärmen; schmerzlich war ihm auch die Erinnerung an die belgischen Askari, die den toten jungen Burschen Wangen und Handballen hatten abschneiden wollen, um sie am offenen Feuer zu grillen und zu verzehren. Was den Siegelring des Bootsführers betraf, so legte Spicer Wert auf die Feststellung, dass er den nicht gestohlen, sondern nur an sich genommen hatte, um ihn den Angehörigen des Toten zukommen zu lassen. Und immerhin konnte er sich zugutehalten, dass er den beschämendsten Szenen ein Ende gemacht und ein würdiges Begräbnis angeordnet hatte, und dass er eine dreitägige Totenwache über den verschlossenen Gräbern angeordnet hatte, damit die Askari die Leichen nicht wieder ausgruben.

Was die nähere Zukunft betraf, so war Spicer alles andere als zuversichtlich. Die *Kingani* war von allen drei deutschen Schiffen das kleinste, langsamste und am schlechtesten bewaffnete gewesen. Schon die *Wissmann* würde von ganz anderem Kaliber sein, und an die *Götzen*, die angeblich eine riesengroße Kanone auf der Back hatte, wagte er gar nicht zu denken. *Mimi* und *Toutou* hingegen hatten sich beim ersten Ernstfall als das herausgestellt, was sie in Wirklichkeit waren: keine Kriegsschiffe, sondern Ausflugsboote fürs Sonntagspicknicks. Beim geringsten Wellengang hatten sie angefangen zu hüpfen und zu tanzen, hatten nur noch die halbe Geschwindigkeit geschafft und waren kaum mehr steuerbar gewesen, und im Gefecht hatten sie derart unter den Rückschlägen ihrer eigenen Kanonen gelitten, dass die Nägel aus den Deckplanken sprangen und die Verstrebungen sich von den Spanten lösten; hätte das Gefecht länger gedauert, wären die Geschütze und die Lafetten samt den Planken, auf denen sie festgeschraubt waren, über Bord gegangen. Und als *Toutou* mit einem kleinen Schubser an der *Kingani* angelegt hatte, um die überlebenden Deutschen aufzunehmen, war gleich die Bugspitze zersplittert, und man hatte froh sein müssen, dass sie es überhaupt zurück in den Hafen schaffte. Spicer hatte gleich am folgenden Tag nach London telegraphiert, dass er mit den zur Verfügung stehenden Booten unmöglich daran denken könne, die *Götzen* anzugreifen. Antwort war bisher keine eingetroffen.

Kam hinzu, dass nun alle krank wurden. Seit der Ankunft am Tanganikasee hatte sich Doktor Hanschells Konzept der jungfräulichen Lagerplätze nicht mehr aufrechterhalten lassen, da in unmittelbarer Nähe des Hafens auch die belgische Siedlung und das Eingeborenendorf lagen, wo Malaria, Amöbenruhr und Syphilis grassierten; so waren nach und nach sämtliche Männer des Expeditionskorps krank geworden. Spicer selbst litt unter Fieber, rasenden Kopfschmerzen, Schwindelgefühl, Ohrensausen und einem nervösen Zittern, das wohl eine Nebenwirkung des Chinins war, das er täglich in hohen Dosierungen schluckte. Tage- und wochenlang lag er schwitzend in seiner dunklen Hütte unter dem Moskitonetz, während die Männer, die noch halbwegs gesund waren, *Mimi* und *Toutou* zu reparieren versuchten.

Die Tage nach dem Sieg waren nicht Tage des Triumphs, sondern Tage der Krankheit, der Ernüchterung und der Scham. Spicer schämte sich der Hinfälligkeit seines Körpers und der Banalität seines Erdendaseins, dessen großartiger Höhepunkt es nun also sein sollte, dass er ein kleines Dampfschiff zerstört und drei blonde junge Burschen vom Leben in den Tod befördert hatte. Er schämte sich vor sich selbst und vor seiner Gefährtin Amy, der er nach seiner Rückkehr Rechenschaft über seine Taten würde geben müssen, und er schämte sich vor den Eingeborenen und vor seinen Soldaten, die Zeugen seiner belanglosen Tat gewesen waren. Tage- und wochenlang schloss er sich in seiner Hütte ein, tat keinen Schritt vor die Tür und ließ niemanden zu sich außer seinem persönlichen Diener, der ihm Essen und Trinken brachte und den Nachttopf leerte.

Nach einiger Zeit aber verwandelte seine Scham sich in Trotz. War es denn seine Schuld, dass dem Krieg jede metaphysische Tiefe abging? Konnte er etwas dafür, dass sich die Läuse unausrottbar in die Nähte seiner Paradeuniform eingenistet hatten? Musste wirklich er sich ganz allein die Verantwortung dafür auf die Schultern laden, dass seine Untergebenen grobschlächtige Gesellen waren? War es sein Fehler, dass der Darminhalt des deutschen Bootsführers nach verdorbenem Hammelfleisch gerochen hatte, und dass sich dessen Blut mit dem Kot der verängstigten kleinen Ziege vermengt hatte, und dass weit und breit bis zum Horizont in allem, was an den Ufern dieses Sees geschah, nicht der geringste Sinn zu entdecken war?

Nein, für die Macht der Umstände wollte Commander Geoffrey Basil Spicer Simson sich nicht haftbar machen lassen. Wirklich verantwortlich war er nur für die Haltung, mit der er selbst diesen Umständen entgegentrat. Also beschloss er, seiner wehleidigen Grübelei ein Ende zu machen und Haltung anzunehmen. Es war am zweiten Samstag des Jahres 1916, als er seinen Diener zu sich rief und ihm erklärte, dass er fortan jeweils mittwochs und samstags pünktlich um vier Uhr ein Bad zu nehmen gedenke, und zwar draußen vor seiner Hütte. Der Diener nickte und rannte los, um das Bad zu bereiten, und in der Folge entwickelte sich daraus ein Ritual, das jeden Mittwoch und Samstag nach exakt dem gleichen Schema ablief und bei den Eingeborenen der umliegenden Dörfer große Beliebtheit erlangte. Es begann jeweils damit, dass pünktlich um Viertel vor vier Uhr die Tür zu Spicers Hütte aufflog und unter den Blicken des dörflichen Publikums, das sich in Erwartung des Spektakels in respektvollem Abstand versammelt hatte, gemessenen Schrittes Spicers Diener heraustrat. Er trug eine zusammengerollte Matte auf der Schulter und breitete diese, sich der Bedeutsamkeit seiner Aufgabe wohl bewusst, an exakt jener Stelle aus, an der die rituelle Waschung stattzufinden hatte. Während er in die Hütte zurückkehrte, drängelten und schubsten und stießen sich die Zuschauer im Kampf um die besten Plätze, und als er mit einer faltbaren Badewanne aus grün gummiertem Segeltuch zurückkehrte, um diese neben der Matte aufzustellen, hatte sich das Publikum zu einem Halbkreis formiert, in dem die Größten hinten standen und die Kleinsten vorne knieten. In den folgenden Minuten holte der Diener eimerweise Wasser aus einem nahebei vorbeifließenden Bach, und als die Wanne voll war, steckte er einen Finger ins Wasser, um dessen Temperatur zu fühlen, und holte ein Beistelltischchen, auf das er eine Flasche Sherry und ein Trinkglas stellte. Als das alles erledigt war, kehrte er zurück in die Hütte seines Herrn und verkündete diesem, dass das Bad bereit sei.

Pünktlich um vier Uhr erschien dann Spicer selbst unter der Tür, nackt bis auf seine Pantoffeln und das Handtuch, das er sich um die Hüfte gebunden hatte. Er blieb im Schatten des Vordachs stehen und musterte in aller Ruhe die Menschenmenge, die sich um sein Bad versammelt hatte, und dabei rauchte er eine Zigarette. Majestätischen Schrittes ging er zur Wanne, stieg auf der Matte aus den Pantoffeln und ließ das Handtuch fallen, worauf der Blick auf seinen lückenlos tätowierten Körper frei wurde und ein bewunderndes Raunen durch die Zuschauerränge ging. Er reichte Zigarette und Mundstück seinem Diener und machte ein paar Kniebeugen, gefolgt von einigen Liegestützen, welche die Schlangen auf seinen Schultern und die Vögel an seinen Lenden besonders lebensecht in Bewegung versetzten, und dann ließ er sich ins Wasser gleiten, seifte sich mit stark parfümierter Seife gründlich ein und schrubbte sich kräftig ab.

Es geschah am dritten Mittwoch des Jahres 1916, dass Spicer, während er sich einseifte und den Blick über die spiegelglatte Oberfläche des Tanganikasees gleiten ließ, hinter den Klippen nördlich der Lukuga-Mündung eine schwarze Rauchfahne entdeckte. Er legte die Seife zurück in die Schale und schickte den Diener nach seinem Fernglas, und als dieser wiederkam, tauchte hinter den Klippen schon ein kleiner Dampfer auf. Diesmal war es die *Wissmann.* Eine gute Viertelstunde hatte Spicer nun Zeit, sich das Schiff in aller Ruhe anzusehen, wie es langsam und in unverschämter Ufernähe herankam und augenscheinlich ohne die geringste Ahnung, in welch große Gefahr es sich begab, an der Hafenmole vorbeizog, hinter der sich *Mimi* und *Toutou* versteckten. Spicer versuchte die Bordgeschütze zu erkennen und deren Kaliber zu erahnen, prägte sich die Länge über Deck ein, schätzte die Seitenhöhe sowie die Fahrtgeschwindigkeit und zählte die Besatzungsmitglieder, soweit sie an Deck auszumachen waren. Auf dem Brückendeck erkannte Spicer deutlich die weiße Uniform eines Offiziers, der sich etwas Schwarzes, wohl eine Kamera oder ein Fernglas, vors Gesicht hielt.

»Guck du nur, schau nur her«, sagte Spicer halblaut unter seinem Fernglas hervor. »Möchtest gern wissen, wo eure *Kingani* geblieben ist, wie, Leutnant? Ihr habt keine Ahnung, was mit ihr geschehen sein könnte, und noch immer keinen Schimmer, dass die Royal Navy hier ist, nicht wahr? Warte nur, Leutnantchen, wirst es früh genug erfahren. Heute passt es mir schlecht, ich habe meinen Badetag, und meine Boote haben eine kleine Havarie und können nicht zum Treffpunkt kommen. Fahr also ruhig weiter mit deinem Schüttelbecher, wohin du auch magst, und schau in einer Woche oder in zehn Tagen noch mal vorbei!«

Als die *Wissmann* im Süden hinter einer Landzunge verschwunden war, stand Commander Spicer Simson auf und breitete die Arme aus, worauf der Diener ihm mit frischem Wasser den weißen

Seifenschaum vom Leib spülte und das Handtuch reichte. Nachdem er sich abgetrocknet hatte, steckte er sich eine Zigarette an, und der Diener schenkte ihm einen Sherry ein. Spicer nippte an seinem Glas und stieg in seine Pantoffeln, verschwand in der Hütte und ließ sich bis zum Einbruch der Nacht nicht mehr blicken. Der Diener aber schleppte die Badewanne hinüber zu einer nahen Klippe und schüttete das duftende Badewasser unter den andächtigen Blicken des Publikums in die Schlucht hinunter.

23
Der Abschied naht

Der junge Wendt fand es gar nicht so übel, in der Kaserne zu wohnen. Am Tag, an dem er und Rüter ihre Bretterbude auf der Landzunge hatten räumen müssen, war er zwar verzweifelt gewesen, und einen kurzen, unbeobachteten Augenblick lang hatte er sogar geweint. Nun aber musste er sich eingestehen, dass er Wendt's Biergarten, der in den letzten Monaten doch zu einem ziemlich trostlosen Ort verkommen war, nicht im Geringsten vermisste. In der Kaserne musste man zwar strammstehen und parieren, aber es war immer jemand da und stets etwas los, und abends konnte man Skat oder Fußball spielen oder einander am Lagerfeuer Geschichten erzählen. Wie zäh waren dagegen in den letzten Monaten die Stunden in der Gesellschaft Anton Rüters vergangen, der immer nur über die *Götzen* und seine Privatfehde mit dem Kapitänleutnant hatte reden wollen.

Übrigens konnte man nun oft beobachten, dass

Rüter und von Zimmer abends die Köpfe zusammensteckten. In der Stunde vor dem Zapfenstreich trugen sie zwei Zebralederstühle, die man aus dem Biergarten herbeigeschafft hatte, durch den Palmenhain hinunter zum Strand, wo nachts stets eine kühle Brise wehte, und dann sprachen sie über das Schicksal, die Freiheit des Menschen und die Unausweichlichkeit historischer Prozesse sowie über die Frage, ob man Hegel auf die Füße stellen oder auf dem Kopf belassen sollte.

Der alte Tellmann redete noch immer kein Wort.

Was die militärische Ausbildung anging, die der Kapitänleutnant den Papenburgern angedroht hatte, so ließ er nun, da Anton Rüter sich ihm ergeben hatte, Milde walten. Er bestand zwar auf einer gründlichen Schulung an der Waffe, auf korrektem Grüßen und einer einigermaßen anständigen Habtachtstellung beim morgendlichen Antreten, verzichtete aber auf die wichtigste Erziehungsmaßnahme militärischer Grundausbildung, die jede Armee dieser Welt sämtlichen Rekruten in den ersten Tagen angedeihen lässt – er verzichtete darauf, ihnen den Willen zu brechen. Er ersparte ihnen sinnlose Gewaltmärsche, geistloses Exerzieren und zweckfreies Schaufeln, und im Gegenzug verzichteten die Papenburger auf Verbocktheit und innerliche Rebellion. Zur Hauptsache bestand ihr Dienst darin, dass sie im Turnus als Maschinisten an Aufklärungsfahrten der *Wissmann* teilnahmen, die seit Wochen sämtliche Buchten des Tanganikasees nach der *Kingani* absuchte. Der Kapitänleutnant nahm an, dass das verschwundene Schiff mit Kessel- oder Maschinenschaden in irgendeiner menschenleeren Bucht vor Anker lag, und dass die vierzehn Mann Besatzung hilflos am Strand hockten und auf Rettung warteten.

In der Kaserne herrschte eine nahezu wehmütige Stimmung; es war der nahende Abschied, den die Männer ahnten, und der sie sanft und nachgiebig werden ließ. Die ganze Truppe wusste, dass vom Kilimandscharo her die Briten unter General Smuts mit hunderttausend Mann im Anmarsch waren, und dass im Süden rhodesische, südafrikanische und portugiesische Truppen auf Bismarckburg vorrückten, und dass im Westen fünfzigtausend Belgier auf das Signal zum Angriff warteten.

Angesichts dieser hundertfachen Übermacht konnte es Kapitänleutnant von Zimmer aus strategischer Sicht völlig gleichgültig sein, ob er nun mit einem, zwei oder drei Dampfern auf dem

See umherkreuzte. Die *Kingani* war spurlos verschwunden, die *Wissmann* nur bei Windstille einigermaßen seetüchtig, und die *Götzen* hatte ihre 105-mm-Kanone wieder hergeben müssen, da das Oberkommando diese im Norden gegen General Smuts einsetzen wollte. Um das Schiff nicht gänzlich wehrlos erscheinen zu lassen, hatte der Kapitänleutnant den Papenburgern befohlen, anstelle des Geschützes eine hölzerne Attrappe zu montieren. Mit einer hölzernen Kanone aber konnte sich die *Götzen* nicht mehr auf den See hinauswagen und saß im Hafen fest.

Wer noch halbwegs bei Trost war, musste in dieser Lage erkennen, dass der Krieg am Tanganikasee, bevor er richtig begonnen hatte, entschieden war. Dem Kapitänleutnant blieb nur noch, sich mit Anstand aus der Affäre zu ziehen und seine Leute, sobald das Oberkommando es gestattete, an einen möglichst sicheren Ort zu führen. Vorerst aber galt seine Sorge den vierzehn Mann der *Kingani* – und insgeheim auch der kleinen weißen Ziege, die als Maskottchen mitgefahren war. Alle paar Tage schickte er die *Wissmann* auf die Suche, mal am deutschen Ufer entlang, dann am belgischen Ufer nordwärts oder – wie am Abend des

8. Februar 1916 – an der Westküste entlang in den Süden.

Auf jener Fahrt war der junge Wendt als Maschinist mit an Bord. Schwarz und spiegelglatt erstreckte sich der See in die klare, windstille Nacht hinaus, und der Halbmond warf ein schmales, weißes Band von der schwarzen Küste bis zur Bordwand der *Wissmann*, die wie bewegungslos im Wasser lag und doch beinahe acht Knoten Fahrt machte. Hermann Wendt war zufrieden. Er stellte sich längst keine Fragen mehr über den klassenkämpferischen Nutzen des Weltkriegs und die historisch-materialistische Unausweichlichkeit seiner Bootsfahrten, sondern war einfach darum besorgt, dass die Maschine schön rundlief und der Dampfdruck stabil blieb. Er wickelte sich in eine Wolldecke, um sich vor dem nächtlichen Fahrtwind zu schützen, schaute dem Heizer auf die Finger und hoffte, dass sie die *Kingani* möglichst bald finden würden; denn die vierzehn Mann ihrer Besatzung – die sechs Deutschen genauso wie die acht Afrikaner, die er alle mit Vor- und Vatersnamen kannte – waren ihm in den letzten Monaten, die er in der Kaserne verbracht hatte, ans Herz gewachsen; die kleine, weiße Ziege übrigens auch. Nach drei Stunden Fahrt türmten sich vor der *Wissmann* schon bedrohlich hoch die dunklen Berge Belgisch-Kongos auf, worauf sie nach Süden schwenkte und der Bootsführer mit seinem Fernglas Stunde um Stunde die mondbeschienene Küste absuchte, ob nicht hinter der nächsten Felsnase, in dieser Bucht oder jener Flussmündung die *Kingani* liege. Irgendwann am Ende der Nacht legte Hermann Wendt sich in einer windgeschützten Ecke schlafen.

Er erwachte im Morgengrauen, weil ihm der Bootsführer einen Stiefeltritt gegen die Schulter verpasste.

»Aufwachen, Wendt! Gib Volldampf, der Feind rückt an! Öl! Gieß Öl ins Feuer! Mach schon!«

Der junge Wendt stolperte nach achtern ins Kabelgatt, um die vier Kanister Petroleum zu holen, die er eigens für Notfälle geladen hatte. Auf dem Hinweg konnte er tatsächlich zwei schwarze Punkte am Horizont erkennen, und eine Minute später, auf dem Rückweg zur Feuerluke, waren die Punkte schon ein wenig größer geworden. Er schüttete das Petroleum übers Feuerholz, um dessen Heizkraft zu erhöhen, und wenig später machte die *Wissmann* nicht mehr nur acht, sondern achteinhalb Knoten Fahrt.

Mehr war nicht möglich, und Zuflucht gab es keine. Der rettende, durch schwere Kanonen geschützte Hafen von Kigoma war acht Stunden entfernt.

Hermann Wendt beobachtete entsetzt, wie die feindlichen Boote Minute um Minute näher kamen. Ihm graute vor dem mit maschineller Unaufhaltsamkeit näher rückenden Feind, und er hatte namenlose Furcht vor dessen Bordgeschützen, die ihn schon bald, in einer Dreiviertelstunde oder in neunzig Minuten, in Stücke reißen würden, worauf seine sterblichen Überreste ins Wasser fallen und, falls die Krokodile sie nicht erwischten, hinabsinken würden in die tiefsten Tiefen dieses grauenvoll tiefen Sees, der tiefer ins Erdinnere hinabreichte als der Indische Ozean, und irgendwann an einem Ort, den noch nie ein Sonnenstrahl berührt hatte, vielleicht in fünfhundert, achthundert oder tausend Metern Tiefe, würde er ins Blickfeld eines säbelzahnbewehrten Tiefseemonsters geraten, dessen Maul von einem körpereigenen Lämpchen beleuchtet wurde, und dieses Monster würde Hermann Wendt verschlingen, hinunterschlucken und verdauen, bis nichts mehr von ihm übrig war als der graugrüne Schlamm, den das Monster an seinem hinteren Ende ausscheiden würde, und dieser Schlamm würde sich absenken bis auf den leblosen Urgrund des Sees, wo er sich einbetten würde in alle anderen Sedimente, die sich über die nächsten paar Millionen Jahre aufeinanderschichten und unter dem Druck der Kontinentalplattenverschiebung zu einem neuen Gebirge erheben würden. Diese Aussicht war zwar grauenvoll, eigentlich aber vollkommen uninteressant und geradezu langweilig, weil sie so unausweichlich war. Die feindlichen Boote kamen näher mit mechanischer Berechenbarkeit und würden in einer Stunde oder zweien da sein; das war so unvermeidlich wie der Sonnenaufgang am Morgen oder der Vollmond vor Karfreitag. Insofern waren die näher kommenden Boote ein Problem, für das es keine Lösung gab, und also eigentlich gar kein Problem. Sie gaben keinerlei Anlass zum Nachdenken, sondern waren einfach nur zum Fürchten, und also im Grunde nicht der Rede wert.

Nach dreistündiger Verfolgungsjagd hatte die nervenaufreibende Monotonie ein Ende. Die zwei feindlichen Boote, an deren Heck nun deutlich der Union Jack zu sehen war, hielten sich außerhalb der Reichweite der deutschen Geschütze und schossen sich bequem ein. Um elf Uhr dreißig erhielt die *Wissmann* den ersten Treffer, kurz darauf den zweiten in die Kesselhaube. Dampf strömte aus, das ölgetränkte Holz fing Feuer, und durch ein großes Loch in der Schiffswand drang sehr viel Wasser ein. Hermann Wendt, geblendet von den Lichtblitzen und taub von den Detonationen, klammerte sich an die Reling, weil die *Wissmann* sich zur Seite neigte; und als das Schiff Sekunden später mit dem Bug voran gurgelnd und speiend in den schwarzen Fluten verschwand, sank Hermann Wendt nicht mit hinab in die tiefsten Tiefen dieses grauenvoll tiefen Sees, sondern ließ die Reling fahren und fing an zu schwimmen.

24
Das lange Warten im Nebel

Albertville, 9. Februar 1916. Telegramm an die königliche Admiralität in London. Mission auf dem Tanganikasee erfüllt. Habe heute feindlichen Dampfer Hedwig von Wissmann *aufgespürt und versenkt. Jagd begann 07.45 Uhr, Feind sank 11.15 Uhr nach kurzem Gefecht. Feindliche Verluste: zwei Offiziere und drei Askari tot, zwölf Weiße und neun Schwarze gefangen. Auf unserer Seite keine Verluste.*

Gezeichnet: G. B. Spicer Simson,
Commander Royal Navy.

Diesmal hatte Spicer Simson alle Jubelfeiern im Keim erstickt. Nachdem die *Wissmann* gesunken war, hatte er die Überlebenden an Bord nehmen lassen und Befehl zur Rückkehr nach Albertville gegeben, und während der ganzen dreistündigen Fahrt hatte er schweigend vorne im Bug gestanden und seinen Männern den Rücken zugekehrt. Im Hafen angekommen, ließ er die Boote sturmsicher am Pier vertäuen und die Gefangenen ins belgische Lager bringen; und als die Schaulustigen ihn beim Landgang mit Triumphgeheul empfangen wollten, unterband er das mit einer barschen waagrechten Handbewegung. Es war kurz nach halb drei Uhr nachmittags. Forschen Schrittes ging er hinauf zu seiner Hütte, verschwand hinter der Tür und kam nicht mehr hervor. Da aber jener 9. Februar 1916 ein Mittwoch war, ging pünktlich um Viertel vor vier Uhr die Tür wieder auf, und Spicers Diener trat mit der zusammengerollten Matte vors Haus, um seinem Herrn das gewohnte Bad zu bereiten.

* * *

In der Abenddämmerung saßen Rüter und von Zimmer nebeneinander auf ihren Zebralederstühlen, sahen hinaus auf den orange, rosa und lila leuchtenden See und berieten, was zu tun sei. Kurz vor Mittag hatte man fernen Geschützlärm gehört, und wenig später hatten die Eingeborenen zu munkeln begonnen, dass an der belgischen Küste ein Dampfer mit Mann und Maus gesunken sei. Unklar blieb zunächst, wie verlässlich die Nachricht sei und auf welchem Weg sie überhaupt den See überquert haben konnte, denn das Telegraphenkabel nach dem Kongo war tot, und Bootsverkehr gab es längst keinen mehr. Da Rüter und von Zimmer inzwischen aber gelernt hatten, dass es in Afrika vieles gab, was deutsche Schulweisheit sich nicht träumen ließ, neigten sie dazu, das Gerücht für wahr zu halten. Keine Antwort gab das Gerücht indessen auf die Frage, die Rüter und den Kapitänleutnant am meisten interessierte: ob es ein fremdes oder ein eigenes Schiff gewesen war, das im See versunken war.

»Wir müssen hinüberfahren und nachsehen«, sagte Rüter.

»Hinüberfahren? Womit denn, was schlagen Sie vor – sollen wir ein Ruderboot nehmen?«

»Einen Dampfer haben wir noch.«

»Unsinn. Darf ich Sie daran erinnern, dass Sie selbst die Bordkanone der *Götzen* aus dem Stamm einer Kokospalme gefertigt haben.«

»Wir können unsere Leute nicht im Stich lassen.«

»Natürlich nicht. Aber wir helfen ihnen auch nicht, indem wir uns wissentlich selbst zur Schlachtbank führen.«

»Es sind drei Maschinengewehre auf der *Götzen.*«

»Haben Sie den Geschützlärm heute Mittag gehört, Rüter? Das waren schwere Kaliber, dreiundsiebzig, fünfundachtzig, vielleicht sogar hundertfünf Millimeter. Gegen die richten wir mit unseren Gewehren und unserer Kokospalme nichts aus.«

»Darauf kommt es doch jetzt nicht mehr an, Herr Kapitänleutnant. Wir werden fahren, ob wir wollen oder nicht, das wissen Sie so gut wie ich. Wir werden beide mit an Bord sein, es bleibt uns nichts anderes übrig. Wir werden fahren, weil wir nicht hierbleiben und nichts tun können. Das ist unmöglich.«

* * *

Commander Geoffrey Basil Spicer Simson verbrachte die Nacht unten am Hafen und wartete. Er wusste, dass die *Götzen* kommen würde, weil es nicht anders möglich war. Es war undenkbar, dass der deutsche Kommandant, wer immer er war, zwei Schiffe kurz nacheinander verlor, ohne sich Klarheit darüber verschaffen zu wollen, was mit ihnen geschehen war. Falls man den Geschützlärm am deutschen Ufer hatte hören können, würde der Kommandant ein paar Stunden abwarten, ob die *Wissmann* als Siegerin heimkehrte, und dann mit der *Götzen* in See stechen. Spicer schätzte, dass die Deutschen frühestens um vier Uhr morgens hier eintreffen würden, wahrscheinlich sogar zwei oder drei Stunden später. Um aber das Rendezvous bestimmt nicht zu verpassen, hatte er seinem Diener schon nach dem Abendessen befohlen, ihm den Feldsessel, das Beistelltischchen und den Sherry sowie Fladenbrot und Oliven hinaus an die Spitze des Piers zu bringen. Und nun saß er da, rauchte Zigaretten und nippte Sherry, drehte am Siegelring, den er dem Kapitän der *Kingani* abgenommen hatte, und wartete. Die beiden belgischen Askari, die am Hafen Wache standen, hatte er schlafen geschickt. Es war eine stille, kühle und feuchte Nacht. Gegen Mitternacht zog Nebel auf. Hin und wieder erschreckte ihn ein großer Fisch, der im Hafenbecken hochsprang und platschend zurück ins Wasser fiel. Kurz vor der Morgendämmerung krähten im Nebel unsichtbar die Hähne. Und als im Osten der Nebel allmählich lichter wurde, konnte Spicer Simson endlich das Schiff hören. Es war das Summen und Brummen einer ziemlich großen Dampfmaschine, die sich von Norden her zu nähern schien, und bald vernahm er auch das Zischen der Bugwelle. Wenige Minuten später hörte er in seinem Rücken Stiefelgetrappel und die aufgeregten Rufe seiner Kanoniere und Bootsführer, die zu den Booten rannten und sich anschickten, die Leinen loszumachen. Spicer wandte sich nicht nach ihnen um, sondern sah weiter geradeaus in den Nebel, aus dem nun bald die *Götzen* – die er noch nie gesehen hatte – auftauchen musste. Und als es so weit war, als in furchterregender Nähe, keine hundert Yards entfernt, pechschwarz und himmelhoch die schwarze Stahlwand des größten Schiffes heranbrauste, das je im Innern Afrikas gesehen worden war – blieb Geoffrey Spicer Simson ruhig sitzen, hörte nicht die Zurufe seiner Untergebenen, die ihn immer dringender um den Befehl zum Angriff baten, und ergab sich der Betrachtung dieses Ungetüms. Er sah den goldenen Namenszug am Bug und die mächtige 105-mm-Kanone, und mit einiger Verwunderung bemerkte er, dass auf der Kommandobrücke neben dem Kapitän in freundschaftlicher Nähe ein gemeiner Soldat stand. Erst war er sich noch unsicher, aber dann hatte er keinen Zweifel mehr: Die beiden hatten ihn ebenfalls entdeckt, wie er in seinem Klappsessel an der Spitze des Piers im Nebel saß, ein Glas Sherry in der einen, eine Zigarette mit ellenlangem Mundstück in der anderen Hand. Spicer winkte ihnen mit der linken Hand zu, in der er die Zigarette hielt, und die zwei Deutschen winkten zurück.

Albertville, 10. Februar 1916. Telegramm an die königliche Admiralität in London. Habe heute Götzen *aus nächster Nähe gesehen und kann ihre Geschwindigkeit nun mit einiger Sicherheit auf zehn Knoten schätzen, was mit Aussagen der deutschen Gefangenen übereinstimmt. Bewaffnung: 105-mm-Kanone am Bug, leichte Geschütze mittschiffs und achtern. Sehe keinerlei Aussicht auf erfolgversprechenden Angriff; dies umso weniger, als* Mimi *und* Toutou *nicht gefechtsbereit sind.*

Gezeichnet: G. B. Spicer Simson,
Commander Royal Navy.

25
So wurde es still auf dem See

Und dann kam wieder die Regenzeit über den Tanganikasee. Die Bäche schwollen an zu reißenden Strömen und stürzten sich als breite Wasserfälle über die Klippen, und der See stieg höher und höher, und auf dem Land wurde aller Staub zu Schlamm und aller Sand zu Sumpf. Wer sich aus dem Haus wagte, blieb nach wenigen Schritten im Schlamm stecken, und wer sich trotzdem weiterkämpfte, wurde von Milliarden Mücken, Fliegen, Taranteln, Giftschlangen und Tausendfüßlern gefressen. Wer aber im Sinn hatte, schweres Kriegsgerät über Land zu transportieren, konnte nichts anderes tun, als sich irgendwo ein Plätzchen im Trockenen zu suchen und einfach das Ende des Regens abzuwarten. Heerscharen von britischen, belgischen und deutschen Soldaten steckten monatelang in ihren Kasernen fest oder langweilten sich in improvisierten Unterständen, starrten tatenlos in den strömenden Regen hinaus und schwitzten und litten und starben zu Tausenden an den tropischen Krankheiten, die der Monsun mitgebracht hatte.

Aber nicht nur auf dem Land, auch auf dem See war alle Bewegung zum Erliegen gekommen. Commander Spicer Simson wagte sich nicht mehr aufs Wasser, seit er die imposante Gestalt der *Götzen* gesehen hatte – nicht ahnend, wie wehrlos sie war, seit ihre großmächtige Bordkanone durch eine grau bemalte Kokospalme ersetzt worden war. Kapitänleutnant von Zimmer seinerseits behielt die *Götzen* ebenfalls im Hafen zurück, weil er durch einheimische Spione von der Existenz *Mimis* und *Toutous* erfahren hatte – nicht wissend, dass die beiden pfeilschnellen Boote derart beschädigt waren, dass man die Bordkanonen hatte entfernen müssen.

So wurde es still auf dem See, der Krieg legte eine Pause ein. Die einzigen Fahrzeuge, die sich zögerlich wieder hervorwagten, waren die arabischen Segeldhaus, die bei Kriegsbeginn spurlos verschwunden waren. Commander Spicer Simson vertrieb sich die Zeit, indem er Telegramme an die Admiralität verfasste und um Entsendung eines neuen Dampfers bat, der es an Größe, Geschwindigkeit und Bewaffnung mit der *Götzen* aufnehmen könnte; und am gegenüberliegenden Seeufer nutzte Kapitänleutnant von Zimmer die Zeit des Stillstands, um sich auf den feindlichen Angriff vorzubereiten, der unvermeidlich nach dem letzten Regentag einsetzen würde. Dabei kam ihm zustatten, dass die Eisenbahn einigermaßen unempfindlich gegen den Regen war.

Alle paar Tage verließ ein Eisenbahnzug den Bahnhof von Kigoma ostwärts in Richtung Tabora, wo sämtliche deutschen Kolonisten sich zum Widerstand gegen die Invasoren versammelten; von hier aus würden die Männer mit der Schutztruppe im Busch verschwinden und den Guerrillakrieg aufnehmen, und Frauen und Kinder würden unter der Führung Ada Schnees in geordnetem Zug und möglichst hocherhobenen Hauptes in Kriegsgefangenschaft gehen. Der Kapitänleutnant ließ sämtliche Waggons bis obenhin anfüllen mit allem, was dem Feind nicht in die Hände fallen durfte: in erster Linie Waffen und Munition, dann aber auch die Werkzeuge aus der Werft und jene aus der Eisenbahnwerkstatt, die Medikamente aus dem Lazarett, die Petroleum-Vorräte und sämtliche Schafe, Ziegen, Hühner und Schweine des Dorfes. Dann verlud er auch die Warenlager der deutschen Handelsleute sowie die Handelsleute selbst samt ihren

Hausangestellten, Hausständen und Haustieren, und schließlich nach und nach die Soldaten der Schutztruppe, unter ihnen auch den Landsturmmann Rudolf Tellmann, der schweigsam wie stets seine Sachen packte, von niemandem Abschied nahm und grußlos in den Mannschaftswagen stieg. In der Kaserne zurück blieben nur der Kapitänleutnant, sein Freund Anton Rüter sowie eine Handvoll Askari. Und nachdem Kigoma verödet und zu zwei Dritteln entvölkert war, befahl er den Askari, sämtliche Telegraphenkabel abzubauen und den Drehwippkran am Hafen zu zerstören.

Das mächtigste Herrschaftsinstrument aber, das man dem Feind unter keinen Umständen überlassen wollte, war die Bürokratie. Der Kapitänleutnant ging mit einem Leiterwagen zum Büro der Zollstation und dann zur Distriktsverwaltung, übers Lazarett und zurück zu seiner eigenen Schreibstube in der Kaserne, und überall raffte er sämtliche Akten zusammen, derer er habhaft werden konnte, um sie auf dem Kasernenhof zu einem großen Haufen zu stapeln und zu verbrennen. Während er aber nach Streichhölzern suchte, kam ihm der Gedanke, dass er, falls das Kriegsglück sich wenden und die deutsche Verwaltung zurückkehren sollte, dringend auf die Akten angewiesen sein würde. Also ging er mit Rüter zur Werft, wo neben der Schmiede die leeren Granathülsen der 105-mm-Kanonen lagen, stopfte sämtliche Akten in die Hülsen und vergrub sie unter einem markanten Affenbrotbaum am Dorfrand.

Alle Deutschen waren weg und die meisten Askari desertiert; in Kigoma zurückgeblieben waren nur die Einheimischen, denen es gleichgültig war, ob sie sich unter deutsche, belgische oder britische Obrigkeit zu ducken hatten. Am 22. Juli 1916 verstummte die letzte Telegraphenleitung – jene, die der Bahnlinie entlang nach Tabora führte –, und von da an wussten Anton Rüter und der Kapitänleutnant, dass belgische oder britische Truppen die Bahnlinie durchbrochen hatten, und dass kein Zug mehr herkommen und keiner mehr wegfahren würde. Ihnen blieb nur noch, die Ankunft der fremden Soldaten abzuwarten. Sie hatten keine Waffen mehr, um sich zu verteidigen, und es war niemand mehr da, den sie hätten beschützen können, und es gab keine Kostbarkeiten mehr, die man hätte in Sicherheit bringen müssen. Die Kaserne war leer, das Gleis am Bahnhof gesprengt, die Werft und der Hafen unbrauchbar.

Nur die *Götzen* war noch da.

Rüter und der Kapitänleutnant saßen am Strand vor der Kaserne. In der Abenddämmerung hatten sie die letzten Chinin-Tabletten, die sie auf der Sanitätsstation noch hatten finden können, brüderlich geteilt, dann hatten sie am offenen Feuer ein Hähnchen gegrillt, das sich am Nachmittag verwirrt gackernd in die Kaserne verlaufen hatte. Nach dem Essen hatten sie einander gegenseitig die Haare geschnitten und dazu des Kapitänleutnants letzte Cognac-Reserven getrunken. Nun saßen sie auf ihren Zebralederstühlen, streckten die Stiefel in den Sand und betrachteten das Schiff, das einen Steinwurf von ihnen entfernt schwarz und teilnahmslos in der Nyassa-Bucht vor Anker lag, als sei es schon nicht mehr ganz von dieser Welt.

»Schade drum«, sagte der Kapitänleutnant. »Wirklich schade.«

»Wir haben keine andere Wahl«, erwiderte Anton Rüter. »Sie ist zu groß, und die Nieten sind nicht mehr zu lösen. Es geht nicht anders.«

»Ich weiß. Aber schade ist es trotzdem.«

»Ja.«

»Wenn wir wollen, können wir uns die Plackerei auch sparen.«

»Einfach abhauen?«

»Aus militärischer Sicht ist es egal. Den See haben wir sowieso verloren.«

»Aber sie ist unser Schiff.«

»Allerdings.«

»Wer weiß, was die Belgier mit ihr anstellen würden.«

Der Kapitänleutnant lächelte. »Es wäre wirklich absurd, sie hierzulassen, nachdem wir die hinterste und letzte Kneifzange beiseitegeschafft haben. Kriegen Sie das wirklich hin?«

»Sicher.«

»Ohne sie kaputt zu machen?«

»Natürlich.«

»Sollte man die Maschinen vielleicht erst noch gründlich schmieren, damit sie nicht rosten?«

»Diese Maschinen sind immer gründlich geschmiert, Herr Kapitänleutnant.«

»Verzeihung. Und hernach kriegt man das Schiff wieder flott?«

»Die Belgier nicht. Ich schon. Wenn wir zuvor den Ballast über Bord werfen. Und falls wir überhaupt je wieder hierher zurückkommen.«

Am folgenden Tag unternahmen es Anton Rüter, Kapitänleutnant von Zimmer und die verbliebenen dreißig Askari, die hundert Tonnen Sand, die als

Ballast auf dem Kielboden der *Götzen* lagen, über Bord zu werfen. Sie füllten den Sand in Jutesäcke, trugen ihn hinauf zum Ladedeck und leerten die Säcke ins Wasser. Sie arbeiteten den ganzen Tag und gönnten sich nur mittags eine kurze Pause, in der sie die letzten Vorräte verzehrten, die sie an Bord noch vorfanden, und kurz vor Sonnenuntergang war aller Sand im See und der Rumpf der *Götzen* leer.

Während die Askari an Land gingen, stieg Anton Rüter in den Maschinenraum und löste die Schrauben von der Abdeckplatte der Einlassdüse, die das Kühlsystem der Dampfmaschine mit Seewasser versorgte, worauf das Wasser in den Maschinenraum strömte und sich durch die offenen Schotts gleichmäßig über die ganze Länge des Schiffes verteilte. Die *Götzen* lag bald tief und immer tiefer im Wasser und sank schließlich, als es schon dunkle Nacht war und der See über die Ladedecks schwappte, acht Meter tief bis auf den Grund der Nyassa-Bucht, setzte mit der ganzen Länge des Kiels gleichzeitig sachte auf und kam in aufrechter Lage zur Ruhe, wie Anton Rüter es sich erhofft hatte. Über dem Wasser, das von den aufsteigenden Luftblasen brodelte, als würde es kochen, waren nur noch die Spitzen der Ladebäume und das Rettungsboot zu sehen, in dem Anton Rüter und von Zimmer bis zum letzten Augenblick ausgeharrt hatten. Und da nun alles gesagt war, ruderten sie im brodelnden Wasser schweigend an Land und schnallten sich ihre Rucksäcke um, überließen den Askari als Belohnung fürs Sandschleppen die Schlüssel der Kaserne zwecks freier Plünderung und verschwanden den Berg hinauf, in den Busch.

Inhalt

Abdruck der Originalzeichnung von S. Dequanter (Seite 328) mit freundlicher Genehmigung des Musée Royal de l'Armée et d'Histoire Militaire, Brüssel